東南アジアの紛争予防と
「人間の安全保障」

武力紛争、難民、災害、
社会的排除への対応と解決に向けて

山田 満 ［編著］

明石書店

東南アジアの紛争予防と「人間の安全保障」◎目次

序　論
——東南アジアにおける「人間の安全保障」の視座 [山田　満] 7

はじめに 7
各章の位置づけと内容 10
まとめとして——ポスト・リベラルデモクラシーの視点 12

第I部　総論：「人間の安全保障」の多面的枠組み

第1章
「人間の安全保障」の実現に関連する東南アジアの地域特性
——非境界的な曼陀羅式統治 [上杉勇司] 16

はじめに 16
1. 東南アジアという地理的範囲 17
2. 東南アジアの「人間の安全保障」に対する脅威の特徴 18
3. 東南アジアの地域特性 19
4. 東南アジアの基層文化 21
5. 東南アジアの国家観 22
6. 植民地化の影響と負の遺産 23
7. 東南アジアの地域特性と「人間の安全保障」との関連 25
おわりに 27

第2章
アジアにおける安全保障観の対立と協調
——守るべき「地域」「国家」「党」「人間」の交錯 [平川幸子] 31

はじめに 31
1. 中国の安全保障観の変遷 32
2. 戦後日本の安全保障観の変遷 36
3. ASEANの安全保障観の変遷 41
おわりに——異なる安全保障観をいかに共存させるか 45

第3章

平和の破壊者から促進者へ？
——東ティモールに見る平和構築における軍隊の新たな姿 [本多倫彬] ... 49

はじめに.. 49
1. 新しい戦争論の展開と新たな軍隊の役割の形成............. 50
2. 平和構築のアプローチの変容と軍隊....................... 53
3. 東ティモールの国軍とその変容........................... 56
おわりに.. 60

第4章

平和構築の新たな潮流と「人間の安全保障」
——ジェンダー視座の導入に注目して [本多美樹] 64

はじめに.. 64
1. 平和構築と国連...................................... 65
2. 平和構築の新たな潮流
　　——安全保障分野におけるジェンダーの主流化........... 68
おわりに——女性による平和構築と人間の安全保障.......... 77

第5章

東南アジア地域における人権レジームの課題
——国境を超えた市民社会の取り組みに着目して [宮下大夢] 83

はじめに.. 83
1. 人権の普遍化と東南アジア................................ 84
2. ASEAN 人権レジームの形成............................. 88
3. AICHR に対する市民社会の取り組み.................... 90
おわりに.. 93

第II部　各論:「人間の安全保障」の地域の現状と取り組み

第6章

インドネシア・パプア問題解決へ向けた市民社会の試み
——平和創造への環境整備 [阿部和美] 98

はじめに.. 98
1. パプア社会における反政府活動........................... 100
2. パプア社会の包括的運動を目指して....................... 103
3. 海外における分離独立運動............................... 108
おわりに.. 109

第7章

スリランカ紛争後の人道支援と紛争予防ガバナンス
──平和構築と災害対応の融合の視点から [桑名　恵] 113

はじめに.. 113
1. スリランカの紛争と「リベラルな平和構築」の限界 114
2. 平和構築と災害対応 120
おわりに.. 126

第8章

カンボジア都市部の立ち退き居住者に見る社会的排除
──貧困創出のメカニズム [島﨑裕子] 131

はじめに.. 131
1. グローバル化と排除の構造.............................. 132
2. カンボジアにおける都市開発と周縁化現象................. 135
3. 強制移転と周縁化
　　──プノンペン・ボレイケイラ地区の事例から 138
おわりに.. 145

第9章

タイ北部農山村における障害者の生活と展望 [田中紗和子] 150

はじめに.. 150
1. 障害の社会モデルとは 151
2. 障害と貧困の関連性 152
3. 障害者をめぐるタイの制度的環境....................... 153
4. 調査の概要と結果 155
5. タイ北部農山村における障害者支援の可能性 160
おわりに.. 163

第10章

東ティモールにおける下からの紛争予防の取り組みと
上からの治安部門改革との交錯 [本多倫彬・田中（坂部）有佳子] 167

はじめに 167
1. 概念・理論の整理、研究の問い......................... 168
2. 2016年時点の東ティモールの紛争と平和................. 170
3. 下からの紛争予防・平和構築の実践事例................. 172
4. 市民社会による紛争予防・平和構築の理論的考察 177
おわりに.. 179

第11章

東南アジア大陸部における武力紛争と国内避難民への人道支援
── ミャンマー・カチン民族を事例に ［峯田史郎］ 184

はじめに 184
1. カチン紛争の展開 186
2. 国境を跨いだ国内避難民（IDPs）支援組織の関与 192
3. ローカルおよび国内NGOによる共同戦略 197
おわりに 200

第12章

南部タイ国境紛争地域の紛争解決と平和構築に関する一考察
── 「人間の安全保障」の視角から ［山田　満］ 204

はじめに 204
1. 「人間の安全保障」から見た南部タイ国境地域の紛争 205
2. 南部タイ国境地域の紛争と「人間の安全保障」 209
3. 南部タイ地域の学生意識調査──PSUのアンケート調査結果 . . 213
おわりに──紛争予防ガバナンスの確立に向けて 217

第13章

ラオスが直面する「経済成長」のジレンマ ［吉川健治］ 223

はじめに 223
1. ラオスの経済政策とその現状──市場経済導入から現在 224
2. ラオスの地域格差 227
3. 多民族国家ラオス──民族間格差 230
4. 人間の安全保障と教育 233
5. ラオスの経済成長とリスク 238
おわりに 239

おわりに 243

編著者紹介 245

序　論
東南アジアにおける「人間の安全保障」の視座 [1]

山田　満

はじめに

　「人間の安全保障」(Human Security : HS) は、国連開発計画 (UNDP) が 1994年に発行した『人間開発報告書』(Human Development Report : HDR) の中で「『人間の安全保障』という新しい考え方」を国際社会に問題提起したことで、一躍大きな流れとなった。UNDPはその名の通り「開発」を国際社会に根づかせる国連機関として総会の決議で設立された。それまでの「開発」は、44 年のブレトンウッズ会議で設立された国連特別機関であり、国際開発金融機関の中心的存在である世界銀行が主導してきた。世界銀行はマクロ経済指標に基づく経済開発を重視し、国民総生産 (GNP) を基準にして『世界開発報告書』(World Development Report : WDR) を発行してきた。

　一方、UNDPの「開発」指標は、あくまで「人間開発」を主眼として、成人識字率や総就学率に基づく教育指標、出生時平均余命に基づく保健衛生指標、購買力平価に基づく 1 人当たりの国内総収入 (GNI) の 3 指標を基準にした人間開発指標 (HDI) を算出して、人間開発最高位国、人間開発高位国、人間開発中位国、人間開発低位国の 4 つのレベルに国々を分類して豊かさの順位を出している。したがって、HDRとWDRの開発に対する評価のアプローチは異なっており、当然国の豊かさに対する評価も微妙に異なってくる。つまり、HDRが依拠しているのは人間の基本的な人権を表すべく開発された指標であり、人間生活に必要な基本的ニーズ (Basic Human Needs : BHN) を念頭に置いた概念である。

　それでは 94 年のHDRにおける「人間の安全保障」を構成する範囲は何か。経済、食糧、健康、環境、個人、地域社会、政治の 7 つの安全保障である [2]。

7

いずれも「人間中心」を基本に据えた「安全」概念である。また、「人間の安全保障」は大きく2つに分類できる。1つ目は、「飢餓や病気、抑圧など慢性的な脅威からの脱却」であり、2つ目に、「家庭、職場、地域社会など日常の生活様式が突然に破壊されて困らないように保護すること」である[3]。

　換言すれば、前者は「欠乏からの自由」、すなわち貧困からの脱却であり、後者は「恐怖からの自由」、すなわち紛争などに端を発する恐怖からの解放を意味する。両概念はすでに48年の世界人権宣言前文の中に見出される。つまり、「人類が言論および信仰の自由を享受し、恐怖および欠乏からの自由を享受する世界を到来させること」が「一般の人々の最高の願望」であると述べられていたのである[4]。

　しかしながら、「恐怖からの自由」の適用範囲は着実に拡大している。昨今の自然災害、環境破壊などが十分に人々を脅かす恐怖であることは言を俟たない。他方で、恐怖と欠乏のそれぞれは個別的にではなく、むしろ複合的脅威となって、「人間の安全保障」を脅かす要因となっている。

　例えば、紛争、自然災害、あるいは環境破壊を理由に、開発が滞り、結局貧困を強いる場合も容易に想定される。また、均衡を欠いた所得配分や経済的格差が貧困層の不満を引き起こし、政治社会の不安定化要因にもなるし、国内の構造的対立を顕在化させる場合も考えられる。それが結局国民生活に恐怖を抱かせる。要するに、両者はたえず表裏一体の関係にあるといえよう。

　最後に、「人間の安全保障」に対する概念の定着化に触れておきたい。「人間の安全保障」はすでに述べたように、UNDPがその概念の普及に大きな役割を果たしてきた。UNDPのHDRが用いる指標は、教育にせよ、保健衛生にせよ、さらには人々の日常の生活水準にせよ、それは人権（Human Rights）に関わる指標である。また人間開発指標（HDI）を明らかにする意味は、世界の様々な格差を明らかにすることで、国際世論の喚起を促すことになる。つまり、HDI低位国政府への政策改善要求になるのと同時に、国際社会に対する格差是正に向けた支援のメッセージが含まれることになる。

　人権獲得の闘いの歴史は長く、その端緒を切り開いたのは西欧社会であった。無辜の人々を巻き込んだ2度の悲惨な世界大戦を経験し、民主主義を掲げて設立されたのが国際連合であった。つまり、国連憲章にせよ、世界人権宣言にせよ、それらに書かれている「人権尊重」は主権国家を超える普遍的な概念であった。したがって、国際社会は時に内政干渉を是とする場合もあ

り、それが「人道的介入」、さらには「保護する責任」の議論が登場する背景となった。

このように、内政干渉を視野に入れた「人間の安全保障」の議論は、現在約200の主権国家を巻き込んで行われている。しかし他方で、「人間の安全保障」の概念がすべての国々に受け入れられているかは、また別の問題となっている。かつて第二次世界大戦後の国際関係は、米国主導の西側諸国からなる第一世界、ソ連主導の社会主義や共産主義を唱道する東欧世界からなる第二世界、発展途上国中心の第三世界という分類が行われていた。これら3つの世界で、実質的に「人権尊重」を国民の基本的権利として受け入れた国々は主に第一世界に属する国々であった。第二世界、あるいは第三世界の多くは、共産党独裁国家、軍事国家、さらには権威主義国家として西側社会が国民に保障した人権を受け入れなかった。

東西冷戦が終結し国際関係が大きく変化した現在においても、人権を基本に据える「人間の安全保障」の概念を容易に受け入れられない国々も多い。2010年に国民総生産で世界第2位になった中華人民共和国（中国）をはじめ、本書が対象とする東南アジア諸国でも、経済的には自由主義市場経済を導入しているものの、政治的には共産主義独裁政権のヴェトナムやラオス、人民党専制政治を敷くカンボジア、スルタン立憲君主制のブルネイ、いまだ国民の自由が制限されているマレーシアやシンガポールなどは、依然として西欧型の人権概念を欠いた国々である。

しかしながら他方で、「人間の安全保障」の概念が包括する範囲はかなり広い。つまり、人権を脅かすものが、必ずしも政府による自由権の弾圧だけを指すものではないからである。鳥インフル、豚（新型）インフル、HIV／エイズなどの感染症、自然災害による脅威、麻薬などのドラッグ、偽造クレジットカードなどの国際犯罪集団、安全な海の航行を妨げる海賊など、国境を越えた、国境を跨ぐ脅威が政治体制の異なる国民国家体制に同時並行的に襲いかかっている。これらのトランスナショナルで、グローバル化した脅威に対して、当然国家間の協力体制が求められている。

これら増大する脅威に対応するべく共通の安全保障概念として、従来からの軍事侵攻を防御するための「伝統的安全保障」（Traditional Security：TS）とは異なる「非伝統的安全保障」（Non-traditional Security：NTS）が登場してきたのである。しかし、本書の中心的テーマである「人間の安全保障」と「非伝

序　論　東南アジアにおける「人間の安全保障」の視座　**9**

統的安全保障」とはいかなる相違があるのだろうか。それは、前者は広く自由
権、社会権など個人を基本とするすべての人権を対象としているのに対して、
後者はむしろ個人の人権を包摂する国家の安全保障を指しているといえよう。

　本書では西欧社会で広く受け入れられている「人間の安全保障」概念を基
本に各問題を論じる。しかし他方で、広くアジア諸国で共通の脅威認識とし
て存在する「非伝統的安全保障」の領域も視野に入れる。東南アジア地域を
中心に、自由権、社会権、平和・環境・開発の各権利の様々な視角からアジ
アの人権状況を考察する。また同時に、アジアの現状分析を通じて観察され
る西欧型リベラル・デモクラシーの課題と限界も考察する。そして、改めて
ポスト・リベラルデモクラシーの視角から同地域での「人間の安全保障」を
考察する。

各章の位置づけと内容

　本書は第Ⅰ部と第Ⅱ部の13章から構成されている。まず、第Ⅰ部では
「人間の安全保障」の全体像を理解するうえで必要な論文を集めた。第1章
(上杉勇司担当) では「東南アジア」が有する様々な歴史的な基層文化を考察
し、欧米的価値観と東南アジアの基層文化に基づく「地域特性」との関係性
を「人間の安全保障」概念を通じて分析、考察する。第2章 (平川幸子担当)
では、アジアの安全保障観を中国、韓国、日本、ASEANで比較検討してい
る。アジアの政治的多様性を反映した安全保障の在り方が俯瞰できる。また、
異なる安全保障観を有するアジアでは、非伝統的安全保障が安全保障協力の
突破口になることを示唆する。

　第3章 (本多倫彬担当) では、軍隊が紛争後国家における安定要因にも不安
定要因にもなる点を指摘し、それゆえに軍隊を含めた治安部門改革 (SSR)
の必要を訴える。また他方で、人道支援・災害救援など非伝統的安全保障領
域で軍隊の任務が増大している点を併せて指摘する。第4章 (本多美樹担当)
は、国連システムにおけるジェンダーの主流化が、平和や安全保障領域にお
いても徐々に浸透してきた点を指摘する。特に国連安保理で採択された「女
性、平和、安全保障」決議に注目し、改めて「人間の安全保障」とジェン
ダー主流化の関係性を論じている。第5章 (宮下大夢担当) は、"ASEAN Way"
の基本となる内政不干渉やコンセンサス方式を原則とする同地域における人

権レジームに注目する。特に、「ASEAN政府間人権委員会」が策定した「委託事項」に着目し、その再検討を通じて、同地域における人権レジームの課題と市民社会の役割を論じる。

第6章から第13章の8章で構成されている第Ⅱ部は各地域での「人間の安全保障」の多様な取り組みと実情を考察している。第6章（阿部和美担当）は、いまだ未解決のインドネシアのパプア問題をまず歴史的経緯から考察し、次に平和創造に向けた現在の取り組みまでを概観する。分離独立運動を代表するパプア独立組織（OPM）が実は多様な行為主体から形成されていると同時に、パプア問題解決への重要な鍵になる点を指摘する。第7章（桑名恵担当）は、南アジア地域に属するスリランカを扱う。スリランカではなぜ2009年に停戦合意が破棄され武力制圧に至ったのかを、04年のスマトラ沖大地震後の災害対応と絡めて、国際社会主導の「リベラルな平和構築」の問題点を明らかにする。

第8章（島﨑裕子担当）は、経済成長が著しいはずのカンボジアで生起する「貧困創出のメカニズム」を検証する。都市部で進む急速な開発事業に伴い、貧困層に対する人権の剥奪、社会的排除などの社会問題が深刻化している点を指摘し、改めて国家政策が引き起こす「貧困の悪循環」を述べる。第9章（田中紗和子担当）は、タイ北部農山村を事例に、タイの障害を有する人々に対する福祉政策と彼らの支援の在り方を考察する。特に少数民族地域では個人の機能的な障害のみならず、貧困や民族差別、さらには地理的不平等が存在している点を指摘する。

第10章（本多倫彬・田中〔坂部〕有佳子担当）は、紛争経験国の東ティモールの平和構築・紛争予防を市民社会の役割から再検討する。政府の役割を評価する一方で、東ティモール人自身が果たした紛争予防への高い動機づけがなければ平和構築の「成功事例」とはならなかった点を考察する。第11章（峯田史郎担当）は、中国との国境地域に住む少数民族とミャンマー政府との武力紛争で生ずる国内避難民（IDP）問題を扱う。カチン紛争を事例に、国境地域の紛争におけるローカルNGOの支援が、その地理的困難性と外部アクターとの政策的ジレンマとの狭間で活動を強いられている点を指摘する。

第12章（山田満担当）は、南部タイ国境地域の紛争の歴史的経緯と同地域が置かれている社会経済的格差を考察する。また、同地域の大学生に行ったアンケート調査結果を利用して、若い世代の意識の変化を指摘する一方で、

「人間の安全保障」が担保されれば、平和構築・紛争解決の展望が持てると指摘する。最後の第13章（吉川健治担当）では、ラオス人民革命党の促進する開放経済で近年高い経済成長を達成しているものの、他方で不均等な発展を引き起こすことでむしろ地域格差が生じてきている点を指摘する。そして、このような格差が地域のみならず、ラオスの様々な発展を阻害する要因を引き起こしている点を明らかにしている。

まとめとして──ポスト・リベラルデモクラシーの視点

　ヨーロッパ連合（EU）はいちはやく、人類の普遍的価値として法の支配、人権、民主化を掲げ、EU加盟の条件としてきた。したがって、EUは東欧を含む加盟国内の民主化に積極的に関与する内政干渉を行っている。筆者もたびたび参加する選挙監視の現場においてもEU選挙監視派遣団が必ずいる。EUは明らかに "ASEAN Way" とは異なっている[5]。

　しかしながら他方で、「人権」の捉え方は様々であり、ASEAN域内ですら「人権」へのアプローチが加盟国間で異なる場合がある。西欧諸国が援助の基準とする「人権」アプローチはリベラル・ピース、リベラル・ガバナンスに基づく制度構築であり、それはグッド・ガバナンスに基づく。つまり、経済的には自由主義経済制度の導入であり、政治的には西欧型民主主義の導入である。

　グローバル化に基づく自由主義市場経済がもたらす負の側面は、経済格差の拡大である。自由主義市場経済を仕切る世界銀行、国際通貨基金（IMF）の構造調整計画（SAP）は時に政治社会の混乱を引き起こす。例えば、1997年アジア通貨危機後のインドネシアを思い出す。スハルト独裁政権の終焉を導いた点では評価できても、他方で政治社会の混乱を招き一時期は無秩序の状態が続いた。

　リベラル・ピース、リベラル・ガバナンスを求めたアフガニスタン、イラクの現状を見ると、もともと西欧的リベラル・ガバナンスが根づいていない地域への強引な導入が問題視された。パリス（Roland Paris）は、紛争後国家の平和構築に関して「自由化を導入する以前の制度化の定着」を主張する[6]。要するに、即自由化がもたらす政治社会の混乱を指摘した。

　また、リッチモンド（Oliver P. Richmond）は、平和構築の段階で、リベラ

12

ル・ピースがローカルの現状とは必ずしも一致しなく、むしろ対立を高めて
いく点を指摘した。つまり、平和構築には対象地域の文化的背景の認識が必
要であるとし、コミュニティを形成するローカルな仲介機能の役割を強調し
た。また、基本的に異なった政治組織と伝統的なコミュニティが接点を持て
ば衝突することになり、そこで、ローカルがリベラルを、リベラルがローカ
ルを互いに共有する、いわゆるローカルとリベラルの折衷（hybrid）の重要
性を述べ、それがポスト・リベラルピースに向けた政治的な改革をもたらし
ていくと指摘した[7]。

　再び東南アジアの「人間の安全保障」を考えると、時間はかかっても徐々
に各国家の持っている文化的背景を尊重しながら紛争予防と平和構築に取り
組むことが重要であろう。ミンダナオ紛争における和平締結にはマレーシア、
インドネシアの役割が大きかった。なぜならば、紛争の一方の当事者がイス
ラム勢力であったからである。南タイ紛争においてもマレーシアの仲介が期
待されている。このように、同じような価値観、文化を共有する地域の資源
を十分に利用した平和構築と紛争解決が東南アジア地域の紛争予防ガバナン
スの確立にいっそう重要になってきているといえよう[8]。

注

1) 本序論は、アジア研究機構アジア・ヒューマン・コミュニティー（AHC）研究所編
　（研究代表者：山田満）『東南アジアの紛争予防と平和構築——アジアにおける人間の安
　全保障の取り組み』の第 1 章「人間の安全保障と平和構築——東南アジアの紛争予防と
　平和構築の視角から」を修正、加筆したものである。

2) UNDP『人間開発報告書』1994 年版、24-33 頁。

3) 同上報告書、23 頁。

4) これらの自由論は米国ローズヴェルト（Franklin D. Roosevelt）大統領の 4 つの自由
　に基づく世界構想に由来する（吉川元『民族自決の果てに——マイノリティをめぐる国
　際安全保障』有信堂、2009 年、第 5 章）。

5) 吉川元編『予防外交』三嶺書房、2000 年；同『国際安全保障』有斐閣、2007 年を参照。

6) Roland Paris, *At War's End: Building Peace After Civil Conflict*, Cambridge Univer-
　sity Press, 2005, p.7.

7) Oliver P. Richmond, *A Post-Liberal Peace*, Routledge, 2011, pp.2-3, p.19.

8) 山田満「ASEAN における平和構築——アチェ紛争とミンダナオ紛争の和平プロセス
　を比較して」（黒柳米司編『ASEAN 再活性化への課題——東アジア共同体・民主化・
　平和構築』明石書店、2011 年）を参照。

序　論　　東南アジアにおける「人間の安全保障」の視座

第Ⅰ部

総論：「人間の安全保障」の多面的枠組み

1 「人間の安全保障」の実現に関連する東南アジアの地域特性
非境界的な曼陀羅式統治

上杉勇司

はじめに

　「人間の安全保障」の二大要素である恐怖からの自由と欠乏からの自由は、特に新しい概念ではない。これら2種類の自由は、すでに世界人権宣言において言及されている。人権という概念の前提は、人類に共通の権利であり、民族や性別や宗教の違いによって、人権の中身や適用状況が変わることがあってはならない、という考えに立脚する。よって、社会的状況や文化的特性の違いを強調して、画一的な人権の適用に反対する声に対して、人権擁護の立場からは厳しい批判がなされてきた。しかし、「人間の安全保障」という概念を用いることで、人権は人類に共通という抽象的な前提を共有しながら、人々の安全にとっての具体的な脅威は、その人々が置かれている特定の社会的状況や文化的特性によって、異なって認識されるという議論を展開することができる。この議論の帰結として、脅威認識が異なるのであれば、「人間の安全保障」に必要な具体的な措置においては、画一的な適用はむしろ効果的ではない、安全保障の対象となる人々の具体的な意識（エリートや民衆の帰属意識など）までを視野に入れなくてはならない、といった主張ができよう。

　その場合に、普遍的な概念としての人権と特定の社会的状況や文化的特性を考慮した「人間の安全保障」を折衷的に紡ぎ合わせていくことは自明である。すなわち、マクギンティ（Roger Mac Ginty）やリッチモンド（Oliver Richmond）らが提示した「ハイブリッド（折衷的）平和論」を議論の出発点とする[1]。それでは、特定の社会的状況や文化的特性を持つ東南アジアの状況下に「人間の安全保障」を適用する場合に、どのような地域特性に根ざした修

正が求められるのか。折衷的に「人間の安全保障」を実現するうえで、現地
社会のどのような価値観や制度を生かすべきなのか。

　これらの疑問を本稿では次のような流れで明らかにしていく。まず、本稿
が対象とする東南アジアという地理的範囲を定義し、東南アジアに見られる
「人間の安全保障」に対する脅威の特徴を示す。さらに、東南アジアの地域
特性を「多様性」と「重層性」の観点から整理し、東南アジアの「基層文
化」を浮き彫りにする。東南アジアの基層文化を、その国家観に焦点を当て
て掘り下げるとともに、植民地化の影響を議論する。そのうえで、東南アジ
アの国家と統治に関する伝統的な要素である「保護と忠誠の複核的な曼荼羅
式統治」と「非境界的空間把握」を手掛かりに、東南アジアに「人間の安全
保障」を適用する場合に、これらの地域特性を踏まえて、どのような修正が
必要なのかを考えていく。

1. 東南アジアという地理的範囲

　まず本稿では、どこからどこまでを東南アジアと呼ぶのかを示す。単純に
考えれば、東南アジア諸国連合（Association of Southeast Asian Nations：ASEAN）
に加盟する10か国（インドネシア、フィリピン、タイ、マレーシア、シンガポール、
ブルネイ、カンボジア、ミャンマー、ヴェトナム、ラオス）をもって東南アジアの地
理的な範囲とすればいい。しかし、本稿では、この範囲を少し拡大して捉え
ることにしたい。すなわち、ASEANに加盟する10か国に加えて、東ティ
モールとスリランカが対象になる。

　東ティモールは、地理的にはASEAN諸国と隣接し、ASEANの中心国で
あるインドネシアとの武力紛争を経験して独立した経緯があり、東南アジア
の1つとして含めることに異議を唱える者は少ないだろう。他方、スリラン
カは地理的には南アジアとされ、南アジア地域協力連合（South Asian Associa-
tion for Regional Cooperation：SAARC）の加盟国でもあるため、東南アジア諸国
と並べて分析することに違和感を抱く者もいるに違いない。しかし、そもそ
もASEANの原型となった東南アジアという地理的概念区分は、第二次世界
大戦中の連合国軍による東南アジア司令部（Southeast Asia Command）のセイ
ロンへの設置に由来する[2]。島嶼部と半島部から成り立つASEAN 10か国
は、歴史的には「海洋アジア」と位置づけることができ、海のシルクロード

として発展してきた[3]。この観点からは、スリランカを海洋アジアの一部に含めてもよいだろう。さらに、「人間の安全保障」を重視した日本の援助が実施されたスリランカを対象に含むことは、本書の趣旨と照らし合わせても妥当である。例えば、2003年6月の「スリランカ復興開発に関する東京会議」を含め、日本による対スリランカ支援では、「人間の安全保障」は援助計画の主要な支柱として位置づけられてきた[4]。そして、この2つの基準を適用すれば、東ティモールも同様に本稿の対象範囲に含まれる。

　以上のように定義された東南アジアには、「人間の安全保障」に対するどのような脅威があるのだろうか。この点を次に明らかにする。

2. 東南アジアの「人間の安全保障」に対する脅威の特徴

　まずは現代世界における「人間の安全保障」に対する脅威としての武力紛争の特徴を記したうえで、他地域との比較の視点をもって、東南アジアにおける脅威の源泉を議論していく。

　ウプサラ大学の紛争データ・プログラム（Uppsala Conflict Data Program：UCDP）[5]によれば、第二次世界大戦後に発生した武力紛争の大部分は内戦である[6]。それも、アジア、アフリカ、中東の3地域で発生しており、その傾向は現在に至るまで変わらない[7]。つまり、「人間の安全保障」に対する最大の脅威は、国家間紛争ではなく、国内の諸勢力間の権力闘争や反政府勢力による反乱と政府による鎮圧の応酬の結果として生み出されている。さらに宗教的なつながりや民族的なつながりをもとに内戦が一国家の枠組みを超え、周辺国家を巻き込んだ形で拡大する兆候も示している。

　アフリカや中東における紛争の特徴と比べた場合に、アジアの紛争の特徴として挙げられるものの1つに、アジアにおける非国家紛争の少なさがある。なお、政府が紛争当事者として関与していない武力紛争を、ここでは非国家紛争と整理している。冷戦終結後から現在に至るまで2000年の35件をピークにアフリカが継続的に非国家紛争最多発地域となっており、2014年には26件の非国家紛争がアフリカで発生した[8]。他方、中東の非国家紛争は軒並み低レベルに留まっていたが、2010～12年以降は「アラブの春」の影響で急激に増加し、現在では24件とアフリカに次ぐ非国家紛争多発地域となっている。ところが、アジアにおける非国家紛争の発生件数は一貫して毎

年 10 件以下であり、現在では世界で最も非国家紛争が少ない地域となっている。

つまり、東南アジアでは、国家が紛争当事者として関与する形態の武力紛争が中心であり、アフリカや中東で顕著な脆弱国家や破綻国家の特徴である無秩序が「人間の安全保障」の脅威となっている訳ではない。東南アジアの文脈で「人間の安全保障」を考える際には、国家や政府による統治や領域支配についての理解が重要になる。例えば、タイ南部やフィリピン南部におけるイスラム系組織による分離独立闘争やミャンマー北部における少数民族（カチンやカレン）やスリランカにおける少数民族（タミル）の分離独立闘争などは、いずれも中央政府と周縁の反政府勢力の対立として特徴づけることができよう。これらの紛争は、恐怖と欠乏を現地社会の周縁にもたらし、周縁の人々の「人間の安全保障」に対する脅威となってきた[9]。

これには、東南アジア諸国が脱植民地化と国民国家形成の過程で導入した国境画定や国民統合の政策が、周縁の人々の脅威となっているとともに、国家の正当性に対する脅威の源泉となっていることが背景にある。脱植民地の過程で人工的に形成された近代国民国家の在り方と東南アジア地域が内包する宗教的、民族的、経済的、政治的な統治形態の多様性との間で齟齬が生じているともいえよう。

よって、以下では、このような齟齬を生み出す諸要因を東南アジアの地域特性として検討していく。

3. 東南アジアの地域特性

東南アジアでは、それぞれの国家の政治体制や経済的な発展の段階[10]、民族構成のパターンや宗教などが異なっており、地域としての一体感の基礎となる地域に共通する特性を見出すことが難しい。よって、これまでの東南アジア地域論では、ヨーロッパと比較した場合の、地域内に存在する国家の多様性が、地域特性として強調されてきた。例えば、『ASEAN 35 年の軌跡』を記した黒柳米司は、東南アジアを、その多様性と流動性というキーワードで整理している[11]。岩崎育夫はアジアの 25 か国を俯瞰する中で、東南アジアを多民族型社会と位置づけ、多数派型と分節型とに分類し、そのうえで、各国の政治体制を全体主義から民主主義の連続の中に位置づけた（表

表 1-1　東南アジアの民族構成と政治体制

多民族型社会	全体主義	権威主義	民主主義
多数派型 （多数派の人口比率 75 ～ 94％）	該当なし	ヴェトナム、シンガポール	フィリピン、カンボジア、タイ
分節型 （多数派の人口比率 74％以下）	ブルネイ	ラオス、マレーシア、ミャンマー	インドネシア、東ティモール、スリランカ

注：民主主義に区分した国のうちスリランカとフィリピン以外の国は、原文では民主主義定着の分水嶺を越えていないとされている。
出典：岩崎育夫『アジア政治とは何か』p.44 と p.240 を参考に筆者作成。

1-1 参照）[12]。

　また、東南アジア地域ではヒンドゥ教、イスラム教、キリスト教、仏教が信仰の対象となってきた。紛争要因の安易な特定には弊害が伴うが、かりに地域特性の紹介という目的に限定して宗教的な要素を含む域内の紛争を列挙するとすれば、次のように指摘できよう。フィリピン（多数派がカトリック教徒）南部のイスラム教徒（モロ）、ミャンマー（多数派が仏教徒）西部のイスラム教徒（ロヒンギャ）、タイ（多数派が仏教徒）南部のイスラム教徒（パタニ）、スリランカ（多数派が仏教徒）北部のヒンドゥ教徒（タミル）など、各国は国内に対立軸を抱えている。

　かならずしもハンチントン（Samuel P. Huntington）の『文明の衝突』の論旨について首肯する訳ではないが[13]、異なる文明間の境界線が今日の紛争を引き起こす断層であるとすれば、東南アジアは、まさに活断層が幾重にも横切る地域といえる。黒柳の言葉を借りれば、「土着の基層文化の上にまず紀元前後に中華（儒教）文明とインド（ヒンドゥ）文明が、次いで13世紀頃イスラム文明が伝来し、『不均等に』浸透・変容・定着することで、文化・社会的に異質なモザイク構造がもたらされた」[14]のが東南アジアの文化的特性である。さらには、欧米による植民地支配を通じたキリスト教（西欧文明）の影響を受け、一部では日本による軍事占領を経験した点で、東南アジア諸国は、重層的な折衷的社会形成がなされた土壌のうえに作られた近代国民国家であるといえよう。この宗教的・文化的重層性は、世界の他地域にはない東南アジアに固有の特徴である。

　もちろん、近代国民国家という西洋社会で生まれた制度が、アジアに移植されていく過程は、画一的ではない。日本のように黒船効果によって封建的体制から脱皮する過程で自主的に西洋的な制度が取り入れられた国もあれば、

欧米列強によって植民地とされ数百年にも及ぶ植民地政策の下で、西洋的な制度がもたらされたスリランカのような国もある。また、タイのように列強間の緩衝地帯として植民地化を免れた国家もあった。ヴェトナム、ラオス、カンボジアなど、西洋で生まれたカール・マルクス（Karl Marx）の思想が社会主義や共産主義という政治体制として導入された国もあれば、フィリピン、マレーシア、インドネシアなど、国家形成の過程で政府と共産主義ゲリラの熾烈な戦いが展開された国もある。つまり、すでに述べた歴史的な重層構造に加えて、冷戦構造の結果としてマルクス・レーニン主義的な影響も東南アジアにはモザイク的に浸透してきた。

4. 東南アジアの基層文化

　このような現代の東南アジアの近代国民国家の底流に位置する基層文化について、次に、ダイヤモンド（Jared Mason Diamond）が『銃・病原菌・鉄』で展開した地理文明史的（人類史）な観点から説明を試みよう [15]。自然環境と食料収集・生産量の関数が人口の規模を規定し、人口規模と農業生産性の関数が軍隊に割ける人員数を定めていく。よって国家の基本要素は、領土と国民であり、より強力な軍隊を擁する国家が地域の覇者となる。この方程式はアジアにおいても当てはまる。東西に長いユーラシア大陸を基盤とするアジアの文明圏では、インダス・ガンジス川流域に発生したインド文明と黄河・揚子江流域に興った中華文明が、影響力の磁場として君臨した。この二大文明圏が周辺を軍事力で席巻して帝国が生まれてきた。

　ところが、東南アジアの場合は、国家における領土と国民の位置づけに特殊性が見られる。この特殊性は、海洋アジアの交差点として発展してきた東南アジアの歴史に起因する。ウォルターズ（O. W. Wolters）が言う「複核的で非境界的」 [16]な国家が散在してきた東南アジアでは、海洋・島嶼社会や焼畑社会として発展してたことで、サヴェジ（Victor R. Savage）が「移動性と場所の一過性」 [17]と呼ぶ土地に対する独特の認識が生まれた。もちろん、東南アジアは、地理的にはインド文明と中華文明というアジアの二極に挟まれ、両者の影響を強く受けた地域であり、国家観や統治方法についての両文明の影響を認めることができる。しかし、東南アジアでは、戦争は領土拡大のためではなく、奴隷や兵士の捕獲を目的として戦われ、他国の首都を略奪し、王

権を剥奪することで覇権を得ることが、その目的であった[18]。これは、インド文明や中華文明の影響を受けた後にも残る東南アジアの基層文化として位置づけられるだろう。

次に議論するように、先史時代から受け継がれてきた海に生きた人々の非領域的な空間の把握は、いまでも東南アジアの基層文化として根づき、人々が抱く国家観に大きな影響を及ぼしている[19]。よって、逆説的ではあるが、東南アジアにおける「人間の安全保障」を考える場合には、東南アジアにおける国家観を整理する必要があるだろう。

5. 東南アジアの国家観

ヨーロッパ宗主国からの移民の子孫が、宗主国に対して独立を勝ち取ったアメリカ大陸と異なり、東南アジアの多くの場合には、欧米列強による植民地支配を受けていた土着の勢力が第二次世界大戦後に独立を勝ち取ってきた[20]。このため、東南アジアにおいて欧米的価値観や制度を導入する際の課題は、アメリカ大陸における国家建設の時とは事情が違う。ヨーロッパによる植民地化により現地社会構造が大きく歪められ、植民地化や奴隷売買を通じて導入された社会制度が遺産として現地社会に深い影を落としているアフリカの新家産制国家の場合とも[21]、東南アジアの「人間の安全保障」の課題は違う。では、どう違うのか。以下では、東南アジアの歴史的な国家観の変遷を辿ることで、その違いを明らかにしていく。

歴史上、東南アジア各地に成立した王国は、近代西欧の領域国家とは異なり、明解な境界（国境線）を持たなかった[22]。インド文明圏と中華文明圏に挟まれた東南アジアにおいては、国家概念についても両文明が強い影響を及ぼした。とりわけ、統治の概念に対する影響では、ヒンドゥ教・仏教的な宇宙観に影響を受けた大陸的な国家観が東南アジアでも生まれた。例えば、アンコールワット（ヒンズー教寺院）で有名なカンボジアのクメール王朝や中部ジャワにボロブドゥール（大乗仏教）寺院を建立したシャイレーンドラ朝など東南アジアに存在した多数の王国では、国家は国境という外周で規定される「領土」ではなく、「中心」という概念で規定され、曼荼羅システム（個人的な忠誠のネットワーク）が国家統治の方法であった[23]。この基層文化の影響は、現代の民主制度における政治集団としての政党の役割にも表れている。

22　第Ⅰ部　総論：「人間の安全保障」の多面的枠組み

例えば、ヨーロッパの民主制では、社会階層を基盤とする政党が果たす役割が重要になるのに比べ、東南アジアでは政党が指導者たちの個人的な野心を実現する道具にしかなっていない[24]。

人類史の観点から国家の形成と発展の歩みを見れば、東南アジアにおいて国家が果たしていた主要な機能は、他の地域と同様に同胞の安全であった。王は臣民に保護をもたらし、臣民はほかに保護を求めないという相互関係にあった。このような「臣民型政治文化」[25]は現代でも受け継がれ、例えばインドネシアにおいては、国家は臣民の僕ではなく保護者として受け入れられてきた[26]。しかし、東南アジアの王国にとって領土への関心や国防のための境界画定といった発想は乏しかった[27]。東南アジアの歴史地理学に詳しいサヴェジは、東南アジアの王国における統治の在り方を次のように記す。「国家が関心を向けるのは、散在する人々の忠誠心を管理・包含・活性化することであった。その理由は、歴史的に人口がまばらであり、首都と王に対する人々の忠誠心を維持することが、すべての王国にとって最優先課題であったためである」[28]。

6. 植民地化の影響と負の遺産

ところが、欧米列強による植民地化のために状況は一変する。アジアの覇者であったインド（ムガル帝国）と中国（清朝）をはじめ、東南アジア各地の王国もまた欧米列強によって植民地化され、その多くは滅びてしまった。その意味では、植民地化されてしまった東南アジアの王国は国家としての根源的な機能を失ったことになる[29]。国家の中心に君臨した国家の守護者である王が覇権を宗主国に奪われると、東南アジアの国家統治観は西洋的価値観によって塗り替えられていく。欧米列強の植民地主義の影響を受け、東南アジアにおける中心という思想は境界や国境への関心に取って代わられ、境界の確保は明瞭に規定・画定・防御されることになった[30]。東南アジアに曼荼羅システム的に配置していた地方の王国は、中心（首都）が植民地的な秩序の中に組み込まれると、領土という発想が国家の権力と管轄を規定していることを突如として思い知らされる[31]。「欧米列強による東南アジアの争奪は、この地域を英領、仏領、蘭領などに細分化し、歴史的な文化・社会的多様性に政治的多様性を加えるところとなった」[32]。

第1章　「人間の安全保障」の実現に関連する東南アジアの地域特性

欧米列強が東南アジアを争奪し分有する過程で、領域の確定が必須となり、「中心」的な国家統治に代わり「領域」的な国家統治の仕組みが持ち込まれた。領民の安全を保障する機能（現代風にいえば保護する責任）は、宗主国側に移管されて、ホッブズ的観点からの個人と国家のつながりは、植民地化された東南アジアにおいては意識されないまま数百年間にわたり放置された。また、近代国家としての国民国家形成の過程で、植民地時代の「境界」を踏襲する形で国境が確定されたことで、かつての王国の「中心」だった場所が、国民国家の「地方」へと周縁化された[33]。そのため、国家と領土と国民の意識（共通体験）にズレが生じる。また、首都を中心にした国民国家の設立で、周縁化された「地方」に位置づけられたかつての王国は、政治経済や社会文化の点から中央（首都）との距離感を抱くようになった[34]。

例えば、フィリピンのミンダナオ島とスールー諸島を中心に民族自決としての分離独立闘争を展開してきたモロ（イスラム教徒）たちは、現代のフィリピンがスペインによって植民地化された後も抵抗を続けた。マギンダナオ王国はスペインに屈したものの、スールー王国は1898年に米領フィリピンに併合されるまで存続した。そのことは、スールー王国が最近まで「中心」として君臨していたことを意味する[35]。第二次世界大戦後、フィリピンが独立するに当たり、イスラム教徒たちの領土も版図に組み込まれたことが、現在の分離独立闘争の起源である。そこには、「土地」をめぐる概念のズレがあった。伝統的には慣習法の中に位置づけられる共同体に根ざす概念だった土地が、植民地化による欧米的な土地所有権の概念の浸透に伴い、土地は所有されるものになった。その過程で、モロの土地は使用権だけでなく所有権までもが、一部のダトゥ（王国時代の貴族層）や外部からのキリスト教移住者の手に渡ってしまう[36]。

フィリピン政府とモロ・イスラム解放戦線（Moro Islam Liberation Front：MILF）との間で進められたミンダナオ和平プロセスでは、2000年の第1回和平交渉時にMILFから紛争要因の筆頭に「先祖伝来（Ancestral Domain）の土地問題」が掲げられた[37]。さらには、和平交渉の重要懸案事項であったにもかかわらず、署名の前日に最高裁判所による一時差し止め命令（その後の違憲判決）によって「先祖伝来の領地に関する覚書（Memorandum of Agreement on Ancestral Domain：MOA-AD）」が署名されなかったために、紛争の激化を招いた[38]。このことは、土地所有についての異なる認識が中央と地方

による紛争の火種となるとともに、両者の合意を阻む深刻な障害となっていたことを示す。

　同様のことが、インドネシアのスマトラ島北部のアチェ王国にも当てはまる。アチェ王国としては1903年にオランダによる植民地支配に屈したものの、その後も植民地勢力に対する抵抗が続いた。第二次世界大戦後にインドネシアの独立闘争においてスカルノ（Sukarno）と共闘したが、ジャカルタが中央となり、インドネシアの周縁にアチェが組み込まれたことによって、アチェの分離独立闘争の火種が蒔かれた[39]。また、タイとマレーシアの国境（パタニ王国）のように、かつて複数の王国間の係争地が植民地勢力によって線引きがなされ、その領有権をめぐっていまだに係争が続く場合もある。つまり、植民地化以前の王国や領民としての記憶や歴史が共有された共同体が、いまでも東南アジアの多くで存在し、紛争の火種としてくすぶっている。

　もちろん、国境線をめぐる問題は、東南アジアだけでなく、旧植民地全般についていえる。しかし、伝統的な統治システムが、植民地政策や奴隷貿易によって不可逆的に塗り替えられてしまったアフリカ大陸や壊滅的に根絶やしとなったアメリカ大陸と異なり、東南アジアの場合には、基層としての東南アジア的な社会価値規範が色濃く残っている。よって、東南アジアの特殊性を議論する場合には、「国境」ではなく「中心」をもとに曼荼羅式に規定される国家概念と曼荼羅の中心に位置する王の存在が意味を持つ。この点については、植民地化を免れたため、基層文化の浸食が少なかったタイ王国を例に挙げればよく分かるだろう。王室はタイ政治システムの究極的存在であり、その保持こそがタイ国家の最重要価値であるとする意識は依然として根強い[40]。

7. 東南アジアの地域特性と「人間の安全保障」との関連

　地域特性を議論すること、できることが、「人間の安全保障」の議論の利点であると本稿の冒頭で述べた。人類に共通する1人ひとりの権利としての人権の視点にはない、歴史や伝統や文化といった社会的な要素によって変化を受け入れる姿勢が「人間の安全保障」の対応には求められる。そこで本節では、東南アジアの地域特性と「人間の安全保障」との関連を整理しよう。

　東南アジアにおける「人間の安全保障」の現在と課題を考える場合、近代

国民国家という外来の枠組みとその枠組みに囲われた現地社会や人々の感覚との間のズレを生み出す地域特性に対して注意を払う必要がある。恐怖からの自由としては、近代国民国家の周縁における中央政府による国民統合の試みとそれへの反発が武力紛争となって周縁の人々に脅威を及ぼしてきた。他方、欠乏からの自由については、経済的開発の不均等な展開により、近代国民国家の周縁が著しく発展から取り残されてきたことで、周縁の人々が脅威に晒されている。

東南アジア諸国は「伝統的な要素から近代的な要素を引き出すプリズム型国家（prismatic state）」[41]だとするならば、「保護と忠誠の複核的な曼荼羅式統治」と「非境界的空間把握」という伝統的な要素から、近代的な要素である「人間の安全保障」を引き出すことが求められるだろう。国民と領地が主要な要素となる近代国民国家では、所属を明確にするという観点から国境が重要になる。国境が定まれば、首都である中央と周縁の関係が距離感として顕在化する。過去に東南アジアに存在した「複核的で非境界的」[42]な曼荼羅システムは、それぞれの王国が中心として君臨するとともに、文明・宗教的中心とネットワークを通じて結びつくことで「弱い統治（under-government）」[43]という特徴を帯びていた。多様な経済・社会・文化を内包する現在の東南アジアに、サヴェジの言う「移動性」[44]や黒柳が説く「流動性」[45]を反映させる国家システムとして、どのようなものが求められるのか。

東南アジアで「人間の安全保障」を実現していくうえで有効な国内体制には、複核的な曼荼羅システムがある。各地方が中央と緩やかなつながりを維持しつつも、それぞれが「中心」となり得るような関係を作り出すことが重要になる。また、王と臣民の関係が保護と忠誠であった東南アジアの歴史を考慮すれば、中央政府は、首都から遠い場所であれ、近い場所であれ、「地方」に対しては、等しい待遇をしなくてはならない。伝統的な社会原理が家族主義に置かれる東南アジアでは、国民が国家の正当性を測る際に国家が保護者として社会の秩序と安寧を提供できているか否かを基準にするのだとすれば[46]、中央政府の正当性は、「人間の安全保障」を「周縁」の人々に対しても均等に保障することによって、確立するのである。そのためには、自治区の設定などにより、「地方」が「中心」として機能できる余地を与え、その代わり、「地方」は中央に対する「忠誠」を示さなくてはならない。現代の文脈では、「地方」が民族自決に基づく分離独立を放棄することが中央に

26　第Ⅰ部　総論：「人間の安全保障」の多面的枠組み

対する「忠誠」を示したことになる。

　以上を欧米的社会科学の概念を用いて言いかえれば、連邦制下での地方分権・地方自治の強化を通じた「人間の安全保障」の実現ということになるだろう。この類似概念を折衷していくことが求められる。ここで重要になるのは、「民族独立」という、多数派（中央）からの政治的な「距離感」を確保しつつも、「等しい経済発展」によって多数派（中央）との経済的な「距離感」を埋めるという矛盾する取り組みを両立させるバランス感覚である。

　しかし、表層は似ていても本質的に異なる点は、国家間の領域・境界についての認識だといえよう。つまり、一国の周縁に位置する「地方」が「中心」となるためには、国境を跨がってつながる結節点のような役割を「地方」が担う必要がある。例えば、マレーシアのサバ州とフィリピンのミンダナオ島南西部とスールー諸島の間に非境界的な「中心」としてのバンサモロの存在を許す。タイ南部3州とマレーシア北部の間に非境界的な「中心」としてのパタニの存在を認める。スリランカ北部とインド南部の間に非境界的な「中心」としてのタミルの役割を期待する。そのためには、近代国民国家的な国民統合と国境管理ではなく、周縁における人々の移動性や流動性を前提とした重層的な国民意識の併存を許容する緩やかな統治システムが必要になるだろう。

おわりに

　ASEANの35年間の軌跡を振り返り黒柳は次のように語った。「東南アジア諸国の指導者は、彼らが多様性という運命を共有しており、国民統合は民族独立・経済発展とともに三位一体の最優先課題であることを知っていた」[47]。しかし、各国の指導者が推し進めた国民統合は、経済発展との関連で中央と地方の格差を減らす政策として進められてきた。それは、格差是正のスローガンのもと中央の方式に地方を合わせるという一方向的な折衷ではなかったか。世界銀行や国際通貨基金による経済政策への介入によって曼荼羅式統治を中央集権的統治に塗り替えただけではなかったか。中央集権的統治によって「民族独立」と「等しい経済発展」がもたらされなかったために、フィリピン、タイ、ミャンマー、インドネシア、東ティモール、スリランカの周縁で、中央に対する異議申し立てとしての紛争が発生したのではないか。

第1章　「人間の安全保障」の実現に関連する東南アジアの地域特性　　**27**

多民族社会の東南アジアにおいては、国民統合と中央集権化によって、各民族が独自のアイデンティティを喪失する脅威と中央からの距離のために経済発展から取り残される脅威が、「人間の安全保障」に対する脅威の二大源泉となってきたといえよう。

これらの点は、東南アジアの各国において「人間の安全保障」の実現を検討するに当たり、念頭に置かなくてはならない基層的な地域特性となろう。もちろん、現地社会の価値観に根ざした地域特性は、経済社会構造や国民意識の変化により、中長期的には変わることがある[48]。高坂正堯が指摘したように「西欧文明とか、アジア文明と言ってみても、それはかなり変動しており、長期的視野に立たなくては真実に重要な特徴は分からない」[49]。

すべての欧米的価値観が現地社会に馴染まない訳ではなく、すべての現地社会の価値観や制度が、自由主義的な価値観を否定している訳でもない。しかし、「折衷的平和論」が示す論点は、欧米的価値観や制度を移植する際には、移植する母体の個別の状況（現地社会の特性）にも配慮しなくてはならない、というものである。したがって、「人間の安全保障」を実現していくための手段を考えるに当たり、欧米的価値観や制度を東南アジアの地域特性を踏まえて修正するだけでなく、さらには、個々の現地社会の実情に合わせていくことの重要性は論を俟たない。本稿では、東南アジア全般に連なる基層的な特徴に注目したものの、各社会が抱える個別の状況にまでは十分な考察を加えることができなかった。さらに、国家の概念に焦点を当てたため、「人間の安全保障」を考えるうえで重要な主体である非政府主体（市民社会、NGO、宗教団体、メディアなど）については、考察すらできなかった。これら本稿の盲点については、本稿に続く各章の具体的な分析に委ねたい。

注

1) Mac Ginty, Roger, *International Peacebuilding and Local Resistance—Hybrid Forms of Peace*, Palgrave Macmillan, 2011; Richmond, Oliver P., *A Post-Liberal Peace*, Routledge, 2011; Richmond; Oliver P. and Audra Mitchell (eds.), *Hybrid Forms of Peace—From Everyday Agency to Post-Liberalism*, Palgrave Macmillan, 2012.

2) 立川京一「東南アジアにとっての太平洋戦争」『平成24年度 戦争史研究国際フォーラム報告書』http://www.nids.go.jp/event/forum/pdf/2012/05.pdf

3) 松田壽男『アジアの歴史——東西交渉からみた前近代の世界像』岩波書店、2006年、77-93頁。

4）外務省『平成19年度外務省第三者評価 スリランカ国別評価調査』（2008年3月）
http://www.mofa.go.jp/mofaj/gaiko/oda/shiryo/hyouka/kunibetu/gai/srilanka/
kn07_01_index.html

5）このデータベースでは、東南アジアはアジアの中に含まれるため、厳密な意味で本稿
の対象地域と一致はしていないものの、ある程度の地域的傾向を把握するには役立つだ
ろう。

6）http://www.pcr.uu.se/digitalAssets/66/66314_1armed-conflict-by-type-1946-2014.pdf

7）http://www.pcr.uu.se/digitalAssets/66/66314_1armed-conflict-by-region-1946-2014.pdf

8）http://www.pcr.uu.se/digitalAssets/66/66314_1non-state-conflicts-by-region-1989-2014.
pdf

9）本稿では議論する紙幅の余裕はないが、現代の文脈で「人間の安全保障」を考える場
合には、紛争の火種としての国内問題と周辺関係国や国際組織との連関を見ていくこと
が大前提となっている。なお、ここで言う国内問題とは、現代政治過程における権力闘
争から国家内に包摂される諸民族間の歴史的な相克を含み、国際組織には国連のような
国家間機構だけではなく、ジャマー・イスラミア（JI）のような非国家主体のネット
ワークを含む。

10）経済的な発展段階によってASEANを区分する枠組みもある。例えば、ASEANの中
でも経済的に後発であるラオス、カンボジア、ミャンマーを指してLCMと呼ぶ（ヴェ
トナムが入る場合もある）。

11）黒柳米司『ASEAN35年の軌跡』有信堂、2003年。

12）岩崎育夫『アジア政治とは何か』中央公論新社、2009年、44頁、240頁。

13）ハンチントン・サミュエル・P.（鈴木主税訳）『文明の衝突』集英社、1998年。

14）黒柳、6頁。

15）ダイヤモンド・ジャレド（倉骨彰訳）『銃・病原菌・鉄（上・下）』（草思社文庫）草
思社、2012年。

16）Wolters, O. W., *History, Culture, and Region in Southeast Asian Perspectives*, revised
edition, Southeast Asia Program Publications and Institute of Southeast Asian Studies,
1999, p.221.

17）サヴェジ・ヴィクター・R.（米家泰作訳）「空間をめぐる問題──東南アジアにおけ
る非領域的共同体から植民地国家への移行」『歴史地理学』50-1（237）、2008年、95頁。

18）サヴェジ、92頁。

19）サヴェジ、79-100頁。

20）篠田英朗『国際紛争を読み解く5つの視座──現代世界の「戦争の構造」』（講談社選
書メチエ）講談社、2015年。

21）武内進一『現代アフリカの紛争と国家』明石書店、2009年。新家産制国家について
は、宮本正興／松田素二編『新書アフリカ史』（講談社現代新書）、講談社、1997年を
参照。

22）黒柳、6頁。

23）Wolters, pp.179-180.

24）岩崎、230頁。アフリカの新家産制国家の場合、指導者による国家資源の私物化がなされるが、東南アジアの曼荼羅システムでは、個人的な忠誠ネットワークであるゆえに国家資源の私物化は汚職となって具体化しやすい。

25）岩崎、253頁。

26）岩崎、223頁。

27）サヴェジ、86頁。

28）サヴェジ、90頁。

29）サヴェジ、79-100頁。

30）サヴェジ、94頁。

31）サヴェジ、94頁。

32）黒柳、7頁。

33）山田満「東南アジア・同境界地域の紛争解決と平和構築——深南部タイとミンダナオの二つの紛争を事例にして」『国際政治』第185号「変動期東南アジアの内政と外交」2016年、17-32頁。

34）山田、19頁。

35）山田、20頁。

36）山田、20頁。

37）大渕みほ子「フィリピン・ミンダナオ紛争におけるNGOの役割——コタバト州・ピキットの事例分析を通じて」『21世紀社会デザイン研究』No.5、2006年。

38）石井正子「年表——フィリピン南部の紛争」（『Asia Peacebuilding Initiative』http://peacebuilding.asia/brief-chronology-of-the-conflict-in-the-southern-philippines-2/）

39）Panggabean, Samsu Rizal, "Democratisation, Peace Processes, and Security Sector Governance in Indonesia: The Case of Aceh." In Uesugi, Yuji（ed.）, *Peacebuilding and Security Sector Governance in Asia*, LIT, 2014, pp.25-48.

40）岩崎、222頁。

41）黒柳、9頁。

42）Wolters, p.221.

43）Wolters, p.30.

44）サヴェジ、95頁。

45）黒柳、10-30頁。

46）岩崎、223頁。

47）黒柳、9頁。

48）岩崎、224-225頁。

49）高坂正堯『平和と危機の構造——ポスト冷戦の国際政治』NHK出版、1995年、5頁。

2 アジアにおける安全保障観の対立と協調

守るべき「地域」「国家」「党」「人間」の交錯

平川幸子

はじめに

　現在の東アジアの安全保障環境は変動が激しく、その性質は伝統的でも非伝統的でもある。1997年のアジア通貨危機以降に東アジア地域でASEANを中心として発展した地域主義の流れの中で、非軍事的・非伝統的分野で「人間」を守る安全保障観が広まり、越境的な機能的協力枠組みや制度形成が進展した。しかし、2010年以降、日本に代わり世界第2位の経済大国となった中国が東シナ海、南シナ海などでの挑発的行動を取るようになり、米国、日本が協力してリバランス政策を取っているために、地域のパワーバランスなど伝統的な「国家」安全保障に関する議論が再燃している。

　冷戦後、民主化や市民社会、法の支配などリベラルな価値による社会統合の意識や行動が根づきつつあったアジア地域に、再び「国家」の壁が生まれているように見える。そのことは「人間」を守る安全保障の後退につながるのであろうか。

　本稿では、中国、日本、ASEANという三者を取り上げて、それぞれの戦後の安全保障や平和に対する意識や考え方の変遷を振り返る。多様性に満ちたアジアの諸国家を分析する際には、理論的解釈だけではなく、歴史的経路や社会文化的背景に配慮したニュアンスのある理解が必要である。アジアから生まれた様々な安全保障観を整理し、その接点や共通点、対立点を明らかにしたい。そのうえで、アジア地域での不安定化要因を突き止め、協調的な方向性を考察するのが本稿の目的である。

31

1. 中国の安全保障観の変遷

(1)「平和五原則」と「自主・独立」外交

　中華人民共和国は、1949年の建国宣言後も長い間、米国を中心とする多くの西側諸国から国家承認を得られなかった。内戦や外交で政治闘争が長く続いた中国共産党の安全保障観は独特の戦略、戦術を伴う。「敵を極小化して、味方を極大化する」という「統一戦線」戦略・戦術である。攻撃対象を最も主要な敵に絞って孤立させ、中間勢力には連合しながら少なくとも中立化させるか、できれば陣営に引き入れて同盟を結ばせる、という戦術は、毛沢東が長期の革命闘争の中で練り上げたものである（平松 2005：165）。

　中国が初めて世界に向けて発信した平和観は「平和五原則」であろう。平和五原則とは、①領土・主権の相互尊重、②相互不可侵、③相互内政不干渉、④平等互恵、⑤平和共存、の5つを指し、1954年4月のインド・中国チベット地方の通商交通協定の前文において、初めて示された。その後、周恩来が、ジュネーブ会議休会中にインド、ビルマを訪問し、広く国際社会に適用されるべき普遍的外交原理として、改めて「平和共存五原則」を表明した。周恩来・ネルー共同声明では、アジアと世界には異なった社会制度、政治制度が存在するが、もし五原則が受け入れられ実施されるならば、制度の相違は平和の障害にならず、諸国家間の平和的共存、友好関係の維持に役立ち、当面の世界の緊張緩和の助けになる、と主張された。以後、中印両国首脳は、同様の趣旨でアジア諸国を手始めに「平和五原則」の承認を説得して回り、「平和地域」の拡大を図った。

　「平和五原則」の理念は、「平和共存」という言葉自体は独特だとしても、内容的には国連憲章と重なる。中国の主張を、主要敵である米国の対中「封じ込め」政策への対抗戦術として分析すれば、戦後に独立した多くのアジア・アフリカ諸国とともに、民族自治、主権の独立を米国の脅威から守ろうとした動きだと解釈できる。その意味で「平和十原則」を宣言した1955年のアジア・アフリカ会議などは、中国外交の勝利だといえよう。

　60年代に中国の対外政策として公式に提唱された「中間地帯論」にも同様の思考様式が見られる。1946年頃から毛沢東により表明されていた同論の核心は、第二次世界大戦後の米国とソ連が対立する世界で、両国の間に存在する広大な地帯（「中間地帯」）に属する人民が、共同で米国を敵とみなし反

32　　第Ⅰ部　総論：「人間の安全保障」の多面的枠組み

米闘争を展開、米国を孤立させることであった。この時期には、同盟国ソ連との対立もすでに顕在化していたが、主要敵は依然、米国であった。しかし、69年の中ソ国境軍事衝突を契機に、70年代には主要敵は米国からソ連に完全に変更された。その後の米中接近は、「敵の敵は味方」の論理から、ソ連の敵である米国を味方と再定義した結果の行動である。

闘争的性格の強い中国の安全保障観に変化が見られるのは、鄧小平の改革開放・4つの近代化路線が定着してからである。1982年の12回党大会では、人事や経済政策で重大な政策決定がなされたが、新たな安全保障観の策定という点で、「独立自主」対外政策は極めて画期的であった。従来のように、「主要敵の敵」と准同盟関係を結ぶ外交政策を転換し、いかなる大国・覇権とも戦略関係を持たない独立自主、全方位外交への転換を示したのである。この「独立自主」が「平和五原則」と並び、今日でも中国外交の二大原則となっている（川島／毛里 2009：144）。

毛沢東は、世界戦争は不可避と捉えて、国家の領土と主権を外敵から守り、軍事力を増強して国家の基盤を磐石にするという伝統的な安全保障政策を行っていた。これに対して、鄧小平は、「比較的長期間、大規模な世界戦争は起こらない。世界の平和は維持される希望がある」との認識を提起し、「国家建設は経済建設の大局の下で動かなければならない」との新たな原則を打ち出した（防衛省防衛研究所 2015：7）。中国の安全保障利益の重心は、国家の「生存」から「経済発展」に移行した。平和な世界情勢の下で、経済発展にまい進し、発展する経済の力で軍事力を近代化させる、という新たな安全保障観が政策の基調として定着したのである。

（2）冷戦後の内憂外患と「新安全保障観」

ところが、鄧小平の新しい安全保障観の下で、経済社会改革にまい進した中国が直面したのは外国からの脅威ではなく、民主化要求という国内からの脅威であった。1989年、天安門事件を武力弾圧という形で収束させた共産党政権は、人権侵害で特に西側先進諸国から大きな非難を浴びた。国内でも、人民の生命と権利を守るはずの解放軍が、人民を攻撃したという事実は衝撃的であった。外部環境を見れば、1991年のソ連崩壊、ロシアの民主化は、中国共産党の正統性の危機感をさらに増加させた。次期政権を任された江沢民政権は、西側諸国が「経済や文化などの平和的手段」を用いて共産党政権

を転覆させ支配をもくろんでいるという「和平演変（平和的転覆）」論を喧伝し、中華民族ナショナリズムで国内社会の再結合を図ろうとした。そして、従来、苦難に満ちた階級闘争の歴史として描いてきた皇帝専制国家時代を、偉大なる文明を誇った中華民族の歴史として描きなおし、伝統文化を再評価した。同時に、近代以降の帝国主義を外敵とする「屈辱の歴史」の内容を強調し、「愛国主義教育運動」で社会統合を図った。一方、対外政策では、鄧小平が示した「韜光養晦」（力を隠して時節を待つ）の方針に従い、厳しい国際環境を乗り切ろうとしたのである。

　そのような中国の新しい安全保障観は、1996年7月のASEAN地域フォーラム（ARF）外相会議で示された。銭其琛外相が「対話と協議を通じて相互の理解と信頼を確立し、経済交流協力、共同参加と密接な協力の拡大と深化を通じて、地域の安全保障を促進し、政治的安全保障を強固にする」と述べ、アジア太平洋地域における新しい中国の外交方針を発表したのである。「新安全保障観」という用語が公式に初めて登場したのは、1997年4月の中ロ共同宣言においてであった。同宣言は、「新たな普遍的意義を持つ安全保障観」を確立させるとの考えの下、「冷戦思考」から脱却し、平和的に国家間の相違や紛争を解決すること、武力や威嚇ではなく対話と協議によって相互理解と信頼を確立し、二国間、多国間での協調と協力を通じて平和と安全保障を求めるべきだと記していた。

　当初、抽象的でしかなかった「新安全保障観」が定式化されたのは、1999年3月に江沢民がジュネーブ軍縮会議で行った演説とされる（伊藤 2008：219）。新安全保障の核心は「相互信頼、相互利益、平等、協力」という4つのキーワードで表され、「平和五原則」を平和擁護の政治的基礎として非軍事的方法で国家間の懸案に対処する方針が表明された。

　「新安全保障観」は、当時、近隣諸国に高まっていた「中国脅威論」への対応として理解される。また、1997年のアジア通貨危機を契機として東アジア諸国では、ASEANプラスの枠組みで多国間主義、地域主義が高まってきており、中国も「多辺外交」を推進しつつ、地域の新秩序構築に関与する積極的な狙いもあった。米国が参加しない東アジアでの地域協力枠組み作りに積極的に参加することは、国際社会での米国の一極構造化に歯止めをかけ、多極化を推進できると考えたのである。同時に、江沢民は新安全保障観の確立を図る過程で、軍事力により国家安全を目指す伝統的な安全保障観も捨て

てはいなかった。国防予算は年々増額され、2004年の中央軍事委員会主席
引退時には、就任時の10倍にまで拡大した（防衛省防衛研究所 2014：8）。国防
戦略と解放軍の近代化の推進は、周辺諸国からは脅威に映った。

　2004年からの胡錦濤政権は、基本的に「相互信頼、相互利益、平等、協
力」の「新安全保障観」を継承していた。同年12月に公表した「新世紀新
段階における軍隊の歴史的使命」では、解放軍の役割は軍事的任務に留まら
ず、「国家利益を守るために力強い戦略的支えを提供する」と位置づけられ
た。やがて、災害救援活動、国連平和維持活動（PKO）や海賊対処活動など、
国際的な「非戦争軍事行動」が解放軍の新任務として認識されるようになる。

　しかし、国内でも社会格差拡大に伴う不満が増大した結果、中国共産党指
導部は武警や治安機関の能力向上を図る必要に迫られた。デモ、暴動、テロ
を含む集団的非合法活動の総称である「群体性事件」の発生件数は、1990
年代末まで年間1万件未満だったが、2006年における公安当局の公式発表
では年間9万件、2011年には18万件を超えたといわれる（阿南 2015：54）。

（3）共産党体制維持のための新たな安全保障観の形成

　2012年にスタートした習近平の安全保障観も、基本的に「相互信頼、相
互利益、平等、協力」を継承していた。しかし、2013年11月の第18期三
中全会において、新たな国家安全委員会の設立が発表された。中国は対外的
には国家主権、安全、利益の維持、発展について、国内的には政治的安定、
社会の安定について二重の圧力に直面しているとし、国家安全保障を統一的
に計画する必要があるという。そして、2014年4月の第1回中央国家安全
委員会会議において、習近平は「総体的国家安全保障観」という新たな概念
を打ち出した。この概念は、対外的安全保障、対内的安全保障、伝統的安全
保障および非伝統的安全保障をそれぞれ重視し、政治、国土、軍事、経済、
文化、社会、科学技術、情報、生態系、資源、核という11の領域における
安全保障を包括するものである。「内憂」をうまく処理できなければ対外関
係に負の連鎖反応を引き起こす可能性があり、また「外患」にうまく対処で
きなければ国内の不安定性が増す関係にあるという。2015年7月には、最
高立法機関が新たな国家安全法を可決、「総体的安全保障観」に基づく政策
執行の基盤が強化された。

　なお、2014年5月に開催されたアジア信頼醸成措置会議（CICA）では、

習近平は「アジア安全保障観」という概念も提唱している。中国はアジア安全保障観の積極的提唱者、堅固な実践者であると強調し、「中国は平和的発展の道を揺るぎなく歩み、常に互恵ウィンウィンの開放戦略を堅持し、平和共存五原則を踏まえ、世界各国との友好協力を発展させる。中国の平和的発展はアジアに始まり、アジアに依拠し、アジアに幸福をもたらすものである」と語り、海陸のシルクロード構想、アジアインフラ投資銀行（AIIB）などの意図を善意によるものだと付け加えた[1]。さらに、中国は地域各国と共同で、「3つの勢力」（テロ、分離、過激主義）の取り締まりを願うと語り、アジア法執行・安全保障協力フォーラム、アジア安全保障緊急対応センターなど新たな地域組織の設立を具体的に挙げるなど、イニシアチブを取ろうとしている。

　以上に見たように、「総体的安全保障観」は国内外の脅威の連動、一体化という脅威認識を重視する。中国が地域を扱う「アジア安全保障観」を唱える場合でも、それは共産党政権の維持と一体化している。共産党の伝統的安全保障観や闘争的戦術が復活し、地域に影響を与える可能性も捨てきれない。

2. 戦後日本の安全保障観の変遷

（1）生活安全のための安全保障観

　平和憲法との整合性から、戦後日本は、冷戦期の間、（1）専守防衛を基調とする日本自身の努力、（2）米国との安全保障体制を二本柱としてきた。中国・ソ連に近接する日本が、このような自己抑制的な姿勢を貫けたのは、「自衛に必要な最小限」を超える攻撃力や核抑止力を米国に依存できたからでもある。安全保障政策よりも経済優先という「吉田路線」を推進した自民党長期政権の下で、国民にも生活優先主義ともいえる意識が広がった。左右イデオロギーに分極化しやすい安全保障問題に正面から議論することはほとんどなかった。

　そのような戦後日本において、例外的に独自に打ち出されたのが、1970年代後半における「総合安全保障論」であった。国家を守る軍事力中心の安全保障に加えて、経済や資源、エネルギー、食料などについての具体的、日常的な危機を問題とし、その対策として協調外交のほか、国際経済関係や技術交流、発展途上国に対する援助、国際的協力の強化など総合的な対策が論じ

られた。その背景には、1973年、1979年の2度にわたるオイルショックによって日本が深刻なエネルギー危機に見舞われ、軍事力だけでは実際の安全は確保できないことが広く認識され具体策が求められた事情があった。米国のパワーが相対的に低下し、国際経済面での相互依存関係が深化、資源ナショナリズムも高まり南北問題も顕著になっていた。そこには「米国による平和」は終わり、各国が協力してシステムの維持運営を行う「責任分担による平和」に変わったという時代認識があった。

　日本外交にとって経済大国に相応しい安全保障概念を立案し、積極的に実践する好機であった。軍事力によらず通商貿易国家としての発展を維持するために、自由で開放的な国際秩序、平和な国際環境を確保するという日本の国柄に合った戦略的観点が、そのまま国際的責任となり実践の方向性となった。その流れは、1980年に大平正芳首相あてに提出された「総合安全保障問題」政策研究会報告書において定式化された。報告書は、「安全保障とは、国民生活を様々な脅威から守ることである」とし、(1) 国際環境を全体的に好ましくする努力、(2) 脅威に対処する自助努力、(3) 理念や利益を共有する国々と連帯して行う中間的・部分的な努力、の3つが提案されている。日本の総合安全保障政策の主要目標として、従来の日米協力関係の維持、自衛力の強化、対中、対ソ関係への配慮に加えて、エネルギー安全保障、食料安全保障、大規模地震対策と危機管理体制が加えられた。80年12月には鈴木善幸内閣の下で、総合安全保障関係閣僚会議が設置され、続く中曽根康弘内閣も「国際国家日本の総合安全保障政策」を84年に打ち出し、検討を重ねていった。

　日本独自の非軍事的な安全保障政策が最も顕著に実践された地域は東南アジアであった。戦後日本外交は、「アジアの一員としての立場」を堅持し、経済協力を通じて地域の繁栄に貢献するため、50年代から「開放的なアジア地域協力」を提案、実践してきた（平川2013）。他方で、軍事大国にならない姿勢を誓うことで、日本自身が地域の平和と安全に対する脅威や不安定化要因にならないよう自制してきた。1977年に福田赳夫首相はクアラルンプールで開催されたASEAN拡大首脳会議に出席、その後の訪問地マニラで日本の東南アジア政策の原則を演説する。それは、(1) 平和に徹し軍事大国にならない、(2) 東南アジア諸国と真の友人として心と心の触れ合う相互信頼関係を築き上げる、(3)「対等な協力者」の立場に立って、ASEANの連

帯と強靭性強化の自主的努力に積極的に協力し、またインドシナ諸国との間に相互理解による関係醸成を図る、ことを約束していた。「福田ドクトリン」と呼ばれるこの基本政策は、非軍事的手段で地域平和を作り出すという、日本の自主的な安全保障観の提示と実践であった。

（2）ポスト冷戦期の安全保障観と平和構築の実践強化

　日本の安全保障にとって大きな転換点となったのは、1991年の湾岸戦争であった。憲法9条を奉じて平和に至高の価値を求め、現実的、具体的な戦争への関わりを忌避する日本は世界中から非難を浴びた。多国籍軍に総額130億ドルを支援したが、感謝国リストから外された。戦争終結後に海上自衛隊掃海部隊をペルシャ湾に派遣したが、評判回復は遅きに失した。この「敗北」は外交技術・能力の問題ではなく、日本人の国際認識や安全保障への理解の枠組みそのものを根本的に問い直した（五百旗頭編 2005：238）。戦後の日本人は、この時初めて遠い海外の紛争にも自国の積極的関与が期待されていることを認識したのである。以降、安全保障法制が整備されていく。1992年には、「国際平和維持活動等に対する協力に関する法律」（国際平和協力法、いわゆる「PKO協力法」）が制定された。同法では、国連PKO活動、人道的な国際救援活動、国際的な選挙監視活動、の3つの協力が規定された。自衛隊の海外派遣は、厳しい制約の下、軍事行動に巻き込まれる危険のない範囲で了承された。

　国連PKOへの参加を後押ししたもう1つの契機が、カンボジア和平プロセスであった。ASEANとインドシナの架け橋となることを声明した「福田ドクトリン」を継承して、1988年竹下登首相が「国際協力構想」の1つとして「平和のための協力」を目標に掲げた。日本政府はカンボジア内戦の解決に向けた積極的関与を開始、東京会議では独自の講和案で交渉プロセスを調整し、91年パリでの和平合意を支えた。同時期に成立したPKO協力法案に基づき、明石康国連事務次長を代表とする国連カンボジア暫定統治機構（UNTAC）に1200人余の自衛隊員を参加させた。一国の平和と政府を再建するという任務を遂行した結果、憲法制定議会選挙にはカンボジア国民の9割の有権者が投票に赴いた。戦後日本が初めて積極的に関わった平和構築であった。その後、世論も徐々に自衛隊のPKO参加を支持し、国際貢献への在り方を積極的に議論するようになる。

1994 年 2 月に「防衛問題懇談会」（樋口廣太郎座長）が、村山富市首相あて
に提出した報告書は当時の日本の安全保障観の分岐点を示している。このい
わゆる樋口レポートは冷戦後の安全保障政策として、「多角的安全保障」を、
日米安保よりも上位に置く形で提言していた。「多角的安全保障」とは、日
本の自主性をより強く打ち出し、国連を主とする国際安全保障への日本の貢
献を示す考え方である。ただし、実際には、同レポートに懸念を抱いた米国
からの積極的な働きかけがあり、翌年の「新防衛大綱」では、むしろ日米安
保重視の姿勢が再強調された。ソ連を仮想敵とする役割を終えた日米同盟は、
アジア太平洋地域内の不特定の不安定化要因に対して地域秩序を支える公共
財と再定義された。97 年に出された新たな日米関係の指針（新ガイドライン）
では、協力の重点が、日本有事の本土防衛から周辺事態に移り、地域の秩序
安定化装置としての役割が明確化されたのであった。

　一方、グローバルな非軍事的安全保障政策として積極的に推進したのが
「人間の安全保障」であった。その概念自体は、1994 年の国連人間開発計画
（UNDP）報告書の中で最初に使われたが、日本政府はこれを戦後日本のアイ
デンティティとオルタナティブな安全保障観を結晶できる好機と捉えたので
あった。外務省は、「人間の安全保障」を「人間の生存、生活、尊厳を脅か
すあらゆる種類の脅威を包括的に捉え、これらに対する取り組みを強化する
考え方」と定義し、経済社会面での実践的アプローチを追求した。1998 年、
小渕恵三外相は訪問先のシンガポールで、経済危機によって深刻化したアジ
ア諸国の失業や貧困、飢餓の問題を「人間の安全保障」の課題として位置づ
けた。自らが首相となってからは、東アジアで進展している非伝統的安全保
障分野、非軍事分野での地域協力の流れの中に概念普及と実践を積極的に取
り込んでいった。「新宮沢構想」として 300 億ドルの資金支援とともに、経
済危機の深刻な影響を受けているアジア諸国の社会的弱者への支援を提唱し
た。国連関連機関への資金協力として「人間の安全保障基金」を設置し、
1999 年のケルンサミットでの外相会合の総括文書に「人間の安全保障」と
いう項目を導入することに成功した。2001 年には日本の提案で、国連に人
間の安全保障委員会が設置された。

　これらの外交努力は、日本の安全保障政策の進路を示した。2004 年の防
衛大綱では、「国際的な安全保障環境の改善のための主体的、積極的な取り
組み」が防衛力の役割として掲げられた。自衛隊法も改正され、これまで付

随的任務とされてきた国際協力活動が本来任務となった。文民の国際平和協力への参加の支援体制も整備されてきた。NGO、専門家、国際機関、国内の開発機関など様々な人材の養成、国内外組織間の連携、協力に関する研究への取り組みも進められた。2007年外務省は広島平和構築人材育成センターを設置し、広島大学に委嘱する形で人材育成パイロット事業を開始した。

(3)「国際協調に基づく積極的平和主義」へ

2012年12月に誕生した第二次安倍晋三内閣の下で、戦後日本の安全保障政策は大きく変化している。安全保障政策の司令塔として「国家安全保障会議」(NSC) が設立され、常設専従機関として「国家安全保障局」が内閣官房に設置された。NSCは、安倍政権における取り組みの基盤理念として「国際協調主義に基づく積極的平和主義」を示した。その意味は、「平和国家としての歩みを引き続き堅持し、また、国際政治経済の主要プレーヤーとして、国際協調主義に基づく積極的平和主義の立場から、国際社会の平和と安定および繁栄の確保にこれまで以上に積極的に寄与していく」と説明される。

「積極的平和主義」という言葉は、民間シンクタンクである日本国際フォーラムが2009年に発表した政策提言「積極的平和主義と日米同盟のあり方」に使われていた。そこでは、「日本の安全保障は、その国土防衛だけを論じて終わるものではなく、むしろ地域的安全保障、世界的安全保障との深い関わりの中で担保される」として、「『吉田ドクトリン』に代わる『積極的平和主義』というドクトリン」が提示されていた（防衛省防衛研究所 2014)。

NSCの最初の実質的決定である「国家安全保障戦略」では、日本の戦略的アプローチとして、日本自身の能力と、それを発揮し得る基盤の強化が重要だと指摘された。その観点から、「経済力及び技術力の強化に加え、外交力、防衛力等を強化し、国家安全保障上のわが国の強靱性を高める」と記述されている。

2015年はさらに歴史的な年となった。4月には18年ぶりに新たな「日米防衛協力のための指針」が策定され、コミットメントの強化、地理的、領域的な協力範囲の広がり、日米協力の実効性の仕組みが具体的に示された。5月には平和安全法案が閣議決定され、衆参両議院での審議を経て9月に成立した。法制の主要な内容は以下の3点である。第1に、「我が国と密接な関係にある他国に対する武力攻撃が発生し、これにより我が国の存立が脅かさ

れ、国民の生命、自由及び幸福追求の権利が根底から覆される明白な危険がある場合」における武力行使、つまり限定的な集団的自衛権が容認された。第2に、自衛隊が活動する範囲として「後方地域」や「非戦闘地域」の区切りをやめ、国際平和協力活動においても「駆けつけ警護」や安全確保任務に伴う武器使用権限が認められた。第3に、1999年の周辺事態安全確保法を重要影響事態安全確保法へと改正し、支援対象国と活動内容を拡大した。

　このように、日本の安全保障観は敗戦後のナイーブだった時代とは様変わりした。平和国家としての歩みを反映したリベラルな安全保障観を基調にしつつも、近年は伝統的な国家安全保障観の要素を取り入れた体制を再構築している。

3. ASEANの安全保障観の変遷

（1）「地域」の安全保障観の構築——ZOPFANからTACへ

　ASEANは1967年にインドネシア、マレーシア、フィリピン、シンガポール、タイの5か国によって創設された。当初より他の東南アジア国家にも将来の加盟の道を開いていたことからも分かるように、地域全体を代表する意識を持っていた。主な目的は経済社会文化分野での協力であったが、実際に早くから協力が進展したのは安全保障領域であった。特に1971年にクアラルンプールでの外相会議で発出されたZOPFAN（東南アジア平和・自由・中立地帯）宣言発出の意義は大きい。英国・米国のアジア離れ、中国の国連加盟などの安全保障環境の変化に対応して、「中立」という概念が掲げられた。最初に中立化構想を提唱したマレーシアは、米国、中国、ソ連の三大国による保障という具体的な実現方法を想定していた。これに対して、戦後の非同盟中立運動の伝統的リーダーであったインドネシアが、大国の保証によらない自立的強靭性に依拠する純粋な「中立」を掲げて反発、結果的にZOPFANの内容はインドネシア案を取り入れた抽象的理念の主張となった（平川2011：115-118）。

　ZOPFAN宣言の前文では、踏襲する国際社会の原則や規範として、国連に加えて、バンドン会議での平和十原則、ラテンアメリカでの核兵器禁止条約、アフリカの非核化に関するルサカ宣言、そしてASEAN創立宣言を挙げている。本文はわずか2条と短いが、ともに重要な内容である。第1条では

加盟国が、東南アジアがいかなる形式でも域外大国からの干渉を受けない平和自由中立地帯として承認され尊重されるために、必要な努力を払うと述べている。これは、東南アジアの国家群が初めて、国境を超える「地帯」・「地域」としての共同アイデンティティを訴えたという点で画期的である。第2条では、東南アジア諸国は地域の強靭性や団結、関係緊密化のためにいっそう範囲を広げて共同努力をすることを誓った。

　ZOPFANに見られる域内非加盟国や域外大国との関係を視野に入れた「地域の平和」という概念の推進が、その後のASEAN発展の機動力となった。インドシナの共産化という安全保障環境の変動に合わせ、ASEANは1976年に初めて首脳会議を開催、ASEAN協和宣言を発出、ジャカルタに常設事務局を設置するなど自らの制度化に着手した。そして、ZOPFANからの発展的具体策として、加盟国間での初条約となるTAC（東南アジア友好協力条約）を締結したのである。TACは全5章20条から成るが、とりわけ第2条が6つの核心的規範を示している。それらは、1）すべての国家の、独立、主権、平等、領土保全、国家的アイデンティティの相互尊重、2）すべての国家の、外部からの干渉、転覆、強制を受けることなく国家的生存を維持する権利、3）相互の内政不干渉、4）見解の相違や紛争の、平和的手段による解決、5）武力による威嚇や行使の放棄、6）各国間の効果的協力、である。

　地域への拡大を視野に、TAC第18条は東南アジアの他の国家も加盟可能であることを規定していた。さらに1987年の改正議定書により、TACは域外にも開放された条約となった。現在ではアジア太平洋地域のすべての主要国がTACに加盟している。後述するように、TACはアジア地域全体の制度的中核に位置していった。

（2）民主化と人権、グッド・ガバナンス、法の支配を目指す共同体へ

　冷戦終結後、ASEANは地域統合の進展に合わせて非伝統的な安全保障観を内外に発信し、実践してきた。そして日本がその流れを支援してきた。ASEAN結成の本来の目的である経済社会発展に対する脅威認識、その対応という考え方において、日本の総合安全保障観は本質的に受け入れやすいものであった。実際に、1980年代に日本社会を国家の経済発展モデルとしてきたシンガポール、マレーシアでは、国民の経済生活の安全を目指す総合安全保障の概念が早くから取り入れられていた。日本がASEANの経済社会発

展を積極的に援助するという関係において、この分野での安全保障観と政策を共有することは自然な流れであった。やがて、ASEAN側にも、経済発展を遂げる中で、権威主義体制から民主化体制に移行する国家が現れ、市民や人間を守る安全保障への理解が高まった。市民社会の発展は、「人間の安全保障」の主要な推進アクターである国際組織や非政府組織を受け入れる余地を増やした。

　21世紀に入ると新たな国際関係の変化の中で、ASEANはさらなる域内強化の必要性を迫られた。日中関係の悪化や、「9.11」後の米国など、域外大国の政策変化が東南アジアに与える影響力が懸念される中、内部的にもASEAN加盟国は10か国となり結束力を再強化する必要があった。一連の制度改革の中で、ASEANの安全保障観はリベラルな方向で再調整された。そのけん引役は、スハルト政権崩壊後の民主化を推進していたインドネシアであった。

　2003年、バリ島で開催されたASEAN首脳会議は、ASEAN安全保障共同体、ASEAN経済共同体、ASEAN社会文化共同体の3つの柱からなる、ASEAN共同体を設立することを宣言した（第二協和宣言）。翌年ラオスでの首脳会議では2020年までに安全保障共同体を設立するビエンチャン行動計画（VAP）が採択され、2005年には共同体実現の基盤となるASEAN憲章の必要性が示された。2007年の首脳会議の議長声明により、安全保障、経済、社会文化の3つの柱を持つASEAN共同体設立目標は2015年に前倒しされた。同年にASEAN憲章は署名され、安全保障共同体の名称はASEAN政治安全保障共同体に変更されている。

　第二協和宣言では、ASEANの公式文書としては恐らく初めて、「民主的（democratic）」という表現が登場する（湯川2011：230）。ASEAN安全保障共同体を説明する第1項、「公正、民主的、かつ調和的な環境のもとで域内諸国が相互に、また国際社会と平和的に共存する」という部分である。実際に、この一言のために加盟国間で激しい論争が展開された。文言を残すことを主張したのはインドネシア、マレーシア、カンボジアであり、それに反対したのがヴェトナム、ラオス、ミャンマーであった。結果的にASEANはその目標や理念において、民主主義や法の支配、人権など普遍的な価値実現を目指すリベラルな方向性に舵を切った。

　翌年に、具体的な行動計画として出されたVAPによると、安全保障共同

体の目的は、総合的な政治および安全保障上の協力を通じた東南アジア地域の平和と安定、民主主義および繁栄の強化だとされている。そのうえで、5つの戦略的方向性が挙げられている。第1は「政治的発展」であり、政治制度、人権、自由な情報の流れ、法の支配、司法制度、法制インフラ、グッドガバナンスなど国内制度の整備を目指すことである。第2は、「規範の形成と共有」であり、ASEAN憲章制定の準備、TACへの域外国加盟の奨励、東南アジア非核兵器地帯条約議定書への核保有国の署名など域外国との関係を律する規範やルールの整備である。第3は「紛争予防」であり、軍事関係者の交流、ARFプロセスの強化、国際犯罪との戦いなど、個別分野での域内外の協力強化である。第4は「紛争解決」であり、国内の平和維持センターの活用、共同紛争管理への取り組みなど、集団的対応力の強化である。第5は、「紛争後の平和構築」であり、人道支援、人的資源の開発である。

　2007年に署名されたASEAN憲章は、これらの方向性に法的正統性を与えた。「We, the peoples of the Members States of the Association of Southeast Asian Nations（ASEAN）…」で始まる前文は、「人々のASEAN」という立場を明確に出している。そのように民主主義や人権の価値、市民志向を打ち出す一方、主権、平等、内政不干渉原則、コンセンサス方式による意思決定など伝統的な規範も残された。各国の事情に配慮するASEANの漸進主義が現れているといえる。

（3）「地域の平和」の制度化の中心に

　冷戦後のASEANの安全保障観でもう1つ重要なのは、国際環境の変化の中で「地域の平和」をさらに積極的に推進したことである。域外大国との関係構築のうえで、制度的にASEANが「運転席」に座り、中心になることで安全保障環境をより積極的、主体的に確保した。

　冷戦終結後からアジア太平洋地域でも、欧州安全保障協力会議（OSCE）のアジア版ともいえる多国間での協調的安全保障枠組みの構築が議論されるようになった。協調的安全保障とは、強制力を伴わない対話と交流を通じて潜在的な敵国を協力と連携の枠組みに取り込み、関係国の信頼醸成を図るアプローチである（防衛大学校安全保障学研究会 2009：18）。1991年、ASEAN拡大外相会議に出席した中山太郎外相が、地域に重層的に存在する国際協力の場を、相互信頼醸成のための対話の場にできないかと提案したことから、同会議共

同コミュニケに「ASEAN拡大外相会議が地域の平和と安全保障を議論する適切な枠組みである」の文言が入った。その発展として、1994年に第1回ARF（ASEAN地域フォーラム）が開催された。この会合に参加した域外国は、日本、米国、ロシア、中国、カナダ、豪州、ニュージーランド、パプアニューギニアであった。1995年のコンセプト・ペーパーでは、信頼醸成の促進、予防外交メカニズムの発展、紛争解決メカニズムの発展、という三段階の発展アプローチを採択し、広範な地域諸国の安全保障対話を外交官や軍人を含む形で深化させた。扱う内容も、テロや海賊、津波など非伝統的安全保障の分野まで拡大している。ARFには、その後、カンボジア、インド、ミャンマー、北朝鮮、パキスタン、東ティモール、バングラデシュ、スリランカが加盟した。多くの参加国が集まる理由は、大国ではないASEANが開催する「対話の場」で、拘束性や結論を求めない枠組みの性格にある。しかし、「信頼醸成による予防外交」というコンストラクティヴィズム的な安全保障観で大国を御していけるか、その効果は疑問視されてきた。

　他方で注目されるのはTACの発展である。1997年のアジア通貨危機後のASEANプラス3（日中韓）会合を皮切りに、東アジア地域主義と呼ばれる地域協力制度が一気に進展した。2005年には、EAS（東アジア首脳会議）がASEANプラス6（日中韓、豪州、ニュージーランド、インド）の参加国で開催され、地域的課題、非伝統的安全保障分野などについて協議を開始した。2011年からは同会議に米国、ロシアも参加し、南シナ海のような安全保障問題も取り上げられるようになった。会議運営に当たってはASEANが議長国となって中心性を確保している。EASの参加資格はASEANの対話国であり、具体的にはTAC締結が条件である。TACは今やアジア太平洋地域で唯一の安全保障に関する多国間条約の役割を持っている。内容面では、TACの持つ内政不干渉規範と、人道的介入を要する「人間の安全保障」には論理的矛盾が残る。しかし、制度面では、地域の安全保障イニシアチブに関してASEANが優位性を保つ根拠となっている。

おわりに──異なる安全保障観をいかに共存させるか

　本稿では、アジアに偏在する様々な安全保障観について中国、日本、ASEANの順に歴史的な変遷を見てきた。多様な安全保障観を収斂させるこ

とは難しいが、共存を図ることは可能であろう。難題は、軍事力、経済力の点で地域最大の大国になった中国の安全保障観の主眼、つまり守るべき主体が、「中国共産党」という特殊な存在であることである。アジアでは、一国内の固有の政権や体制を守る安全保障自体は、「内政不干渉」や「平和共存」の原理内で伝統的にうまく対処できてきた。しかし、今日、中国共産党が自らの政権基盤を維持するために国内外の安全保障政策を統合させた「総体的安全保障」を展開する時、その大規模性と国際的相互依存構造からいって、周辺地域への影響力は余りにも大きい。特に、「人間の安全保障」を政治権力からの自由と解釈した場合には、「一党独裁体制の安全保障」とは互いに脅威を与え合う関係となる。中国が「非伝統的安全保障」分野には積極的であっても、「人間の安全保障」という言葉を避ける理由もこの点にある。

　地域に交錯する安全保障観を整理すると、中国が提起する「アジア安全保障観」は、「地域公共財」としての日米同盟に挑戦する概念であり、すでに全体的矛盾が宿っていることが分かる。この対立を顕在化させないよう、回避すべき危険な局面は３つ考えられる。第１に、日本が「国際協調に基づく積極的平和主義」を掲げて軍事的分野で米国との「同盟」を強化することが、中国に過度な脅威感を与えることである。深刻なセキュリティ・ジレンマに陥り、地域が軍事的リアリズムの対立一色に染まる危険である。第２に、共産党を守る中国の安全保障観が、日本やASEAN共同体が強く関与する「人間の安全保障」の理念や実践と衝突する危険である。中国政府が国内で大規模人権侵害を犯す、あるいは国外非政府アクターが不用意に中国の民主化を煽るなどのケースである。第３の危険は、ASEAN分裂の可能性である。共同体としてのASEANはリベラル志向であるが、主権単位で「内政不干渉」型のASEAN諸国として見た場合、中国型の安全保障観を支持する国家もあり、現実に中国が接近を図っている。ASEANの一体性が低下すると、ASEANをハブとする地域安全保障制度が崩壊し、積み上げてきた平和規範が台無しになる。

　今後は、日本、中国、ASEAN共同体が異なる「安全保障観」を相互に認識し、自覚的に共存させる努力が必要になるだろう。相手をけん制するだけでなく、自制も必要である。政府間では「人間の安全保障」を安易に中国への政治対抗概念にするべきではない。まずは、ASEAN中心の制度や規範を基盤として、伝統的安全保障分野の現実を直視しながら、非伝統的安全保障

表 2-1 アジアに見られる安全保障観の変遷

		中　国		日　本		東南アジア・ASEAN
冷戦期	1954	平和五原則：異なる政治体制の共存を主張。	1952	日米安全保障条約発効（60年改定、78日米防衛協力のための指針）	1955	バンドン会議にて平和十原則を宣言。
	1974	「3つの世界」論：中国は第三世界のリーダー。			1967	ASEAN結成
	1982	「独立自主」外交：大国と同盟関係を結ばない。	1982	総合安全保障観：伝統的な国家安全保障に加えて、経済、エネルギー、災害、食料など非軍事的領域での脅威を認識、非軍事的手段を想定。	1971	ZOPFAN宣言：東南アジア地域の平和・自由・中立地帯化を宣言。
					1976	東南アジア友好協力条約（TAC）締結：主権の尊重、領土保全、内政不干渉、紛争解決における武力不使用などを規定。
ポスト冷戦期	1997	新安全保障観：非伝統的安全保障領域での脅威を認識、多国間外交など非軍事的手段を想定。	1992	PKO協力法案：自衛隊の海外派遣が条件付きで可能に。	1994	ASEAN地域フォーラム（ARF）開始：信頼醸成、予防外交、紛争解決の三段階を目標。
			1997	日米防衛協力指針：日米安保を「地域公共財」と再定義。	1997	日中韓首脳を招待しASEAN＋3（APT）会合を開始。以後、地域協力を推進。
			1998	「人間の安全保障」に関する概念普及、実践強化を積極的に支援。2000年には国連「人間の安全保障」委員会を設置。	2008	ASEAN憲章発効：「地域の平和、安全の維持強化」「民主主義を強化し、グッド・ガバナンスと法の支配、人権と基本的自由の保護」などの目標を明文化。
2010以降	2014	総体的安全保障観：対外的、国内的、伝統的、非伝統的分野での安全保障を包括。内政と外交の一体化を目指す。	2014	国際協調に基づく積極的平和主義：国際政治経済の主要プレーヤーとして国際社会の平和、安定、繁栄にこれまで以上に積極的に関与。	2015	ASEAN政治安全保障共同体（APSC）が成立：紛争の予防および平和的解決、平和構築等を促進。域内外のその他の国や地域との関係強化を図る。ルールに基づく共同体、総合安全保障への責任を共有するブループリントに明記。
	2014	アジア安全保障観：米国排除の地域安全保障観を提示。	2015	平和安全法案通過：限定的集団的自衛権を容認、自衛隊の限定的武器使用権も拡大。		

第2章　アジアにおける安全保障観の対立と協調　　**47**

分野では協力を続けるという重層的な取り組みが求められる。日本は両面で
役割があり、鍵を握る存在である。

注

1) 中華人民共和国駐日本国大使館 http://www.china-embassy.or.jp/jpn/zgyw/t1158401.
htm（2016年10月10日閲覧）

参考文献

青山瑠妙『中国のアジア外交』東京大学出版会、2013年

五百旗頭真編『戦後日本外交史』有斐閣、1999年

阿南友亮「党の安全保障と人間の安全保障」川島真編『チャイナ・リスク』岩波書店、
2015年

伊藤剛「『新安全保障観』の生成と発展──『国家間協調』の徹底化」天児慧／浅野亮編
『中国・台湾』ミネルヴァ書房、2008年

岡倉古志郎『非同盟研究序説』新日本出版社、1999年

川島真／毛里和子『グローバル中国への道程　外交150年』岩波書店、2009年

栗栖薫子「人間の安全保障──主権国家システムの変容とガバナンス」赤根谷達雄／落合
浩太郎編著『新しい安全保障論の視座』亜紀書房、2007年

佐道明広『自衛隊史論』吉川弘文館、2015年

高原明生「中国の新安全保障観と地域政策」五十嵐暁郎／佐々木寛／高原明生編『東アジ
ア安全保障の新展開』明石書店、2005年）

内閣官房内閣審議室分室・内閣総理大臣補佐官室『大平総理の政策研究会報告書4──
環太平洋連帯の構想』大蔵省印刷局、1980年

内閣官房内閣審議室分室・内閣総理大臣補佐官室『大平総理の政策研究会報告書5──
総合安全保障戦略』大蔵省印刷局、1980年

平川幸子「マレーシアの対中接近とASEAN協調──ZOPFANに隠された地域外交協力」
松村史紀／徐顕芬／森川裕二編『東アジア地域の立体像と中国』早稲田大学現代中国研
究所、2011年

平川幸子「戦後日本外交と『開かれた地域主義』── 1955年を起点として」『アジア太
平洋討究』第21号、2013年

平松茂雄『中国の安全保障戦略』勁草書房、2005年

防衛省防衛研究所編『中国安全保障レポート2014』防衛省防衛研究所、2015年

防衛省防衛研究所編『東アジア戦略概観2014』防衛省防衛研究所、2014年

防衛省防衛研究所編『東アジア戦略概観2016』防衛省防衛研究所、2016年

防衛大学校安全保障学研究会編著『新訂第4版　安全保障学入門』亜紀書房、2009年

湯川拓「ASEANにおける規範──論争から変容へ」山影進編『新しいASEAN ──地域
共同体とアジアの中心性を目指して』アジア経済研究所、2011年

3 平和の破壊者から促進者へ？
東ティモールに見る
平和構築における軍隊の新たな姿

本多倫彬

はじめに

　平和構築の中で、「(現地の) 軍隊・軍人をどのように扱うのか」は、その中核課題の１つである。平和構築は、人々が安心して生活することを可能とする安定的な秩序をその構築目標に内包する。そうである以上、秩序を維持ないし混乱させる実力組織である軍隊は、必然的に注目を集めることになる。

　2016 年現在の南スーダンでも、また本稿で扱う東ティモールの紛争再発の例でも、軍隊は紛争 (とその再発) の中で常に主役であった。いささか乱暴な整理にはなるが、軍隊が暴発する時、平和構築の失敗は白日の下に晒されて「失敗」とみなされる。これこそ、軍隊を含めた治安機関を改革する治安部門改革 (Security Sector Reform：SSR) が、国際社会の取り組む国家建設・平和構築の中で重要度を増してきた所以である。この文脈において軍隊は不安定要因として、平和構築の「潜在的破壊者」となる。したがって、いかにして暴発させず、文民統制の利く国軍へと再編するのかがSSRの主たる課題ということになる。

　平和を乱す存在として軍隊が認識される一方で、特に自然災害多発地帯である東・東南アジア地域を中心に、非伝統的安全保障領域における軍隊の任務として、人道支援・災害救援 (Humanitarian Assistance/Disaster Relief：HA/DR) が、研究・実務双方で注目を集めている[1]。また、冷戦後の戦争の様態変化と、それに伴う軍隊の変容は、後述するカルドーの「新しい戦争」やスミスの「人々の間での戦争」など、多くの議論がなされてきた。これらの特徴は、「直接的な戦闘行為以外に現代の軍隊の役割を見出す」点にある。これが「軍隊を積極的に活用して新たな価値を創造する」方向性にあるとすれ

49

ば、平和構築における「潜在的破壊者」という軍隊の扱いは真逆といえる。

　また、SSRを含めて「平和構築には制度的保障が必要」との認識に基づき、国家建設と半ば同一視されてきた平和構築のアプローチは、近年、批判がなされるようになっている[2]。この中では「ハイブリッドな平和論」に表されるように、とりわけ「下からの紛争予防・平和構築」の取り組みが、新たなアプローチとして注目を集めている[3]。これらは、国際社会の主導する「上からの平和構築」と対比されたうえで、人々自身が、時に非民主的な伝統的枠組みも用いつつ、ローカル政府とともに作り上げる平和構築のプロセスにその焦点を置く。

　こうした平和構築および軍隊を取り巻く環境の中で、今日の、特に東南アジア地域での平和構築について検討が求められているのは、非伝統的安全保障領域における新たな軍隊の役割とその拡大を踏まえた「平和構築における(現地の)軍隊の積極的役割を構築する必要性とその実現可能性の検討である」というのが、本稿での筆者の基本的立場である。

　国際社会が平和構築に積極的に乗り出すようになった2000年代初頭から、その対象となってきた国の1つに東ティモールがある。成功例とされてきた同国での平和構築は、2006年に国軍内部の対立を直接的契機にした紛争再発により一旦の挫折を見る。本稿では、この挫折以降、東ティモールでいかなる変化が見られるのか、特に国軍に焦点を当てる。これを手掛かりに、東南アジア地域の軍隊の特性を踏まえて平和構築における軍隊の積極的役割を考えてみたい。以下ではまず、軍隊の非伝統的役割について若干の整理をしておきたい。

1. 新しい戦争論の展開と新たな軍隊の役割の形成

　冷戦が終結した1990年代初頭以来、クレフェルトが主張してきたように、明らかに戦争は正規軍同士によるものではない様相を呈してきた[4]。また国際社会主導の介入が行われた場合、イラクであれアフガニスタンであれ、介入側の軍隊と被介入側の軍隊との間での戦闘は短期間で完了し、現地の政権は倒された。敵として想定した軍隊が崩壊したのち、介入側の軍隊は出口の見えない泥沼の「戦争」の中で、民間人と区別のつかない戦闘員と常に対峙してきた。この、民間人と軍人の区別ができない状況は、無辜の人々が攻撃

の直接的対象となる「新しい戦争」の様相として特徴づけられてきた。

　こうした戦争観は、1999年にカルドーがボスニアを事例に主張して以降、現在では広く受け入れられている[5]。それは理念的に受け入れられているというよりも、シリアをはじめとする「アラブの春」以降の中東地域は言うに及ばず、東南アジア地域でもミンダナオやミャンマー、パプアといった各地の現実によるものだろう。

　当初、文民の観察によって進められたこれらの議論は、ボスニアやイラクで平和活動を指揮したスミス（Rupert Smith、英軍退役大将）が、「もはや戦争は存在しない」という衝撃的な台詞によって提示したように、軍隊側にも受容されるようになってきた[6]。スミスの提示した「人々の間での戦争」という概念は、それに基づいてこれからの軍隊の役割を考えるべきかという対応についての見解の差異はあれ、軍隊側に広く議論を喚起した[7]。同時期にイラクやアフガニスタンで米軍の指揮を執ったペトレイアスが、（軍人が）人々の役に立つことに取り組むことで安定につながることを唱えて「対反乱作戦（Counter-Insurgency：COIN）」に取り組んでいたことも、この議論が注目される要因であった[8]。

　伝統的な軍隊の任務として戦闘やそれに類する任務があることは指摘するまでもないが、軍人が国家建設に従事することを強調するのがCOINの特徴である。平和維持や停戦監視を担う伝統的な国連PKO活動とともに、ポスト・モダンの軍隊の役割として見出されてきたのが、これらの平和活動であった[9]。

　他方、これらの議論では、例えば「戦争ではない任務／戦争は存在しない／軍隊の伝統的任務ではない役割」といったように、「ではない」ものとして説明がなされる。このことは、「本来、軍隊の任務としてある（べき）戦争」を所与としたうえで、そうではない何かとして、軍隊の役割についての議論が形成されてきたことを示していよう。

　また、本来的な役割ではない活動に軍隊が取り組む、ないし取り組まざるを得なくなってきたとして、それではこれから軍隊はどうすべきかという点については意見が分かれている。これは、しばしば軍隊の有用論・万能論と、その逆に特に軍隊側からの拒絶反応として立ち現れてきた。前者は、例えば「軍隊が文民の肩代わりをすることで、現地に安定をもたらすことができる」という主張である[10]。実際、21世紀初頭の対テロ戦争の中では、様々な軍

主導の試みが実施され、また新たな概念が提示されてきた。アフガニスタンで展開されてきた地方復興チーム（PRT）、民心掌握を追求する前述のCOINや「人々の間での戦争」などはその代表例である[11]。

　同時にこれらが目標であった平和を達成できたかといえば、控えめに言っても成功ではない。一方、本稿では立ち入らないが、「保護する責任（Responsibility to Protect：R2P）」議論が高まり、新たな国際規範としての「人道的介入」が模索されている状況、軍隊しか活動できないほど混乱した地域が増加する現状がある。この中で、何らかの形で軍隊の役割を期待する声は、特に人道的見地から大きい。これらの軍隊有用論は、例えば災害派遣から国際平和協力まで、自衛隊に多様かつ多大な役割を期待する日本国内の世論にも表れている[12]。

　逆に拒絶反応としては「軍隊とは本来的に敵を倒すべきもの」とする主張であり、こうした立場に立つ論者からすれば、COINやその他の民心安定に主軸を置く平和活動は無駄ということになる。この最も分かりやすい見解は、例えば「彼ら（イラクの人々）の発展に必要な手段を与えてやることは、私の仕事とは全く関係ない。私の仕事は教えることではない。殺すことだ」というものである[13]。軍隊とは敵を打倒して国益を守るための存在であり、平和活動や災害救援は余力で実施するものという主張は、軍人をはじめ広く支持を集めている。こうした見解は、これまでの軍隊の平和活動の失敗例を踏まえて、そもそも紛争に外国は介入すべきではなく、外部勢力による平和活動で平和をもたらすことはできないといったリアリスティックな議論にも支えられる。また理想的な平和主義の立場からすれば、「強制力の象徴である軍隊が平和をもたらす」という論理は矛盾であるということになる。全く異なるベクトルではあるが、軍隊の役割を戦闘に見出すこの両者の立場からすれば、軍隊の平和活動に違和感を覚えることは当然の帰結でもある。

　しかしながら賛否いずれの立場に立つにせよ、対テロ戦争や国連平和活動、また近年ではHA/DRなど、軍隊が戦争ではない役割を担い、ポスト・モダン化してきたことは疑いようがない。そこで以下では、軍隊の新しい任務を参照しつつ、軍隊の扱いという側面から平和構築の展開を振り返ってみたい。

2. 平和構築のアプローチの変容と軍隊

(1) 制度構築と治安部門改革

そもそも多義的な言葉である平和構築は、「持続可能な平和と開発に向けた基礎を築くための幅広い措置」の総称である[14]。この定義を敷衍すれば平和構築とは、対象国・地域の持続可能な平和状態の実現に向けた取り組みすべてである。同時に国際関係における政策用語としての平和構築とは、「新しい戦争」下の破綻国家を、国際社会が主導して立て直すことを意味し、一般に支援側の取り組みを指す言葉であった。この文脈において平和構築と国家建設はほぼ同義であり、国家制度の構築こそが、現代国際社会が直面する平和構築であるという理解が浸透してきた[15]。

この結果、平和構築のアプローチは、民主的な国家建設を志向する（リベラルな平和構築）ものとなってきた。このアプローチにおいて平和構築を成功に導くには、治安、政治、経済社会等にまで跨る当該国の国家制度建設への継続的支援が求められる。これらをすべて当該国で行うことは不可能であるため、一時的に国際社会がその機能を代替する形で国連 PKO による暫定統治が開始された。東南アジア地域では、カンボジアと東ティモールで国連の大規模な暫定統治ミッションが展開したことが知られている。この中では、「（平和構築が取り組まれる場は）政府による（量的かつ質的に）適切な政治財、中でも治安維持・安全保障サービスの欠落が重要な特徴となることは、コンセンサスが得られるであろう」とする指摘がなされてきた[16]。ここに端的に示されるように、治安の改善が平和構築の重要なテーマとなる。

こうして領域統治の大前提たる治安サービスの提供、ウェーバー言うところの「暴力行使への『権利』の唯一の源泉」という国家の最も基本的な要件とされる分野を国際社会が肩代わりし、またそれを自力で実行可能な形に整える SSR が要請されるようになる[17]。SSR は、「国家の治安・秩序維持を担う軍隊、警察、裁判所などの組織やそれらを監視・監督する国会や行政機構などを改革することによって、国家がより適切な形で秩序を維持し、国民が安心して暮らせる社会を作っていくことを目的とした取り組み」を指し、その成功の鍵は治安機関の能力向上と体質改善にある[18]。

この中で、現地の軍隊およびそれに類する武装勢力は、何であれ「平和構築の潜在的な脅威」として扱われてきた。国連 PKO の発展史から見れば、

第 3 章　平和の破壊者から促進者へ？　　53

現地の軍隊は、伝統的PKOでは衝突の阻止の対象（停戦監視と兵力引き離し任務）であり、その武装解除／動員解除／社会復帰（Disarmament, Demobilisation and Reintegration：DDR）も行われてきた。SSRでも、体質改善といった改良の対象である。誤解を恐れずに言えば、現地の軍隊とは平和構築からすれば、基本的には厄介者なのである。

前述の通り東ティモールでも、2006年の紛争再発の直接的契機となったのが国軍内部の対立であったように、世界各地の平和構築の過程でその努力を破壊した軍隊等の治安組織の例は枚挙に暇がない。そもそも軍隊は国防に責任を持ち、敵を倒すために存在する戦う組織である以上、体質を改善しても、敵と対峙する本質は変わらない。ましてSSRの対象となる軍隊は、独立・権力闘争、民族・宗教紛争の中で常に最前線にあり、戦闘と暴力によって自らの社会的価値を実現してきた存在である。例えば東ティモールの国軍は、数十年にわたる独立紛争を戦い抜いた独立の功労者なのであり、実力によって国を背負う存在として、軍隊が自らを規定するのは必然でもある。

（2）平和構築論の新展開と現地の軍隊への視座

前述の、民主的な制度構築に基づく近代改革を志向してきたリベラルな平和構築は、「理想像たる近代国家」をひな型に想定しており、SSRで見られた実現の困難さとともに、そもそもそこを目指して社会改革に取り組む思想そのものが批判に晒されている[19]。リベラルな平和構築への批判の中で強調されてきたのが、時に非民主的なものであっても、現地の伝統的制度や慣習を取り込む必要性であった[20]。同時に平和構築は、あらゆる関係アクターが分野横断的に取り組む必要のあるものとしてコンセンサスが形成されてきた。平和構築を主導してきた国連が2015年に、15年ぶりに自らの平和活動の在り方を提示した事務総長報告（ホルタ・レポート）でも、フルスペクトラムの平和活動という呼称で、分野横断的かつ時系列区分のない包括的なアプローチの必要性が改めて指摘された[21]。

そもそもSSRの対象とする治安分野でも、警察や軍隊、国防省といった機関のみならず、それらを私物化しかねない政治家、関係省庁、また10章で見るように人々の生活レベルでの紛争までも射程とする。したがってその過程では、技術的な組織改良に留まらず、包括的かつ政治的な視座に基づく取り組みが要請されてきた。

このように包括性を志向し、また現地性を重視する平和へのアプローチの中で、現地の軍隊の役割には変化がなく、とにもかくにも暴発せず、またそうならないように体質を改善することのみが求められるのだろうか。より直截的に言えば、現地の軍隊のみがそうした贅沢を享受できる存在なのだろうか。筆者の答えは否である。そもそも現地の軍隊が平和を混乱させる主たる存在である以上、そこに変化を生まずして、新たな平和構築のアプローチは存在し得ないだろう。

　近年の現地性を重視するアプローチは、人間の安全保障という視座を平和構築に取り込もうとする動きとされる[22]。これを踏まえれば、人間の安全保障の確保に貢献することが新しい任務の中で軍隊に求められているといえる[23]。実際に近年の平和構築のアプローチの中で、「介入側の」軍隊の役割が大きく変化してきたことは既述の通りである。「人間の安全保障に貢献する軍隊」というアイデアについてギルモア（Jonathan Gilmore）は、コスモポリタン・ミリタリー（世界主義軍隊）という概念を主張する[24]。これは、世界を1つのコミュニティと捉えて、世界規模で軍隊が人間の安全保障の確保に取り組むものとするものである。したがってその中で「（外国に）介入する」あるいは平和活動に取り組む軍隊は現地にとって外部の存在ではなく、住民と同じ目線に立った新しい形態となる。また「軍隊は人間の安全保障に貢献すべき存在」であるとともに、テロとの戦いの中でそうなることを必要としてきたと指摘する[25]。すなわち、人々の正義と人権を実現する存在としての軍隊であり、この点においてコスモポリタン・ミリタリーは、特定の国益に基づく近代国家の軍隊とは異なることになる。

　このように、コスモポリタン・ミリタリーを含めて「新しい軍隊の役割」という概念は、特に非伝統的安全保障や人間の安全保障といった、それ自体が包括的な概念に対応するものと規定されてきた。対象とするものが包含する曖昧性ゆえに、何かを説明できている感はあっても、結局は何も説明できていないという可能性があろう。しかしながら、「ではない」という形で、既存の軍隊観を批判しつつ別の側面への注目の重要性が強調されてきたように、たとえ厳密な規定が困難であるにせよ、軍隊が何らかの非伝統的任務に取り組んでいることは疑いない。

　それでは平和活動の過程において、現地の軍隊はどのように位置づけられるのだろうか。何らかの平和活動が国際社会主導で展開する以上、少なくと

第3章　平和の破壊者から促進者へ？　**55**

も紛争の収まらない段階では現地の軍隊は、監視や引き離し、あるいはSSR
の対象である。それでは人間の安全保障的任務に取り組んだ介入側軍隊による暫定統治の期間と活動移管を経て、活動を引き継ぐことになる現地の軍は、どのような存在となっていくのだろうか。以下、この疑問に基づいて、東ティモールの取り組みを事例に「平和構築における軍隊の積極的役割」とは何かを探る。

3. 東ティモールの国軍とその変容

(1) 国軍の創設とその役割

　最初に東ティモール国軍（Falintil-Forças de Defesa de Timor-Leste：F-FDTL）の創設過程を簡単に振り返る。1976 年にインドネシアに併合された東ティモールでは、併合に反対する独立派がおよそ 30 年に及ぶ独立闘争を展開した。独立闘争の主体が東ティモール独立革命戦線（Frente Revolucionária de Timor-Leste Independente：FRETILIN）であり、同組織に置かれた軍事部門が東ティモール民族解放軍（Forças Armadas de Libertação Nacional de Timor Leste：FALINTIL）であった。現在の国軍、F-FDTL は、この FALINTIL を出自とする。独立闘争の対象、すなわち敵とは、当然インドネシアであり、2016 年現在でも東ティモールの首都ディリに置かれた記念館には、インドネシア軍との戦いの様相、捕らえた敵側兵士の殺害を示唆する映像、またインドネシア軍から奪った武器などが民族の歴史として展示されている。

　このように見ると、独立後の東ティモールにとっての主たる脅威はインドネシアということになる[26]。しかし地域大国であり世界でも有数の兵力を誇るインドネシア軍と F-FDTL とは、人員数比でも国防予算比でも 200 倍以上の差がある。対インドネシアで正面きって防衛戦争を行う能力は東ティモールにない。のみならず、国民の間ではインドネシア語が日常的に使用されているほか、生活物資の輸入はインドネシアに頼っている[27]。近年、両国の関係はいっそう緊密なものとなっており、2016 年 1 月にはインドネシアのジョコ（Joko Widodo）大統領がディリを訪問して歓待を受けた。ジョコが、もともとは FALINTIL 参謀長であったルアク（Taur Matan Ruak）現東ティモール大統領と笑顔で固く握手をしながら、東ティモールの経済発展にパートナーとして取り組む姿勢を示した姿は、近年の両国の緊密な結びつき

56　第 I 部　総論：「人間の安全保障」の多面的枠組み

と、対立が想定されない両国の現状を象徴するものであった。

インドネシアに次いで東ティモールと関係の深い隣国はオーストラリアである。同国は東ティモールの独立を支援し、また有事には大規模な多国籍軍を組織して迅速に活動を行って支援してきた地域大国である。また東ティモールの命運を左右する油田の開発・運営を担ってもいる。指摘するまでもなく、オーストラリアを主敵に東ティモールが国軍整備に取り組むこともありえない[28]。隣接する2つの大国は、F-FDTLにとって備えるべき脅威、仮想敵とはそもそも成り得ないのである。思えば1999年以降の独立闘争でもインドネシアが背後にいるにせよ独立派民兵が敵であり、また2006年の紛争再発の切っ掛けとなったF-FDTL内の不満勢力など、東ティモールの主要な闘争は、基本的に東ティモール内部のものであった。2006年の紛争再発によって表面化したのは、外部勢力との対立というより、第1にF-FDTL内における東西対立と、第2にF-FDTLによる東ティモール国家警察（PNTL）への不満であった。

そもそも対抗し得る対外脅威が存在し得ない東ティモールにとって国軍は、建国時点より不要な存在とされてきた[29]。しかしながら独立の功労者である民兵の受け皿として、1700人規模の国軍が創設された経緯がある[30]。他方、民兵全員を雇用することは不可能であった上に、独立紛争の主力となった東側出身者と西側出身者の間に待遇格差があったとされる[31]。また、国家警察（傘下に国境警察を置く）が国境警備を任務とする中、国防軍には明確な任務がなかった。F-FDTLからすれば、インドネシア統治時代の警官が引き続き採用されている国家警察に対してそもそもの反目がある中、対外防衛任務まで警察に奪われていると考える状態であった。実際にこの対立は、2006年の紛争再発の際に、F-FDTL兵士が国家警察本部を襲撃して警察官10人以上を殺害する形で表面化することになる。

（2）2006年の紛争再発以降の国軍の再編成と新たな取り組み

2006年の騒乱以降、多国籍軍による治安回復を経てF-FDTLの再建に取り組む東ティモール政府は、2007年にForce 2020と題する国防計画を公表した[32]。安全保障とは、脅威から何らかの価値を防護することを意味しており、まずは脅威の特定がスタートとなる訳だが、Force 2020で東ティモールの脅威の第1とされたのは「国内の安定に対する」ものであった。具

第3章　平和の破壊者から促進者へ？　**57**

体的には、①国家の分断を図る破壊活動、②内戦、③組織犯罪（違法薬物取引、不法移民、海賊ほか）である。これらの国内の脅威を指摘したうえで、外部の脅威に起因するリスクとして、①海洋における組織犯罪（違法漁業、海洋汚染、海上密輸など）、②（特に国境付近での）元民兵らによる破壊活動、③国境管理の不徹底による民兵らによる活動の激化の高い可能性、④（戦略的理由に基づく）インドネシア政府による国境の軍事化の継続、⑤インドネシア国軍による元民兵の活動（侵入）防止の不確実性、⑥外部による介入（テロ、自然災害含む）が挙げられた。

　ここに見て取れるのは、東ティモールにとって脅威は、そもそも国内の不安定化を基層としていること、そして何であれ、いわゆる非伝統的安全保障の課題が重視されており、外国軍による侵略はほぼ想定されていないという事実である[33]。対外脅威に備えるという意味での国軍の不要さが改めて表れるとともに、国内の治安を所管するPNTLとの任務の重複も続いている。これらの構造的課題を抱えたまま、F-FDTLは順調に再編を続け、2015年には兵員数約3000人程度、各国から供与された小型艦艇を主体に小規模な海軍部隊も保有している。

　こうした中でF-FDTLが近年、力を入れてきたのが非伝統的安全保障分野における各国軍との関係構築である。前述の通り東南アジア地域では軍隊による災害対応が注目されており、近年はHA/DRに備えた多国間軍事訓練（パシフィック・パートナーシップ）の一環で、東ティモールで多国籍軍がF-FDTLと共に訓練を行っている[34]。この際には、例えばF-FDTLの工兵部隊が豪州陸軍工兵部隊や米海軍工兵部隊と共に、学校等の施設の復旧・建設に取り組んでいる[35]。これらの施設はニーズ調査と選定に米国開発庁（USAID）が協力し、訓練の際の診療所等として利用するのみならず、訓練完了後には通常の学校施設となり、また自然災害発生時の避難所とすることまで計画に含まれている[36]。パシフィック・パートナーシップをはじめとする軍主導によるHA/DR分野の多国間共同訓練は、NGO等も参加するが、各国軍隊による軍同士の協力関係構築を一義的目標とするものであり、国軍の参加が前提となる。同時にこれらの多国間訓練は、各国軍が非戦闘・民生任務の取り組みを学び合う場でもある。実際にこの多国間訓練への参加を通じて、東南アジア各国の軍人の考え方が変化していることも指摘されてきた[37]。かつてグスマン大統領は日本大使に対して、「災害派遣に当たって銃ではなくス

コップを持って駆けつける部隊を作りたい」と述べたとされるが、HA/DR
に備えた多国籍訓練は、こうした軍隊の意識改革の場という側面を持つ[38]。

　また東ティモール自身、自然災害リスクについては、世界リスク報告
（World Risk Report）において常に世界でトップ10クラスにランクされるリス
クの大きな（very high）国（2015年度は11位）である[39]。災害多発地域である
東南アジアに位置する以上、東ティモールが自然災害に見舞われるリスクの
大きいことは想像に難くない。また、国内は急峻な地形であり、大規模災害
が起こらずとも土砂崩れなどでしばしば交通路が遮断される。しかし、東
ティモールの自然災害リスクの総合評価を世界10位圏内へと著しく悪化さ
せているのは、外部からの影響に脆いインフラや社会制度など社会基盤の未
整備と、警報システムや予防の取り組みなどの防災対策の欠如、そしていざ
という時の速やかな対応と復旧を可能とする対応能力の欠落といった社会的
要素である[40]。F-FDTLのHA/DRへの取り組みは、体質改善に加えて、他
の東南アジア諸国同様、実際の対応を担うことになる国軍の能力向上に直結
するものでもある。

　2011年の東日本大震災の発生に際して東ティモール政府は、発災翌日に
緊急閣僚会議を開催して、瓦礫除去の支援を主目的に、F-FDTLを中心に
PNTL、医療スタッフ等を含めた100人規模の支援チームの派遣を決定し
た[41]。結果的に派遣は実現しなかったものの、東ティモールにとって初と
なる国際緊急援助活動が日本を対象に検討されたことになる。また2011年
9月に五百旗頭防衛大学校長（当時）が東ティモールを訪問して、ルアク国
軍司令官（当時、現大統領）はじめ国防担当者に対して講演を行った際にも、
そのテーマは東日本大震災対応と復興、防災、そして自衛隊の災害派遣につ
いてであった[42]。

　国内の不安定化が最大のリスクであり、国内対処が国防計画の重要課題と
される東ティモールにおいてF-FDTLは、国家警察の所掌と重複して活動
が制約される中、軍隊にしかできない任務としてある外国軍との共同での
HA/DRに役割を見出し、かつそれによって正当性を確保する道筋を選びつ
つあるといえよう。

　災害対応によって正統性を確保する軍隊像は、自衛隊の災害派遣の歴史と
符合する[43]。周知の通り自衛隊は、旧軍へのアレルギーから反戦志向の強
い日本の世論の中で、社会的居場所を確保して国民の信頼を高めるために、

第3章　平和の破壊者から促進者へ？　**59**

民生支援と災害派遣に取り組んできた。この試みは、自衛隊を災害派遣に用いることで国民の信頼を高める方針を決めた時の首相、吉田茂をして「(災害派遣は) 自衛隊存在理由の本筋ではない。このことが、忘れられ勝ちとなりはせぬかを、私はむしろ恐れる」と言わせる「成功」を収めてきた[44]。

おわりに

軍隊を「平和構築の潜在的なspoiler (破壊者)」として扱ってきた議論は、平和構築の失敗事例を列挙するだけでも一定の説得性を有している。2002年の独立以降、順調に平和構築が進展していると思われていた東ティモールでも、2006年の紛争再発でその挫折を見る中で、平和構築プロセスにおける破壊者たる国軍改革の必要性が痛感された[45]。しかしながら実際にはその後、F-FDTLの規模が拡大してきた中で、国際社会によって平和構築とは異なる文脈で進められてきた多国間のHA/DRが、結果としてF-FDTLに存在の正統性を確保する道筋を与えてきた。同時にその進展は、本質的にF-FDTLの体質改善を促すものでもあった。

平和構築は、試行錯誤を重ねながら取り組みが進められる生きた課題であり、冷戦後の時代、対テロ戦争の時代を経て、その取り組みは現地の暴発する勢力を抑えられず、今なお解決し難い課題に直面している。だからこそ、現地の軍隊を「Peace spoiler (平和の破壊者)」から「Peace enabler (平和の促進者)」へと転換させることが鍵となる[46]。そのためには伝統的安全保障課題に対処するものとしてある軍隊をそのまま維持し、単にその暴発を防ぐのではなく、非伝統的安全保障課題に対処するように組織そのものを変えていくことが求められる。本稿が見てきたようにその手掛かりを提供するF-FDTLの試みはいまだ途上であり、その評価も時期尚早ではある。しかしながら、東ティモール自らの取り組みをこうした観点から着目して分析し、新たな平和構築のアプローチとして組み上げていくことが求められるといえよう。

注

1) 上杉勇司／藤重博美／吉崎知典／本多倫彬編『世界に向けたオールジャパン——平和構築・人道支援・災害救援の新しいかたち』内外出版、2016年；木場紗綾／安富淳

「災害救援を通じた東南アジアの軍の組織変容――民軍協力への積極的姿勢の分析」『国際協力論集』第23巻第1号、2015年7月；赤星聖／渡部正樹「自然災害時の救援活動における民軍調整と『国際スタンダード』」『国際公共政策研究』第19巻第1号、2014年9月。また、「自然災害時に最初に支援活動を行う経験・能力を軍が持つアジア・太平洋地域の実情」に即して国連人道問題調整事務所（OCHA）は、自然災害対応における軍の活用に関する同地域の指針を策定している。OCHA, 'The Asia-Pacific Conferences on Military Assistance to Disaster Relief Operations (APC-MADRO)', January 2014.

2）篠田英朗『平和構築と法の支配』創文社、2003年、24頁。

3）Richmond, Oliver P. and Audra Mitchell（eds）, *Hybrid Forms of Peace: From Everyday Practice to Post-Liberalism*, Palgrave Macmillan, 2012.

4）マーチン・ファン・クレフェルト（石津朋之訳）『戦争の変遷』原書房、2011年。なお原著は、Creveld, Martin Levi Van, *The Transformation of War: The Most Radical Reinterpretation of Armed Conflict Since Clausewitz*, Free Press, 1991.

5）Kaldor, Mary, *Old and New Wars*, Policy Press, 1999.

6）Smith, Rupert, *The Utility of Force: The Art of War in the Modern World*, Knopf Doubleday Publishing Group, 2007. スミス以前では、例えば元国連ルワンダ支援ミッション司令官のダレール（Roméo Dallaire）が、平和活動で軍隊は、人々のために活動しなければならないと主張してきた。

7）福田毅「米国流の戦争方法と対反乱（COIN）作戦――イラク戦争後の米陸軍ドクトリンをめぐる論争とその背景」『レファレンス』第59巻第11号、2009年11月。

8）川上高司「オバマ政権のアフガニスタン政策と『対反乱作戦（COIN）』」『国際情勢』第81号、2011年2月。

9）山本吉宣「国際システムの変容と安全保障――モダン、ポスト・モダン、ポスト・モダン／モダン複合体」『海幹校戦略研究』第1巻第2号、2011年12月。

10）Williams, Garland, *Engineering Peace: The Military Role in Postconflict Reconstruction*, Institute of Peace Press, 2005: 267-268.

11）PRTについては、以下を参照。上杉勇司「平和構築における民軍関係の指針――アフガニスタンDDRに見るPRTの役割」『国際政治』第152巻、2008年3月；冨田圭一郎「アフガニスタンで活動する地方復興支援チーム（PRT）――民軍共同による紛争活動」『レファレンス』第57巻第3号、2007年3月。

12）「自衛隊・防衛問題に関する世論調査」（内閣府世論調査）、2015年3月9日。

13）クリス・カイル／ジム・デフェリス／スコット・マクイーウェン（大槻敦子訳）『ネイビー・シールズ――最強の狙撃手』原書房、2012年、283頁。

14）国連平和維持活動局「国連平和維持活動 原則と指針（キャップストーン・ドクトリン）」2008年。

15）平和構築も国家建設も、ともに平和な状態を持続的に進めていく状態を作り出す活動であるという点では同じだが、前者は「紛争予防のための最良の投資の1つ」とされ、紛争予防が一義的目的にある一方で、後者は平和を担保する主体として国家とその制度

第3章　平和の破壊者から促進者へ？　**61**

体系を作ることを一義的目的に掲げている点で相違がある。UN Doc., A more secure world: our shared responsibility—Report of the High-level Panel on Threats, Challenges and Change, Doc.A/59/565, 2 December 2004, para.221.

16) 浜名弘明「『脆弱国家』をめぐる開発戦略に対する一考察——新しい国際規範の形成の視点から」『国際開発研究』第 18 巻第 2 号、2009 年 11 月。

17)「国家とは、ある一定の域内の内部で、正当な物理的暴力行使の独占を要求する人間共同体である」。マックス・ウェーバー（尾高邦雄訳）『職業としての政治』岩波書店、1980 年、9 頁。

18) 上杉勇司／藤重博美／吉崎知典編著『平和構築における治安部門改革』国際書院、2012 年、15 頁。

19) 外からの制度移入について東ティモールは、国民の大多数が用いないポルトガル語を公用語化したこともまた、しばしば批判されてきた。松野明久「軽んじ見られた公用語（第 40 章）」山田満編『東ティモールを知るための 50 章』明石書店、2006 年。

20) リベラルな平和構築は、先進諸国の民主的制度の移植という性質を持つ。なお五十嵐は、伝統的制度の活用というポスト・リベラルな平和構築のアプローチについても、19 世紀の植民地統治時代における首長制度の活用などの「中心—周縁構造」との連続性を指摘する。五十嵐元道「国際社会におけるアナーキー、周辺、介入——植民地統治と平和構築」『北大法学論集』第 65 巻第 1 号、2014 年 5 月。

21）Report of the High-Level Independent Panel on United Nations Peace Operations, 'Uniting our Strengths for Peace : Politics, Partnership and People,' June 2015, p.iii.

22) 古澤嘉朗「『平和への課題』以降の平和構築研究の歩み」伊藤孝之監修、広瀬佳一／湯浅剛編『平和構築へのアプローチ——ユーラシア紛争研究の最前線』吉田書店、2013 年。

23) 岩田英子「冷戦後の軍隊と『人間の安全保障』」『ソシオサイエンス』第 15 号、2009 年 3 月。

24) Gilmore, Jonathan, *The Cosmopolitan Military: Armed Forces and Human Security in the 21st Century*, Basingstoke, U.K.: Palgrave Macmillan, 2015.

25) ギルモア（2015）、204-205 頁。

26) F-FDTL 設立時から、その対抗相手にインドネシア軍とその配下の民兵があることは当然視され、国境地帯の非武装化などが課題とされた。稲田十一「新興独立国への支援——東チモール」稲田十一／吉田鈴香／伊勢崎賢治編『紛争から平和構築へ』論創社、2003 年。

27) また、筆者の知る限り東ティモールの人々一般の対インドネシアイメージは決して悪くはない。その要因は多くないインタビュー等に基づき、推測の域を出ないものの、インドネシア併合下でインフラ建設や教育等の社会投資が進められたこと、またインドネシアが身近であること、反インドネシア教育が実施されていないことなどを指摘できる。

28) ただしオーストラリアと東ティモールの間には、ティモール海における両国の境界線を巡る問題がある。とくに 2015 年前後から対立は深まってきた。

29) 伊勢崎賢治『武装解除』講談社、2004 年、73-77 頁。

30）上杉勇司「国防軍や警察が政争の具とならないために（第8章）」『東ティモール50章』63頁。

31）公的なDDRの対象となった除隊兵士は1308人だが、準戦闘員を含めると兵士数は1万8000人に上ることが指摘されている。田中洋人「元兵士たちの明日なき戦後（第14章）」『東ティモール50章』97頁。

32）FORCA 2010は以下を参照。http://www.locjkt.or.id/Timor_E/pdf/Forca202007.pdf

33）ただし沿岸警備隊を持たない東ティモールでは、海上油田の警備などの任務が求められる。

34）Stroop, Derek, "Pacific Partnership Underway in Timor-Leste"（Website: Commander, U.S. Pacific Fleet）, 12 June, 2014. http://www.cpf.navy.mil/news.aspx/030414

35）例えば以下を参照。Farrington, Christopher, "Pacific Partnership Arrives in Timor-Leste（Story Number: NNS110616-07）." 16 June, 2011. http://www.navy.mil/submit/display.asp?story_id=61054

36）USAID東ティモール事務所担当者への筆者によるインタビュー。2016年3月10日。

37）木場／安富（2015）

38）北原巌在東ティモール大使（当時）への筆者によるインタビュー。2011年9月26日。

39）United Nations University-Institute for Environment and Human Security（ed.）, *World Risk Report 2015*.

40）*World Risk Report 2015*, p.64.

41）Council of Ministers extraordinary meeting of March 12, 2011（4th Constitutional Government Secretariat of State of the Council of Ministers（Timor-Leste））, "Dispatch of a support team to Japan," 12 March, 2011. http://timor-leste.gov.tl/?p=4705&lang=en&lang=en

42）在東ティモール日本国大使館「五百旗頭防衛大学校長が東ティモールで講演しました！」『広報文化』（掲載日不明）http://www.timor-leste.emb-japan.go.jp/pr44.html

43）村上友章「自衛隊の災害派遣の史的展開（大規模災害と軍事組織）」『国際安全保障』第41巻第2号、2013年9月。

44）吉田茂『世界と日本』中央公論社、1992年、199-200頁。

45）安藤友香「東ティモールにおけるSSR」上杉勇司／長谷川晋編『平和構築と治安部門改革（SSR）──開発と安全保障の視点から（IPSHU研究報告シリーズ）』（広島大学平和科学研究センター）第45巻、2010年。

46）文脈は異なるが、Peace enablerという概念は、日本を事例にした以下の研究がある。Tatsumi, Yuki（ed.）, *Japan As A "Peace Enabler": Views From The Next Generation*, Stimson Center: Washington DC, 2016.

4 平和構築の新たな潮流と「人間の安全保障」
ジェンダー視座の導入に注目して

本多美樹

はじめに

　近年、国際社会では平和構築におけるジェンダー平等の重要性が認識され
ている。背景には、人間の安全保障の観点から、紛争後の社会において女性
の安全の確保と特別なニーズへの配慮が必要であるとの認識が広がったこと
と、ジェンダー平等が平和構築にプラスの効果をもたらすことが明らかに
なってきたことなどがある。こうした潮流と軌を一にして、国際連合（以下、
国連）による平和構築活動は、安全保障理事会（以下、安保理）による決議
1325号の採択を契機に、紛争下および紛争後の女性の人権尊重とジェン
ダーの平等、さらに紛争解決と平和維持における女性の役割強化を推し進め
ている。国連システムのすべての機関において進められてきたジェンダー主
流化政策の展開が、最後までその進展が遅れていた平和と安全保障の分野に
ようやく到達したことが示された。

　安保理決議1325号は、女性の権利と保護に関する国際法の尊重と遵守を
加盟国に求めた点で画期的とされる一方、ジェンダー規範が平和構築活動に
おいて、既存の主権国家間の安全保障の枠組みに導入されたことで、国家に
よる制度構築が優先されているとの批判もある。

　本稿では、国連による平和構築活動にジェンダーの視座が盛り込まれた安
保理決議1325号とその後に採択された「女性・平和・安全保障（Women,
Peace and Security：WPS）」に関する一連の決議に注目して、安全保障の分野
への女性の参画と保護の履行が国家に求められていることの意味と意義、課
題について考察する。

　まず、国際社会の脅威の変容に伴って拡大してきた国連による平和構築の

概念について、国連事務総長による報告書を軸に概観した後、「人間の安全保障」が伝統的安全保障とジェンダーをつなぐ概念として成熟してきた過程を、国際社会のジェンダー主流化に位置づける。その後、2000年からの安保理による「女性・平和・安全保障」に関する累次決議の整理を行い、それらの決議を履行するために加盟国に求められている「国別行動計画（National Action Plans：NAP）」の策定状況とNAPの課題を抽出する。その際に、策定が大幅に遅れている東南アジア地域に注目する。最後に、安保理が定義する狭義の安全保障の限界について問題提起を行う。

1. 平和構築と国連

（1）平和構築概念の発展——国連事務総長の報告書を中心に

　国連における平和構築の概念の発展は、歴代の国連事務総長の報告書を通して振り返ることができる（表4-1）。平和構築は、国連憲章に明文のない比較的新しい概念である。国連においてこの考え方が明確に打ち出されたのは1990年代初頭である。第6代国連事務総長のブトロス＝ガリ（Boutros Boutros-Ghali）の報告書『平和への課題（*An Agenda for Peace*）』（1992年）[1]は、国連の役割には、当事者間に抗争（disputes）が発生するのを防いだり、現存する抗争が紛争（conflicts）に発展するのを防いだり、紛争の勃発と拡大を制限したりするための行動（「予防外交（preventive diplomacy）」）[2]、紛争発生後に平和的な解決のために平和執行部隊を創設するなどの努力（「平和創造（peacemaking）」）、さらに、紛争当事者間の停戦を監視し、和平合意後の状態を維持できるよう支援する活動（「平和維持（peacekeeping）」）が含まれるとした。また、武力紛争が発生する前に、平和維持部隊を緊張地域に派遣する「予防展開」の構想も打ち出された。この頃になると、「平和構築」は、「予防外交」「平和創造」「平和維持」といった一連の活動と並列的に用いられ、紛争管理の重要な柱として位置づけられるようになった。紛争の再発を回避して、平和を強化し、定着させるための社会の仕組み作りを支援する活動として、「紛争後の平和構築（post-conflict peace-building）」という表現も使われるようになった。

　国連創設50周年に発表された『平和への課題・補足（UN Agenda for Peace: Supplement）』[3]では、平和のための活動をめぐる概念について若干の修正を

表 4-1　国連における平和構築の概念の発展

提案した国連事務総長	報告書	特　徴
ブトロス・ブトロス＝ガリ（第6代国連事務総長）	『平和への課題』（1992年）	「平和構築」という考え方が盛り込まれた。国連は、紛争の発生と拡大を未然に防ぐ役割から紛争後の再発予防に至るまでの幅広い業務を担うとして、「予防外交」「平和創造」「平和維持」を挙げた。
ブトロス・ブトロス＝ガリ	『平和への課題・補足』（1995年）	国家間あるいは一国内の紛争を解決するために国連が用いる手段として、「予防外交」「平和創造」「平和維持」「平和構築」のほかに、「軍縮」「制裁」「平和執行」を含めた。
ラフダール・ブラヒミ（アナン国連事務総長の時の事務次長）	『ブラヒミ報告』（2000年）	PKOは、法の支配、人権擁護、武装勢力の「武装解除、動員解除、社会復帰」などを含む包括的な役割を担うとして、機能強化を目指した。
コフィ・アナン（第7代国連事務総長）	『より大きな自由を求めて』（2005年）	平和構築を、「紛争からより永続的な平和への移行期にある国々を支援する」活動と定義した。

加え、国家間あるいは一国内で起きた紛争を解決するために国連が用いる手段として、先に挙げた構想のほかに、「軍縮 (disarmament)」「制裁 (sanctions)」「平和執行 (peace enforcement)」が加えられた。

もう1つ、「平和構築」の考え方を具体的に示した報告書として、『ブラヒミ報告』[4]が挙げられる。ここでは、PKOの機能を強化すること、すなわち、法の支配、人権擁護、武装勢力の「武装解除、動員解除、社会復帰 (Disarmament, Demobilization and Reintegration：DDR)」など、地域の住民のために即効性のある政策と支援の重要性が強調された。

国連創設60周年には、アナン (Kofi Annan) が、『より大きな自由を求めて (In Larger Freedom: Towards Development, Security and Human Rights for All)』[5]と題する報告書を発表して、平和構築という概念を国際社会に知らしめた。報告書には、PKOが様々な局面で武力紛争の予防に力を注ぐことが盛り込まれたほか、平和構築は、「紛争からより永続的な平和への移行期にある国々を支援する」活動と定義された。さらに、報告書では、「グッドガバナンス (Good Governance)」という新しい表現が発表された。グッドガバナンスは紛争後の状況においては和解を促し、平和を強化する途を提供すると説明されている[6]。

現在は、紛争予防と平和創造、平和維持、平和構築を総称して「平和活動 (peace operations)」と呼ばれ、人権状況の監視、人道援助、難民・避難民の

66　第Ⅰ部　総論：「人間の安全保障」の多面的枠組み

帰還の支援、警察・司法制度の再建の支援、元戦闘員のDDRの支援、自由で公正な選挙の実施の支援・監視、復興援助、開発援助、真実和解委員会による和解の促進など、支援の内容は極めて多様である。

（2）女性に関する国際会議と成果文書

　平和構築など安全保障分野の取り組みにジェンダーの視座が導入されたのは1990年代後半になってからのことであるが、国連は設立当初から女性の人権とジェンダーの平等を実現するために、多くの会議を開き、決議や条約などの成果文書を採択してきた。基本的人権の保障は国連憲章[7]において謳われ、その後、すべての人が達成すべき共通の基準としての「世界人権宣言」[8]は、人権諸条約の中でも最も基本的かつ包括的な「国際人権規約」[9]によって条約化され、1976年に発効した。国際人権規約は、「経済的、社会的及び文化的権利に関する国際規約」と、「市民的及び政治的権利に関する国際規約」を含み、両規約によって男女の平等の権利の確保が規定されている。

　これら諸条約によって、すべての人権と男女の平等が条約上は規定されたことになるが、実際は平等が実現されていないとの認識が広がり、欧米での女性解放運動を背景に女性への差別撤廃を求める動きが活発化した。そこで、1967年の国連総会において「女性に対する差別撤廃宣言」が採択され[10]、「男性と同等の権利を否定し制限する女性差別は、基本的に不正であり人間の尊厳に対する侵犯を構成する」（第1条）とし、男女同権を訴えるとともに、女性への差別的な法律・規制、慣習、慣行を廃すよう求めた（第2条）。

　ジェンダー関連の国連文書のうち最も重要とされるのが、女性の人権に関する国際的基準が制定された「女性差別撤廃条約」（1979年、第34回国連総会）と、ジェンダー政策を各国で取り入れる際の行動指針を示した「北京宣言及び行動綱領（Platform for Action）」（以下、「北京行動綱領」）[11]であり、「ジェンダーの主流化（gender mainstreaming）」[12]という用語が初めて明記された。ジェンダーの主流化とは、男女平等を目指して、すべての政策、事業などにジェンダーの格差を解消しようとする視点を組み入れることを指す。

（3）「人間の安全保障」とジェンダーの視座

　ジェンダーの主流化の一方で、個人の安全保障の問題は、国連開発計画（United Nations Development Programme）による『人間開発報告書（Human Devel-

opment Report)』（1994 年）の中で「人間の安全保障（Human Security）」として
提起された。

　従来の伝統的安全保障は紛争の原因を究明することに主眼を置いてきたが、
冷戦後の民族紛争や飢餓・貧困問題、環境問題など多岐にわたるグローバ
ル・イシューの広がりによって、国際社会には従来とは異なる安全保障の視
点が必要となった。それが、1 人ひとりの個人の保護と自立のための能力強
化に重点を置いた人間の安全保障概念である。

　一方、フェミニズムの視点に立つ安全保障は、個人と個人、個人と社会あ
るいは個人と国家の関係性に着眼し、国家間および国内紛争の被害者として
の女性や、紛争後の平和構築や国家建設の主体あるいは客体としての女性、
そして紛争後の平和構築活動の中で見落とされがちな女性の存在に主眼を置
く考えであり、「人間の安全保障」の概念にもそのようなジェンダーの視座
を取り入れるべきとの指摘がなされていた [13]。

　そこで、人間の安全保障の理念のもと、女性と子どもを含む社会的弱者に
配慮し、途上国の開発課題対処能力を強化する取り組みが国際社会で生成さ
れていった。1992 年の地球サミットでは、「ジェンダー平等と女性のエンパ
ワーメントは持続可能な開発に不可欠なものである」[14] と認識され、女性が
次世代への貢献を担う存在として注目された。翌年の「世界人権会議」では、
「女性と少女の人権は、普遍的人権の不可譲、不可欠、かつ不可分な一部で
ある」と宣言された。その後、開発分野での女性の参画と人権推進が大きな
うねりとなり政策化されたものが、2000 年の国連ミレニアム・サミット後
の「国連ミレニアム宣言」に基づく「ミレニアム開発目標（Millennium Devel-
opment Goals：MDGs)」である [15]。開発、教育、保健、環境など「生と性」に
関わるあらゆる分野のジェンダー問題を、国際社会が一体となって解決すべ
き問題と捉えた活動が展開され、MDGs を遂行するためのジェンダー関連機
関 [16] の統合機構である UN Women が設立された [17]。

2. 平和構築の新たな潮流
——安全保障分野におけるジェンダーの主流化

（1）安保理決議 1325 号の採択
　ジェンダーの主流化政策が平和と安全保障分野で進められるようになった

のは 2000 年に入ってからである。紛争下での女性に対する暴力に関しては、1990 年代前半に、旧ユーゴスラビアでの紛争、特にボスニア・ヘルツェゴビナでの女性と少女に対する性的暴力がメディアやNGOによるキャンペーンによって報じられ、国際世論を大きく喚起した。これに対応して、国連内外の機関の動きは 1993 年の世界人権会議前後に活発化している。1993 年の国連総会では「女性に対する暴力撤廃宣言（Declaration on the Elimination of All Forms of Violence against Women）」が採択され、従来は国際人権規約の範疇外だった夫婦や恋人など私的な関係間での暴力も対象とされた。また、人権侵害を受けた個人の申し立ての受理と締約国での調査を担う機関として、「女性差別撤廃委員会（Committee on the Elimination of Discrimination against Women：CEDAW）」[18]が設置された。個人通報のシステムは、被害者を救済するとともに、CEDAWでの審議を通じた国際人権基準の明確化を促すことができるようになった。また、重大な人道法違反を訴追する旧ユーゴスラビア国際刑事裁判所が設置された（1993 年）ことによって、紛争下での暴力に対する国際世論が高まり、アナンがまとめた報告書「女性に対する暴力の終焉（*Ending violence against women: From words to action*）」[19]では、ウガンダやリベリア、東ティモール、シエラレオネでの暴力の実態が明らかにされた。

このように、紛争下での女性に対する暴力への世論の強い関心の高まりを背景に、安保理がNGOの支援を得て[20]、2000 年に採択したのが安保理決議 1325 号[21]である（表4-2）。安保理決議 1325 号では、戦争が女性に及ぼす影響を取り上げ、紛争の解決と予防、平和構築への女性の役割の重要性が強調されるとともに、性的暴力を含む紛争中の暴力への対応や、責任者の処罰の必要性が求められた。この決議は、人間の安全保障の考え方と軌を一にしているばかりでなく、国連システム中のすべての機関に求められてきたジェンダーの主流化政策の展開が、最後までその進展が遅れていた平和・安全保障分野にようやく到達したという意味で画期的であった。そして、その決議が、総会でなく、安保理で採択されたことは、「国連の内部で意味をなし得る最も困難な部類の決議、つまり現実に国連システム内で拘束力のある数少ない文書の 1 つとして成立」[22]したという大きな意味を持つ。

決議は、女性を紛争の犠牲者として保護の対象とみなすだけではなく、平和の創造者として積極的に平和維持・構築の過程に参加できる社会を目指している。安全保障とジェンダーとの関係について人間の安全保障の観点から

表 4-2　安保理決議 1325 号（2000 年 10 月 31 日）の主な内容

①	紛争の予防と管理、解決のすべての意思決定への女性の参画の推進。（第 1、2、3 段落）
②	平和維持活動における女性の参加の促進及びジェンダーの視点の導入。（第 4、5 段落）
③	和平協定の交渉実施におけるジェンダーの視点の導入。（第 8 段落）
④	女性に関する国際法の遵守。（第 9 段落）
⑤	武装紛争における強姦など性犯罪からの女性の保護（第 10 段落）と責任者の処罰（第 11 段落）。
⑥	難民キャンプに居住する女性のニーズへの配慮。（第 12 段落）
⑦	武装解除・動員解除・復興計画（DDR）における女性のニーズへの配慮。（第 13 段落）
⑧	国連憲章第 41 条が適用される非軍事的措置の場合の女性のニーズへの配慮。（第 14 段落）
⑨	安保理がジェンダー視点に立ち、女性の権利を確保しつつ任務に当たり、その際には女性グループとの対話を行うこと。（第 15 段落）
⑩	事務総長に対しては、平和構築や和平プロセスの女性への影響と役割などを調査・報告し、その際にジェンダーの主流化の進展を盛り込むことを要請。（第 16 段落）

考える時、紛争のリスクは男性・女性それぞれに異なる。例えば、男性は戦闘員として動員され死傷するリスクがより高く、女性は性的暴力・搾取や貧困のリスクがより高いというように、当該社会で求められる役割に基づいて、異なる脆弱性が指摘できる。安全保障を達成するためのニーズがジェンダーにより異なるという視座を導入することで、支援する側はより的確な活動を展開できることになる。

(2)「女性・平和・安全保障」に関する累次決議

　安保理決議 1325 号採択後も、安保理は、NGO や決議に関心を持つ国連加盟国で構成される「フレンズ 1325 号（Friends of 1325）」と協力して、「女性と平和・安全保障」という議題の下で継続的に会合を開いた。その結果、関連累次決議が 7 つ採択されている[23]。

　安保理決議 1820 号（2008 年）とそれに続く、1888 号（2009 年）、1889 号（2009 年）、1960 号（2010 年）、2106 号（2013 年）は主に武力紛争下での性的暴力に関する決議である。

　1820 号は、武力紛争下にあって特に「戦術」として用いられる性暴力の問題に焦点を絞った決議であり、ジェンダーの観点からは見落とすことのできない決議とされているが、ここでは再び女性が無力な犠牲者というステレオタイプを投影したものになってしまったとの批判がある[24]。つまり、女性が保護の対象に圧縮されてしまい、行為主体としての表象が希薄化され、女性が被る人権侵害はあたかも生物学的に女性に内在した脆弱性の現れであ

るかのような心象が生み出されているというのである[25]。女性の被る性暴力を「最悪の」被害と捉えることで、他の暴力によって生命を脅かされる人々への関心を劣位に置き、男性が受ける性暴力を含んでいないとの批判もなされている[26]。

2009年に採択された1888号と1889号では、性暴力は犠牲者の脆弱性に由来するのではなく不均衡な構造の問題であるとの認識が基礎を成す一方で、持続可能な平和を実現する礎として、戦争犯罪を訴追して「不処罰（アムネスティ）」[27]を断ち切る必要性が強調されている。これらの決議は、武力紛争には性暴力がつきものであるとしてそれを容認してきた旧弊を、根本から打破する姿勢の現れとして評価されている[28]。

その後、決議を具体化する政策が、潘基文事務総長の主導で進められている。2010年に発表された事務総長報告書[29]では、「予防」「参加」「保護」「救援・復興」という4つの分野で細かい指標を設定し、今後10年間にわたって一連の決議を現場で推進していく決意が示された。また、安保理決議1325号採択から15周年に当たる2015年に採択された安保理決議2242号は、新たな脅威として表面化してきたテロリストおよび暴力的な過激派組織による女性への性的暴力に対処するために積極的な関与を促した。さらに、PKO部隊とその他の兵士、警察要員らによる任務中の女性への性的暴力に強い懸念が盛り込まれた。国連平和維持活動局（Department of Peacekeeping Operations）とフィールド支援局（Department of Field Support）も現場でのジェンダーへの配慮に取り組んでいる[30]。

PKO活動にも徐々に変化が見え始めている。例えば、PKOにおけるジェンダー主流化の実績として、治安部隊改革によって警察や軍に女性が増えたこと、選挙に女性の参画が増えたこと、兵士以外に紛争に関わった女性（スパイやメッセンジャー、料理人など）の社会復帰が増えたこと、性暴力の実態が表面化してきたことなどが挙げられている[31]。

（3）決議履行のための国別行動計画（NAP）

国連安保理による決議は加盟国に対して拘束力を持つが、履行は各国に委ねられている。しかし、今回は加盟国に対して、女性・平和・安全保障分野において具体的な「国別行動計画（National Action Plans：NAP）」の策定を求めている。特に国家が取り組む課題には、和平プロセスへの女性の参加、紛

争下のジェンダーに基づく暴力と紛争の予防、暴力の被害を受けた女性の保護、そして救援と復興におけるジェンダーへの配慮が含まれている。さらに国連は、加盟国の履行状況を追跡する報告制度を設立する[32]など、平和構築のプロセスにおける女性の人権保護への強い意気込みが感じられる。

国家がNAPを策定する際に含むべき要素は以下の7つである。

①背景（紛争・安全保障に関する国の現状や歴史、紛争による社会特に女性への影響）
②紛争解決・平和構築に向けたこれまでの取り組み
③NAPを基礎づける既存の法律・政策（憲法、平和・ジェンダー平等・人権関連の法）
④NAPの目的
⑤実施メカニズムと組織（主管省庁とその他の所管庁、市民社会や民間セクター、国連機関、ドナーの役割、評価メカニズムなど）
⑥具体的な活動マトリックス（活動の柱、目的、施策、指標、期限、実施主体など）
⑦予算

2004年の安保理議長声明[33]において、「1325号決議の実施において市民社会の貢献が重要であることを認識し、そのいっそう強固な実現に向けて、加盟国が、市民社会とりわけ地域の女性のネットワークや団体と協働を続けることを奨励する」と述べられていたことから、加盟国はNAPの策定プロセスにおいて、市民社会とりわけ女性団体との協議を進めてきた。

2016年5月現在、NAPの策定国は60か国[34]である（表4-3）。そのうち、欧州諸国、アフリカ諸国が圧倒的に多く、策定後に改正を加えている国もある。地域の所属国家数から鑑みるに、中南米諸国とアジア諸国によるNAPの策定はかなり後れをとっている。

中南米でNAPを策定したのはチリ、アルゼンチン、パラグアイの3か国である。ほとんどの中南米諸国では、安保理決議1325号はジェンダーの視点の導入というよりも、一国内の軍事問題と民主化の問題として捉えられており、国連による決議をどのように国内の軍事機構の中で具体化し、行動を策定していくのかについて消極的である[35]。チリは2004年からNAPの策

表 4-3　国別行動計画（NAP）策定済みの国名一覧（60 か国）　2016 年 4 月末日時点

地域　策定年	北米	欧州	中東	アフリカ	中南米	アジア	大洋州
2005		デンマーク					
2006		スウェーデン、ノルウェー、イギリス					
2007		スイス、スペイン、オーストリア					
2008		アイスランド、オランダ、フィンランド		コートジボワール、ウガンダ			
2009		ポルトガル、ベルギー		ギニア、リベリア、ルワンダ	チリ		
2010	カナダ	イタリア、フランス、エストニア、ボスニア・ヘルツェゴビナ、スロベニア、セルビア		シエラレオネ、コンゴ（民）、ギニアビサウ		フィリピン	
2011	アメリカ	リトアニア、アイルランド、クロアチア		セネガル		ネパール	
2012		ジョージア		ガーナ、ブルキナファソ、トーゴ、マリ、ブルンジ			オーストラリア
2013		ドイツ、マケドニア、キルギス		ナイジェリア			
2014		コソボ	イラク	ガンビア、中央アフリカ		韓国、インドネシア	
2015			アフガニスタン、パレスチナ		アルゼンチン、パラグアイ	日本	ニュージーランド
2016		ウクライナ		ケニア			

注 1：下線を引いてある国は、先進 7 か国（G7）である。

注 2：初期に NAP を策定した国の多くは、改定を行っている。

出典：PeaceWomen, a project of the Women's International League for Peace and Freedom, United Nations Office（http://www.peacewomen.org/member-states）の資料を基に筆者が作成。

定を進め、2009年に提出している。チリは、中南米諸国の中で最も早い1980年代後半から平和維持活動への女性兵士の派遣、近年は警察要員や保健分野の専門員の派遣も行い、国連PKOへの貢献が大きい[36]ことに加え、2010年にUN Women初代事務局長となったバチェレ（Michelle Bachelet）が大統領時代（2006〜08年）に指導力を発揮した結果と推測できる。アルゼンチンはチリと共に安全保障とジェンダーの主流化の分野で連携してきたが策定に時間がかかった。一方、パラグアイは、サイプラスでの活動[37]以降、女性兵士を国連PKOに派遣していることからNAPの策定を急いだといえよう。

（4）東南アジア諸国のNAP作成状況

　アジアでは、2010年にフィリピンが最初の策定国になり、続いてネパール、韓国、インドネシア、日本が策定した。フィリピンとインドネシアは、東南アジア諸国の中で最初に女子差別撤廃条約（1980年）を批准した国であり、ともに紛争を経験していることから、NAPの策定についても先陣を切ったといえよう。他のアジア諸国でも市民社会からの強い働きかけを受けてNAPの策定を進めているが、現在のところ、上述の5か国に留まっている。

　アジアで初めてNAPを作成したフィリピンは、アジアでも名高い「開発と女性」への取り組みの先進国[38]であり、これまでに、「セクシャル・ハラスメント禁止法」（1995年）、「レイプ禁止法」（1997年）、「女性とその子どもに対する暴力禁止法」（2004年）、「女性のためのマグナカルタ（Magna Carta of Women）」（2009年）など一連の法律を策定し、ジェンダー問題に早くから取り組んできた。また、一連の法律を制度化する組織として、アロヨ（Maria Gloria Macaraeg Macapagal-Arroyo）大統領の時代（2001〜10年）には、ナショナルマシナリーとして、「フィリピン女性委員会（Philippine Commission on Women：PCW）」が設立された[39]。PCWは、ジェンダー予算、政策や法案のジェンダー評価、大統領府や議会に対して助言を与える機関として、アジアだけでなく国際的にも評価を受けている[40]。

　フィリピンが、安保理決議1325号を策定した社会環境として、ミンダナオを中心とした宗教紛争があった。PCWはNGOとの連携の下に、ミンダナオやその他の遠隔島嶼地域に住むイスラム女性の組織などのグループに決議の内容を理解してもらうためのワークショップを行うなど努力を重ねている。イスラム分離独立派と40年以上の紛争の末に和平は成立したものの不安定

な状況を抱えるフィリピンにとって、NAPの履行は人権の保障を進めるうえで重要な鍵を握る。政府は、NAPを実行するための委員会の設置や、予算措置を講ずる大統領令を出すなど積極的である。

　一方、インドネシアにはイスラム教徒が多く住むことから、ジェンダー平等の概念は同国の伝統と宗教の価値観を妨害するとして、ジェンダー平等について否定的な国家といわれていた。しかし、1970年代終わりには、「女性のエンパワーメント省」がナショナルマシナリーとして設置されており、現在では、「女性のエンパワーメントと児童保護省（State Ministry of Women's Empowerment and Child Protection）」に名称変更して、ジェンダー平等と子どもの保護の実現に向けた活動を行っている。このように、近年ではジェンダー平等や女性の自由に対して寛大な意見が多くなったものの、女性への性暴力をめぐる問題、家父長制、シングルマザーへの差別、女性の財産所有の権利をめぐる問題などいまだ多くの問題を抱えている。政府がジェンダーの主流化に取り組み始めたのは2000年に入ってからのことである。大統領指示書「国家開発におけるジェンダー主流化」が発効され、政策やプログラムの計画、組織、実施、モニタリング、評価のすべての段階でジェンダー主流化を行うよう規定され、7つの省庁ではジェンダー予算計画が実施されている。また、2008年には、地方レベルでのジェンダー主流化の実施ガイドラインが作られ、地方行政に関わる職員向けに行政や開発における具体的な実施方法が配布された。これらのガイドライン実施のためのジェンダー予算計画も開発、農業、教育、保健、公共事業、女性のエンパワーメントと児童、財務などの分野で開始されている[41]。

　インドネシア版NAPの特徴として、公共事業・環境・防災分野におけるジェンダーの主流化が含まれている点が挙げられる。国内の貧困削減のための公共事業による地方開発や、持続可能な開発を目指した、都市部での二酸化炭素排出量の削減や農村部での森林保護や生態系保護とともに、度重なる自然災害の被災経験から防災に対する意識を進めている。しかし、NAPの中でアチェに関する記述は、スマトラ沖地震と津波後の防災対策の箇所にしか見られず、紛争については、ナショナルマシナリーの女性保護局の中にあるものの、「災害・紛争課」の中で扱われている。和平合意から10年以上が経った現在でも、インドネシア政府とアチェ州政府の間では、紛争下での人権侵害に関する合意事項が実施に至っていない。具体的にはアチェにおける

人権裁判所の設置、インドネシア政府とアチェ州政府による要求解決共同委員会の設置、真実和解委員会の設置などが未解決である。アチェにおける安保理決議1325号の履行は、インドネシア政府ではなく、もっぱらUN Womenのイニシアチブで行われている。UN Womenが2011年から始めた「アチェにおける女性と平和・安全保障のプロジェクト（Women, Peace and Security in Aceh）」[42]は、特に、紛争後の統治システムにおいてジェンダー平等に向けて貢献できる人材の育成と増員に力を入れている。地域の人々に決議の内容を伝えるパンフレット作りから始まり、村長や宗教的リーダーを含む支援の構築、公務員や研究者、女性グループ向けの指導者養成ワークショップの開催などにこつこつと取り組んでいる状況である。

（5）NAP作成の意義と課題

　60のNAP策定国の中では、NAPの実効性をより高めるために、市民社会の参加や、実施に関する監視や評価が第三者によって行われるといったプロセスも取り入れられている。しかしながら、NAPが紛争下における暴力や紛争後の女性の意思決定への参画に着目することは、各国家のNAPが対象とする状況が一定の条件下にあることを示す。紛争がない国、特に、先進7か国（G7）にとってのNAPは、紛争経験国に対する外交政策や援助政策であり、紛争後あるいは紛争状況下にある国家にとってのNAPは、他国からの支援を含む復興に向けた取り組みとなる。つまり、NAPは特定の状況下にある国家を対象とした措置となっている。

　例えば、日本は、G7（表4-3の下線国）のうち最後のNAP策定国である。日本の場合は、「少人数グループ（政府・学識経験者・市民社会）」によって草案が協議されるなど市民社会からの積極的な提案を受けてNAPが策定された経緯がある[43]にもかかわらず、日本版NAP[44]は、他のG7と同じ「先進国型」である[45]。つまり、自国の国内のジェンダーをめぐる課題に対する政策よりも、紛争経験国など海外の支援に重点が置かれている。

　一方、紛争経験国にとっては、かつて紛争中に起きた著しい人権侵害についての調査が国際機関に付託された例が多い。個人の罪を裁く国際刑事裁判所（International Criminal Court：ICC）[46]でいえば、例えば、コンゴ（民）とウガンダは2004年から、コートジボワールは2011年から調査が開始され、事態が付託されている。ICCによって調査中の他の国家として、ナイジェリア、

ジョージア、ギニア、イラクがある。さらに、国際的な刑事裁判所の管轄権が行使された国として、ルワンダ、シエラレオネ、ボスニア・ヘルツェゴビナ、セルビア、コソボがある。このように、NAPの策定をしたことによって、国内事項にまで国際機関の管轄権が行使されていることが分かる。

　安保理諸決議は紛争後の社会も射程に含めていることから、積極的な平和の実現という長期的な視点に立った社会構造の変化をその範囲に含めているように思われるが、既存の主権国家体制に基づいた取り組みが前提であることは否めない。つまり、安保理は、国家に対して、国家の構造を変化させるようなNAPを求めているのではなく、現存の状況下で可能な措置を策定することを想定していると考えるのが自然である。これでは、主権国家の枠組みにおける狭義の安全保障であり、構造にまで踏み込む積極的な平和とはいえない。

　加えて、NAPは新しい法の定立や行政的な措置を促すものの、和平合意やそれに付随する不処罰の阻止に働きかけるものとなっていない。安保理決議1325号後の諸決議では、持続可能な平和を実現する礎として不処罰を終わらせる必要性が強調されており、性暴力を武力紛争につきものであるとして容認してきた旧弊を根本から打破したはずであったが、例えばウガンダでは、反政府勢力が行ったとされる拷問や児童徴兵、強姦等の重大な人権侵害についてICCに事態が付託されたものの、暴力に関わった当事者の罪は問われなかった[47]。今後は不処罰についてよりいっそうの議論がもたれなければならない[48]。

　世論や市民社会による後押しを背景として採択されてきた「女性・平和・安全保障」に関する一連の決議とそれらの履行のためのNAPが、主権国家の枠組みの中での措置に留まることのないよう、人間の安全保障を具体化した措置となるよう、NAP策定国の市民社会は互いに連携してジェンダー状況のモニタリング結果を評価し合うなど、市民レベルでのNAPの推進を進めている。

おわりに――女性による平和構築と人間の安全保障

　安保理は現在の国際関係にあって、いわば国際政治の力が制度化されているところである。そのような場において、平和構築活動への女性の参画と保

護の必要性が決議において明確に盛り込まれることはこれまでおよそありえなかった展開であり、軍事主義の問題性への追及がないことも、「当面は払うに値する代償」[49]といえるかもしれない。とはいえ、安保理の強権的な枠組みは本質的に現在も変わっておらず、その中で、安保理決議1325号とその後に続くジェンダー関連決議が採択され、女性の参画と保護が推進されていることには少なからぬ違和が残る[50]のは否めない。覇権主義の上に推進されるジェンダーの主流化がもたらす安全保障の在り方について、安保理もまた正統性への模索を続けなければならないだろうし、市民社会もいっそう批判的に各国の履行を注視していく必要がある。

　国連によるジェンダー主流化政策の多くは、紛争経験国の制度やルールにジェンダー平等化を組み入れることを支援するものであり、国家の中の市民1人ひとりのジェンダー意識に直接的に働きかけるものではない。さらに、安保理決議に拘束力はあっても、ジェンダー平等化の政策を実行するのはそもそも国家の裁量と意識に委ねられており、安保理がそれらの履行を強いることはできない。しかしながら、その政策の最終目標の多くは、ジェンダー主流化の制度構築を行うことで現地の市民の主観的な意識の変化を目指すものである。つまり、国連のジェンダー主流化政策の政策評価を行うためには、最終的な帰結である現地市民のジェンダー意識に関する分析が必要となってくる。

　PKO受け入れ国への国連の平和構築活動と安保理決議1325号に基づく行動の効果を、ジェンダー関連の政策的な変化、例えば、女性のPKO要員や警察官の動員数、ジェンダー関連のユニットの設置、ジェンダーに基づく暴力の訴追・処罰の強化などの政策評価に求めるだけでなく、国連が実施するジェンダー主流化政策が現地の人々の意識にどのような影響を及ぼしているのか、そのインパクトに求めなければならない。したがって、安保理決議1325号と累次決議を受けてジェンダー主流化に則ったPKOが展開された地域を対象に、ジェンダー主流化政策が人々にもたらした変化についてケースごとに考察する必要がある。

　［付記］本稿は、2015年度早稲田大学特定課題研究助成費（特定課題B）による研究成果の一部である。

注

1) 国連事務総長報告書 A/47/277（1992 年 6 月 17 日）。

2) 予防外交の考え方は、第 2 代国連事務総長ハマーショルド（Dag Hammarskjöld）に
よって初めて提案され、その後、第 5 代国連事務総長のデ・クエヤル（Javaier Pèrez
de Cuèllar）によって発展した。

3) 国連事務総長報告書 A/50/60-S/1995/1（1995 年 1 月 3 日）。

4) *Report of the Panel on United Nations Peace Operations*, A/55/305-S/2000/809（2000
年 8 月 21 日）。ブラヒミ（Lakhdar Brahimi）国連事務次長（当時）による。

5) 国連事務総長報告書 A/59/2005（2005 年 3 月 21 日）。

6) Annan, Kofi, "The Quiet Revolution," *Global Governance*, Vol.4, 1998, p.123.

7) 国連憲章第 1 章第 1 条第 3 項。

8) 第 3 回国連総会（1948 年）。

9) 第 21 回国連総会（1966 年）。

10) 第 22 回国連総会（1967 年）。

11) 『第 4 回世界女性会議報告』（北京、1995 年 9 月 4 日～15 日）第 1 章決議 1 付属 I・II。

12) 「北京行動綱領」、パラグラフ 201。

13) スーザン・マッケイ「女性と人間の安全保障」篠田英朗／上杉勇司編『紛争と人間の
安全保障——新しい平和構築のアプローチを求めて』国際書院、2005 年。

14) Agenda 21, Section III, Chapter 24.

15) 現在は「持続可能な開発目標（Sustainable Development Goals: SDGs）」に継続され
ている。

16) 以下の 4 つの機関が統合された。①女性の地位向上部（Division for the Advance-
ment of Women）、②国際婦人調査訓練研修所（International Research and Training
Institute for the Advancement of Women）、③ジェンダー問題担当事務総長特別顧問室
（Office of the Special Adviser on Gender Issues and Advancement of Women）、④国連
婦人開発基金（United Nations Development Fund for Women）。

17) 正式名称は、「United Nations Entity for Gender Equality and Empowerment of
Women（ジェンダー平等と女性のエンパワーメントのための国連機関）」（2010 年 10 月
2 日の国連総会決議 63/311）。

18) 「女性差別撤廃条約」（1979 年）の監視機関として 1999 年に設立された。

19) Study of the Secretary-General, *Ending violence against women: From words to
action*, United Nations Publication, 2006, p.54.

20) Otto, Dianne, "Remapping Crisis through a Feminist Lens," in Kuovo, Sari and Zoe
Pearson（eds.）, *Feminist Perspectives on Contemporary International Law*, Hart Pub-
lishing, 2011, p.85.

21) 国連安保理決議 S/RES/1325（2000 年 10 月 31 日）。決議には、『北京行動綱領』の戦
略目標及び行動、第 23 回国連特別総会成果文書（「21 世紀に向けての男女平等・開
発・平和」国連特別総会決議 A/RES/S-23/3 付属、2000 年 11 月 16 日）、第 42 回国連女
性の地位委員会での女性と武力紛争の関する合意結論（国連経済社会理事会決議

E/1998/27、1998 年 3 月 2-13 日)、『女性に会するあらゆる形態の差別の撤廃に関する条約』が想起された。

22）Sandra Whitworth, *Men Militarism and UN Peacekeeping*, Linne Renner Publishers, 2004, p.122.

23）2016 年 5 月 1 日時点。国連安保理決議 S/RES/1820（2008 年 6 月 19 日）、S/RES/1888（2009 年 9 月 30 日）、S/RES/1889（2009 年 10 月 5 日）、S/RES/1960（2010 年 12 月 16 日）、S/RES/2106（2013 年 6 月 24 日）、S/RES/2122（2013 年 10 月 21 日）、S/RES/2242（2015 年 10 月 13 日）。

24）阿部浩己「国際法とジェンダー——国家、権力、平和への視座」大沢真理編『公正なグローバル・コミュニティを——知空的視野の政治経済』岩波書店、2011 年、181-182 頁。

25）同上。

26）Otto, Dianne, "The Exile of Inclusion: Reflections on Gender Issues in International Law over the Last Decade," *Melbourne Journal of International Law*, Vol.10, 2009, p.8.

27）不処罰については、望月康恵『移行期正義——国際社会における正義の追及』（関西学院大学研究叢書第 147 編）法律文化社、2012 年、第 8 章を参照されたい。

28）阿部（2011）182 頁。

29）*Women and peace and security: Report of the Secretary-General*, 国連事務総長報告書 S/2010/498（2010 年 9 月 28 日）。

30）Gender Forward Looking Strategy 2014-2018, 2014.

31）S/2010/498（2010 年 9 月 28 日）。

32）安保理決議 1960（2010 年 12 月 16 日）。

33）安保理議長声明 S/PRST/2004/40（2004 年 10 月 28 日）。

34）PeaceWomen, a project of the Women's International League for Peace and Freedom, United Nations Office, http://peacewomen.org/member-states（最終確認日：2016 年 5 月 1 日）。

35）Donaido, Marcela and Cecilia Mazzotta, *Women in the armed and police forces: Resolution 1325 and peace operations in Latin America*, Res de Segridad y Defensa de America Latina（RESDAL）, 2010, pp.117-121.

36）*Ibid.*

37）United Nations Peacekeeping Force in Cyprus、2004-2009 年。

38）森壮也「フィリピンにおける『ジェンダーと障害』」小林昌之編『開発途上の女性障害者』調査研究報告書、アジア経済研究所、2015 年。

39）1970 年代の「フィリピン女性の役割に関する委員会（National Commission for the Role of the Filipino Women）」が改組された組織である。

40）橋本ヒロ子「フィリピン『安保理決議 1325 及び 1820 実施のための女性、平和、安全保障国内行動計画』策定過程及び日本へのインプリケーション」辻村みよ子／スティール若希編『アジアにおけるジェンダー平等——政策と政治参加』東北大学出版会、2012 年、259-279 頁。Gender Profile of the Philippines、独立法人国際協力機構（JICA）経

済基盤開発部「ジェンダーと開発課題タスクフォース」2008 年。

41）「国別ジェンダー情報整備調査インドネシア国最終報告書」独立法人国際協力機構
（JICA）、オーピーシー株式会社、2011 年 1 月。

42）http://asiapacific.unwomen.org/en/countries/indonesia（最終確認日：2016 年 5 月 1
日）。

43）日本版 NAP の策定については、「特集 II 安保理決議 1325 に基づく日本の国別行動計
画策定の動向」『国際女性』No.28、国際女性の地位協会、2014 年、93-143 頁を参照さ
れたい。

44）外務省「女性・平和・安全保障に関する行動計画」http://www.mofa.go.jp/mofaj/
files/000101797.pdf（最終確認日：2016 年 5 月 1 日）。

45）本山央子／川眞田嘉壽子「市民連絡改訂案と政府案（第 2 稿）の概要」『国際女性』
No.28、国際女性の地位協会、2014 年、96-98 頁。

46）重大な犯罪（集団殺害犯罪、人道に対する犯罪、戦争犯罪、侵略犯罪）を国際法に基
づいて訴追・処罰するために設立された。2002 年 7 月 1 日に設立条約、ローマ規程に
基づいて設立された。ローマ規程の締約国は、2015 年現在 124 か国である。

47）洪恵子「移行期の正義と国際刑事裁判――国際刑事管轄権の意義と課題」『国際法外
交雑誌』2012 年、29-54 頁。

48）望月（2012）。

49）阿部（2011）184 頁。

50）Krisch, Nico, "International Law in Times of Hegemony: Unequal Power and the
Shaping of the International Legal Orger," *European Journal of International Law*,
Vol.16, No.3, 2005, p.369.; Otto（2009）pp.1-2, p.16.

主な参考文献

阿部浩己「国際法とジェンダー――国家、権力、平和への視座」大沢真理編『公正なグ
ローバル・コミュニティを――地球的視野の政治経済』岩波書店、2011 年

川眞田嘉壽子「平和・安全保障とジェンダーの主流化――安全保障理事会決議 1325 号と
その実施計画を題材として」ジェンダー法学会編『講座ジェンダーと法　第 1 巻、ジェ
ンダー法学のインパクト』加除出版、2012 年

日本国際連合学会編『平和構築と国連』国連研究第 8 号、国際書院、2007 年；『ジェン
ダーと国連』国連研究第 16 号、国際書院、2015 年

日本平和学会編『人道支援と平和構築』（平和研究、第 30 号）早稲田大学出版部、2005
年

辻村みよ子／スティール若希編『アジアにおけるジェンダー平等――政策と政治参加』東
北大学出版会、2012 年

本多美樹「ジェンダーと国連」内田孟男編著『国際機構論』ミネルヴァ書房、2013 年

本山央子／川眞田嘉壽子「市民連絡改訂案と政府案（第 2 稿）の概要」『国際女性』No.28、
国際女性の地位協会、2014 年

山田満／小川秀樹／野本啓介／上杉勇司編著『新しい平和構築論――紛争予防から復興支

援まで』明石書店、2005 年

Bell, Christine, and Catherine O'Rourke, "Peace Agreements or Pieces of Paper? The Impact of UNSC Resolution 1325 on Peace Processes and Their Agreements," *International and Comparative Law Quarterly*, Vol.59 (2010): 941-980.

Cohn, Carol, Helen Kinsella, and Sheri Gibbings, "Women, Peace and Security Resolution 1325," *International Feminist Journal of Politics*, Vol.6 (2004): 130-140.

Hudson, Heidi, "A Double-edged Sword of Peace? Reflections on the Tension between Representation and Protection in Gendering Liberal Peacebuilding," *International Peacekeeping*, Vol.19 (2012): 443-460.

Jain, Devaki, *Women, Development, and the UN: A Sixty-year Quest for Equality and Justice*, Indiana: Indiana University Press, 2005.

Krisch, Nico, "International Law in Times of Hegemony: Unequal Power and the Shaping of the International Legal Order," *European Journal of International Law*, Vol.16, No.3 (2005).

Miller, Barbara, Milad Pournik, and Aisling Swaine, "Women in Peace and Security through United Nations Security Resolution 1325: Literature Review, Content Analysis of National Action Plans, and Implementation," *Institute for Global and International Studies*, George Washington University, May 2014.

Otto, Dianne, "The Exile of Inclusion: Reflections on Gender Issues in International Law over the Last Decade," *Melbourne Journal of International Law*, Vol.10 (2009); "Remapping Crisis through a Feminist Lens," In Kuovo, Sari and Zoe Pearson (eds.), *Feminist Perspectives on Contemporary International Law*, Hart Publishing, 2011.

Porter, Elisabeth, *Peacebuilding: Women in international perspective*, Routledge, 2008.

5 東南アジア地域における 人権レジームの課題
国境を超えた市民社会の取り組みに着目して

宮下大夢

はじめに

　東南アジア諸国の政治体制は多様である。民主化の進展や民主主義の成熟度には相違が見られ、政府による人権侵害も後を絶たない。基本的人権の尊重は本書のテーマである「人間の安全保障」の実現において重要な課題の1つである。

　アメリカのシンクタンクである「平和基金会」（The Fund for Peace）は、2005年から毎年「脆弱国家指標」（Fragile States Index）を発表している[1]。この指標は脆弱性に関連する12項目を評価するもので、数値が10に近いほど状況が悪いことを示す。項目の1つに「人権と法の支配」があり、表現の自由、市民的自由、政治的自由、人身売買、政治犯、監禁・投獄、宗教的迫害、拷問、死刑に関して扱っている。表5-1は2016年の「人権と法の支配」の評価を整理したものであるが、東南アジア6か国がワースト50か国に入っている。

　東南アジアの地域協力機構であるASEANは、基本的に人権問題に干渉することを控えてきた。内政不干渉原則はいわゆる「ASEAN Way」の中核的原則とみなされている。ところが2000年代に入ると、ASEANは内政不干渉原則と相矛盾する人権や民主主義といったリベラルな価値をにわかに推進するようになる。ASEAN憲章の制定に始まり、ASEAN人権機関の設立、ASEAN人権宣言の採択へと続く一連の人権レジーム形成の動きである。

　ASEAN憲章の起草過程にはトラックIからIIIまでの多様なアクターが関与し、ASEAN人権機関の設立に関する規定が盛り込まれた。しかしながら、2009年に設立した「ASEAN政府間人権委員会」（ASEAN Intergovernmental

83

表 5-1　東南アジア諸国の
「人権と法の支配」に関する評価（2016 年）

国　名	順　位*	数　値
ミャンマー	25	8.6
タイ	33	8.2
ラオス	36	8.1
カンボジア	42	7.9
ブルネイ	42	7.9
マレーシア	46	7.7
ヴェトナム	54	7.5
インドネシア	59	7.4
フィリピン	102	5.6
東ティモール	103	5.5
シンガポール	124	4.3

※状況の悪い国家順（全 178 か国中）。

出所：The Fund for Peace. Fragile States Index 2016.
http://fsi.fundforpeace.org

Commission on Human Rights：AICHR）は、市民社会が期待したものとはかけ離れており、実効性のない人権機関と批判されている。AICHR の目的や原則などを定めた『委託事項』の策定過程や再検討過程では、市民社会が積極的な提言活動を行ってきたが、十分な成果を上げていない。

　本章では、国境を超えた市民社会の取り組みに着目して、なぜ実効性のある人権機関の設立が困難かを明らかにし、今後の人権レジームについて考察してみる。第 1 節では、東南アジアの地域的性格を素描したうえで、市民社会による「下からの地域主義」について概観する。第 2 節では、レジーム論の視点から AICHR の問題点を検討する。最後に、第 3 節では『委託事項』の再検討過程における市民社会の取り組みを検証したうえで、東南アジア地域における人権レジームの課題を述べる。

1.　人権の普遍化と東南アジア

（1）内政不干渉原則と「アジア的価値」

　冷戦期には世界人権宣言や国際人権規約といった包括的な国際人権規範が

確立したが、多くの国がこれらの規範を遵守してこなかった。ジャクソン（Robert H. Jackson）は、植民地支配から独立を果たしたものの主権国家としての制度が整っておらず、人権を保護し社会経済的な福祉を提供する政治的意思や能力のない国家を「半人前の国家」（quasi-states）と表現した[2]。権威主義体制（開発独裁）を敷いた東南アジア諸国の多くが「半人前の国家」であり、経済発展を優先する一方で人権侵害を繰り返してきた。

　吉川は、冷戦期に国際人権規範が遵守されなかった原因として、内政不干渉原則を優先する国際政治状況があったと指摘する[3]。内政不干渉原則と人権は相矛盾する規範であり、前者が優先されれば後者は国際社会から問われなくなる。冷戦期は大量虐殺のような著しい人権侵害が生じても責任は問われず、その被害は甚大であった。ランメル（R. J. Rummel）によれば、1945年から1987年までの政府による一般市民の殺害は、カンボジアのクメール・ルージュと北ヴェトナム人民軍によるものだけで370万人に上る[4]。

　冷戦終焉後は人権や民主主義を問うように国際規範が再構築される一方で、人権の普遍性を否定する「アジア的価値」が唱導された。「アジア的価値」の特徴は、①内政不干渉原則の強調、②開発至上主義、③人権の相対性の強調であり、1993年の世界人権会議アジア地域準備会合で採択された「バンコク宣言」に集約されている[5]。「バンコク宣言」では「人権は本質的に普遍的である」とする一方で、「国家的および地域的特殊性ならびに多様な歴史的、文化的および宗教的背景の意義を念頭において」考慮されなければならないと述べている[6]。

　同年6月にウィーンで開かれた世界人権会議においても、インドネシア、シンガポール、マレーシア、ヴェトナムが人権の普遍性に異議を唱える国家に同調し、欧米諸国と対立した。そこで、世界人権会議の最終成果として171か国のコンセンサスで採択された「ウィーン宣言及び行動計画」には、「すべての人権は普遍的であり……国家的及び地域的独自性の意義、並びに多様な歴史的、文化的及び宗教的背景を考慮に入れなければならないが、すべての人権及び基本的自由を助長し保護することは、政治的、経済的及び文化的な体制のいかんを問わず、国家の義務である」と明記された[7]。

（2）リベラルな価値の導入

　世界人権会議から1か月後に開かれた第26回ASEAN閣僚会議では、

ASEANが「ウィーン宣言及び行動計画」に基づいて人権や基本的自由に取り組むことを再確認したうえで、地域的人権メカニズムの設立を検討することに合意した[8]。ただし、ヴェトナム、ラオス、ミャンマー、カンボジアが新たにASEANに加盟し合意形成が難しくなったこともあり、実際の設立には15年以上を要することになる。

　ところで、ASEANは人権に取り組む姿勢を示したものの、内政不干渉原則の見直しには消極的であった。1997年に、タイのスリン（Surin Pitsuwan）元外相が内政不干渉原則の柔軟な解釈を求める「柔軟な関与」（flexible engagement）を提案している[9]。これは多くの国内問題が越境的な影響を及ぼすため、被影響国は建設的な方法で意見表明をすべきであり、またそれを内政干渉とみなすべきではないという考え方であるが、ASEAN加盟国のうち支持を示したのはフィリピンだけであった[10]。加えて、同年人権抑圧国のミャンマーがASEANに加盟すると、ASEANは制裁や圧力ではなく、むしろ内政不干渉を前提とする「建設的関与」（constructive engagement）の外交方針をそれ以降継続してきた。

　ところが2000年代に入ると、ASEANはにわかに人権や民主主義といったリベラルな価値を推進するようになる。2003年には「第2 ASEAN協和宣言」を採択しASEAN共同体の設立を決定するが、共同体の3つの柱の1つであるASEAN政治・安全保障共同体は、人権や民主主義の促進を目的の1つに掲げている。加えて、ASEAN憲章制定後は、ASEAN人権機関の設立、ASEAN人権宣言の採択へと続く一連の人権レジーム形成の動きが見られる。

　ドスチ（Jörn Dosch）はASEANがリベラルな価値を推進するようになった背景には、フィリピンやインドネシアといったASEAN加盟国内の民主化が影響していると述べる[11]。これに対して、Katsumataは、ASEANは自らの正統性を示す目的でリベラルな改革を推進しているため、リベラルな価値と実際の制度的発展との間に相違があると指摘している[12]。これらの議論を念頭に置いて、次節よりASEANの人権レジーム形成の動きを見ていきたい。

（3）市民社会による「下からの地域主義」

　本節の最後に、人権レジームの形成過程やその運用において重要な役割を果たす可能性のある市民社会の動きを整理しておく。山田が指摘するように、

国家主権の強い東南アジアにおいても、確実に民主化や人権を求める市民社会の動きが見られる[13]。内政不干渉原則に左右されない市民社会は、国境を超えた連帯とネットワークを通じて様々な地域的課題に取り組むと同時に、ASEANに対する積極的な提言活動を実施してきた[14]。

冷戦終焉後の「下からの地域主義」の高揚は、1993年の「バンコクNGO宣言」[15]の採択まで遡れるが、2000年代の新たな動きとして「ASEAN市民社会会議／ASEAN民衆フォーラム」(ASEAN Civil Society Conference/ASEAN Peoples' Forum：ACSC/APF) が注目されている。2005年からASEAN首脳会議と同時に開催されてきたACSCは、市民社会の代表が地域的課題について議論し、ASEANに対して提案を行うための会合である。

ACSCは「アジア民衆のアドボカシー連帯」(Solidarity for Asian People's Advocacy：SAPA) の主導で開催されており、ASEAN戦略国際問題研究所連合が主導してきたトラックⅡのASEAN民衆会議 (ASEAN People's Assembly：APA) に対抗して始まったトラックⅢの会合である[16]。2009年の第4回会合からACSC/APFという名称が用いられるようになり、2014年にヤンゴンで開催された第10回会合には、過去最大の3000人以上が参加している。

SAPAはおよそ100の市民社会組織から構成され、「人権と発展のためのアジアフォーラム」(Asia Forum for Human Rights and Development：FORUM-ASIA) などのアジアの代表的なネットワーク型NGO5つが中心となって2006年に設立された。SAPAは設立と同時に「ASEANに関するワーキンググループ」(SAPA Working Group on ASEAN) を設置し、ASEAN憲章の起草過程やASEAN共同体の形成過程において積極的な提言活動を行ってきた。また、2007年には「ASEANと人権に関するタスクフォース」(Task Force on ASEAN and Human Rights：SAPA TFAHR) を設置し、AICHRの設立過程にも関与してきた。

SAPA TFAHRの招集者であるFORUM-ASIAは、1991年にマニラで設立され、1994年以降バンコクに本部を置くアジアの代表的な人権NGOの1つである。現在は、アジアの19か国58の市民社会組織が参加し、アジアにおける人権と民主主義の促進に取り組んでいる。AICHRの設立以降は、SAPA TFAHRとの共同でASEAN人権メカニズムに関する評価報告書を毎年公表している。

ネサデュライ (Helen E. S. Nesadurai) は、ACSC/APFという制度化された

第5章　東南アジア地域における人権レジームの課題　**87**

公共空間やSAPAの提言活動によって、保守主義や新自由主義経済といったASEANのヘゲモニーに対抗するオルターナティブな地域主義が現れつつあると指摘している[17]。本章で見ていくように、ASEANの人権レジームに対しても、オルターナティブを求める「下からの地域主義」が高揚している。

2. ASEAN人権レジームの形成

　クラズナー（Stephan D. Krasner）は、国際レジームを「国際関係における特定の分野において、明示的あるいは暗黙的な、原理、規範、ルール、そして意思決定の手続きのセットであり、それを中心として行為者の期待が収斂していくもの」と定義する[18]。山本は、クラズナーの定義は様々な定義を包括したものであり、これを出発点として国際レジームの定義が発展してきたと指摘する。加えて、国際レジームとは「ある問題領域において、共通する課題を、国家間の協力、それもルールのセットを作ることによって解決しようとするもの」と定義している[19]。

　本章では、人権に関する国家間のルールや、制度化された意思決定の手続きを人権レジームと定義する[20]。勝間によれば、人権レジームの発展は、国際的宣言（複数の国家による人権規範の共同宣言）、国際的促進（拘束力のある国際人権条約の締結）、国際的実施（人権規範の遵守を監視するための人権機関の設置）、国際的執行（人権裁判所が下した判決の執行）の4段階から捉えられる[21]。ただし、4段階に到達している人権レジームは欧州や米州に限られている[22]。それでは、レジーム論から見た場合、ASEANの取り組みはどのように評価できるだろうか。

（1）ASEAN憲章の制定とAICHRの設立

　ASEANは発足から40年周年に当たる2007年にASEAN憲章を採択した。ASEAN憲章の草案は、ASEANの政府高官12人から成る「高級作業部会」（High Level Task Force：HLTF）が策定したものだが、起草過程にはトラックⅠからⅢまでの多様なアクターが関与している。

　2005年に設置されたASEAN各国の閣僚経験者10人から成る「賢人会議」（Eminent Persons Group：EPG）は、ASEAN議員機構、ASEAN人権メカニズムのための作業グループ（Working Group for an ASEAN Human Rights Mechanism：WG-AHRM）、APA、SAPAとの協議を重ね、2007年に『ASEAN憲章に関する賢人会議報告書』（以下、『EPG報告書』）を提出した。HLTFは『EPG報告書』の提言に基づいて憲章を起草し、SAPA、ASEAN議員機構、WG-AHRMなどとの対話を経て最終草案をまとめている[23]。

　ASEAN憲章第1条では、ASEANの目的として「民主主義を強化し、グッドガバナンス及び法の支配を強化し、かつ人権及び基本的自由を促進し保障する」ことや「人間本位のASEANを促進する」ことなど15項目を掲げている。第2条では、基本的自由の尊重や人権の促進と保護に言及しつつも、ASEANの原則として主権尊重や内政不干渉を残している。加えて、第14条では、ASEAN憲章の目的と原則に従ってASEAN人権機関を設立し、『委託事項』に則って運用することを述べている[24]。

　SAPAはASEAN憲章について、「人間中心」のASEANを設立するために十分な文書ではなく「期待はずれ」であると評価した。中でも、人権機関に関する詳細な規定が欠如していることや、主権尊重や内政不干渉に比べ人権が最も重要な原則に位置づけられていないと指摘している[25]。次項で見ていくように、実際にASEAN憲章の原則は、実効性のある人権機関の設立を困難にする要因となっている。

（2）AICHRの問題点

　ASEAN憲章第14条に基づき、2009年にASEAN初の人権機関としてAICHRが設立された。AICHRは「ASEANの包括的な人権機関であり、ASEANにおける人権の促進と保護について総合的な責任を持つ」と位置づけられている[26]。また翌年には、特定分野の人権機関として「ASEAN女性と子どもの権利促進・保護委員会」（ASEAN Commission on the Promotion and Protection of the Rights of Women and Children）も設立された。

　AICHRの目的、原則、機能と権限、基本構造などは、ASEAN加盟国の代表10人から成るハイレベル・パネル（High Level Panel：HLP）が策定した『委託事項』に定められている[27]。AICHRの主要な問題点を明らかにするために、国連人権高等弁務官事務所が公開している「地域的人権メカニズムの原則」[28]に照らし合わせて『委託事項』の内容を検討してみたい。

　第1に、AICHRは普遍的人権よりも、むしろ地域の文脈に沿った人権の促進を目的としている。『委託事項』第1条では、世界人権宣言、「ウィーン

宣言及び行動計画」、その他の国際人権文書によって定められた国際人権基準の遵守をAICHRの目的とする一方で、「国家および地域の特殊性や、異なる歴史的・文化的・宗教的な背景への相互尊重に留意し、権利と義務との間のバランスに配慮しながら、地域の文脈において人権を促進すること」を目的としている[29]。SAPA TFAHRが指摘するように、この第1条は、地域的特殊性、文化相対主義、「アジア的価値」に基づいて人権侵害を正当化するために用いられる懸念がある[30]。

第2に、『委託事項』が定めるAICHRの機能と権限には、人権侵害の申し立てを調査するといった人権保護の活動が欠如している。AICHRは内政不干渉を原則とする協議体（consultative body）であるため、人権の促進に偏った機能となっており、通常の人権機関とは大きく性格が異なっている。

最後に、人権メカニズムの委員は政府から独立した人権専門家が担当する必要があるが、AICHRの委員は、ほとんどが人権に関する専門的知識のないASEAN加盟国の役人である。AICHRの委員は加盟国の代表10人で構成され、その任命権と罷免権はそれぞれの政府に委ねられている。2016年現在、国民による選定過程を経て選出されているのはインドネシアとタイの委員のみである。

3. AICHRに対する市民社会の取り組み

（1）『委託事項』再検討過程における提言活動

『委託事項』の策定から5年後の2014年は、AICHRの機能と権限を強化できる年として期待が高まった。『委託事項』第9条では、ASEAN外相会議（ASEAN Foreign Ministers' Meeting：AMM）は5年ごとに同事項の再検討を行い、AICHRはこれまでの評価と今後の取り組みに関する提案をAMMに提出できると定めているからである。これらの規定に基づき、AICHRは2014年に『委託事項』の再検討に関する2つの協議会を開催した。

第1回協議会は4月にジャカルタで開催され、初日はASEANの分野別組織が、2日目は東南アジアの市民社会組織が参加した。第2回協議会は6月にバンコクで開催され、115人の政府高官に加えて、国際的な市民社会組織、国連機関、他地域の人権メカニズム、学界、各国の人権制度の専門家が参加した。ASEAN各国は自国の市民社会組織と学界の代表をそれぞれ1人ずつ

招待し、またASEANも市民社会組織を招待したが、政府から独立した市民社会組織の参加は限定されていた[31]。

　2つの協議会では、AICHRの活動を阻害しているものとして内政不干渉原則やコンセンサス方式が大きな争点となった。SAPA TFAHRが作成した提言書では、①AICHRの独立性と実効性の保証、②人権の保護に関する権限強化（人権侵害に関する申し立ての受領、調査、対処、特別報告者の任命）、③他の国家、地域、市民社会組織との連携強化（ガイドラインの作成）を提案し、特に前2つを実現するために内政不干渉原則やコンセンサス方式の見直しを要求した[32]。こうした「ASEAN Way」に対する批判は、FORUM-ASIAなど他の市民社会組織の提言でも同様になされている[33]。加えて、2014年のACSC/APFの声明でも、内政不干渉原則、コンセンサス方式、AICHRの独立性の欠如を『委託事項』の問題点として指摘している[34]。

　AICHRは2つの協議会で出された多様なアクターの提案について検討するために、同年7月にシンガポールで特別会合を開催し、10月の第16回定期会合にて提言書をAMMに提出した。『委託事項』に関するAICHRからAMMへの提案は、AICHRの2014年度年次報告書に記載されている。報告書では、「多くの市民社会はASEANの基本的理念、原則、目的を十分に理解していない。したがって、受領した提案にASEANの定着した実践の変更を要求するものがあったことは驚くことではない。AICHRは継続的にASEANの原則と目的を広めていく」と述べ、市民社会の要求に対して否定的な見解を示している[35]。続くAICHRを強化するための10の提案では、ASEAN人権宣言を実施するために市民社会組織との年次会合の開催を提案する一方で、AICHRの根本的な改革を実現する提案は盛り込まれなかった。

　FORUM-ASIAは『委託事項』の再検討過程が成果のないものであったことを指摘したうえで、次のように結論づけている[36]。

　　AICHRは狭義の国益よりも人権の保護を優先させることを学ばなければならない。つまり、いわゆるASEANの原則の促進と保護よりも、人権の普遍的原則を適用するための地域協力を優先させなければならないのである。これらの原則は不作為の言い逃れとして用いられてきたものであり、「不干渉原則」「コンセンサスによる決定」「地域的および国家的な文脈」などである。

なお、AICHRは設立から5年以上が経過した2015年2月に、ようやく
「AICHRと市民社会組織の有意義で建設的な関与と相互作用を可能にする環
境作り」を目的とした『市民社会組織との関係に関するガイドライン』を採
択した[37]。ガイドラインの内容はいくつかの市民社会組織から批判されて
いるが、2016年2月にAICHRは協議関係（consultative relationship）を結ぶ市
民社会組織5つを発表しており、市民社会との連携については若干の進展が
見られる[38]。

　2012年にはAICHRが作成した「ASEAN人権宣言」が採択された。しか
しながら、ASEAN人権宣言の起草過程は市民社会に開かれたものではなく、
国際人権基準の遵守と地域的文脈に沿った人権の促進という矛盾した目的が
起草過程を方向づけ、最終的な人権宣言を形作ったと指摘されている[39]。
また、ASEAN人権宣言の採択は大きな前進であるが、その遵守を監視する
権限をAICHRは持っていない。

(2) 東南アジア地域における人権レジームの課題

　AICHRは人権規範よりも内政不干渉原則を優先し、また普遍的人権では
なく地域的文脈に沿った人権の促進を目的としている。アチャリア（Amitav
Acharya）が提示した規範伝播のモデルに、現地の信条や実践と調和するよ
うに修正された規範が受容される「規範の現地化」（localization）がある[40]。
このモデルに依拠すれば、ASEANの文脈に沿って人権規範を現地化し、制
度化したものがAICHRであるといえる。

　東南アジアにおいて実効性のある人権機関の設立が困難な原因は、リベラ
ルな価値を推進し始めた一方で、依然として「ASEAN Way」に固執する
ASEANの姿勢にある。こうした相矛盾する姿勢は、人権や民主主義といっ
たリベラルな価値に比較的柔軟に対応しようとする原加盟国と、政治体制の
違いや国家建設の課題を抱えるため依然として「ASEAN Way」が重要な新
規加盟国との対立構造を反映したものと考えられる。

　国境を超えた市民社会の取り組みはASEANの人権レジーム形成に影響を
与える可能性があるが、現時点では十分な成果を上げていない。市民社会の
影響力を高めるためには、トラックⅢの横の連携を強化するだけでなく、ト
ラックⅡやⅠとの縦の連携を進めることも必要であろう。

　ケック（Margaret E. Keck）とシキンク（Kathryn Sikkink）は、「原則的なアイ

ディアや価値に基づいて形成される活動家のネットワーク」をトランスナショナル・アドボカシー・ネットワーク（Transnational Advocacy Networks：TAN）と定義する[41]。TANは、共有された価値、共通の言説、情報・サービスの交換に基づいて多様なアクター間の連携を構築することで、個々の国家や国際機関に対する影響力行使を可能にするという[42]。

　近年は、市民社会とASEAN諸国の議員による縦の連携が徐々に進んでいる。ASEAN加盟国の現職議員や元議員40人程で構成される「人権のためのASEAN諸国議員連盟」（ASEAN Parliamentarians for Human Rights：APHR）は、東南アジア地域の人権の促進に積極的に取り組む、NGOとは異なるユニークなアクターである。APHRは2015年と2016年のACSC/APFに参加して2時間以上にわたる「市民社会と議員によるタウン・ホール公開討論会」を開催したり、FORUM-ASIAなどの市民社会組織と共同声明を出したりするなど連携を進めている。

おわりに

　2000年代はASEANが人権や民主主義といったリベラルな価値を推進する大きな変化が見られた。しかしながら、包括的な人権機関として設立されたAICHRは、「ASEAN Way」を原則とし、地域的文脈に沿った人権の促進を目的とするため実効性が欠如している。市民社会の多くは、AICHRに対して「ASEAN Way」の見直しを要求し、人権の普遍性を志向してきた。こうしたAICHRをめぐるASEANと市民社会の対立は、1990年代前半の人権の普遍性と相対性をめぐる対立と本質的に一致している。

　国家主権の強い東南アジアにおいて人権レジームを形成するためには、AICHRの権限を強化することが課題である。しかしながら、現時点ではASEANが「ASEAN Way」を見直し、普遍的人権の保護に取り組む展望は開けていない。また、積極的な提言活動を行ってきた市民社会にも課題がある。市民社会は国境を超えた横の連携を強化してきた一方で、異なるレベルのアクターとの縦の連携は十分ではない。今後、市民社会がAICHRに対する影響力を高めるためには、フィリピンやインドネシアといった民主化先進国や、域内・域外の多様なアクターとの連携を構築していく必要があろう。

注

1) かつては「破綻国家指標」（Failed States Index）という名称が用いられていたが、2014年から「脆弱国家指標」に変更されている。

2) Jackson, Robert H., *Quasi-States: Sovereignty, International Relations, and the Third World*, Cambridge: Cambridge University Press, 1990, p.21.

3) 吉川元「国内政治を問う国際規範の形成過程」『社會科學研究』第55巻5-6号、2004年、53-77頁。

4) ランメルは、政府による一般市民の殺害をデモサイド（democide）と表現している。デモサイドには、ジェノサイド（genocide）、ポリティサイド（politicide）、大量殺人（mass murder）が含まれる。ジェノサイドとは変えることのできない集団（人種、民族、宗教、言語）の一員であることを理由とした殺害、ポリティサイドとは政治観または政治目的を理由とした殺害、大量殺人とは無差別な人々の殺害とそれぞれ定義される。Rummel, R. J., *Death by Government*, New Brunswick, NJ: Transaction Publishers, 1994.

5) 阿部浩己『人権の国際化——国際人権法の挑戦』現代人文社、1998年、53-57頁。

6) UN Document, Final Declaration of the Regional Meeting for Asia of the World Conference on Human Rights, A/CONF.157/PC/59 (7 April 1993). 日本語訳は、自由人権協会訳「バンコク宣言」世界人権会議NGO連絡会編『NGOが創る世界の人権——ウィーン宣言の使い方』明石書店、1996年、280-284頁を参照。

7) UN, Vienna Declaration and Programme of Action, A/CONF.157/23 (12 July 1993). http://www.ohchr.org/Documents/ProfessionalInterest/vienna.pdf（以下、URLはすべて2016年5月18日に閲覧）。日本語訳は以下を参照。神戸大学「ウィーン宣言及び行動計画（抄）」http://www.kobe-u.ac.jp/campuslife/edu/human-rights/vienna-declaration.html

8) ASEAN, Joint Communique of the Twenty-Sixth ASEAN Ministerial Meeting Singapore (23-24 July 1993).

9) Ministry of Foreign Affairs, Thailand, "Thailand's Non-Paper on the Flexible Engagement Approach." Press Release No.743/2541 (27 July 1998).

10) Haacke, Jürgen, "The Concept of Flexible Engagement and the Practice of Enhanced Interaction: Intramural Challenges to the 'ASEAN Way,'" *The Pacific Review*, 12-4 (1999), pp.581-611.

11) Dosch, Jörn, "ASEAN's Reluctant Liberal Turn and the Thorny Road to Democracy Promotion," *The Pacific Review*, 21-4 (2008), pp.527-545.

12) Katsumata, Hiro, "ASEAN and Human Rights: Resisting Western Pressure or Emulating the West?" *The Pacific Review*, 22-5 (2009), p.626.

13) 山田満「市民社会からみたアジア」『国際政治』第169号、2012年、3頁。

14) 山田満「国際NGOの台頭——インドネシア民主化に果たした選挙監視NGOネットワーク」黒柳米司編『アジア地域秩序とASEANの挑戦——『東アジア共同体』をめざして』明石書店、2005年、107-129頁。

94 第Ⅰ部 総論：「人間の安全保障」の多面的枠組み

15）UN Document, Bangkok NGO Declaration on Human Rights. A/CONF.157/ASRM/4
（27 March 1993）．日本語訳は、阿部浩己監訳「人権に関するバンコクNGO宣言」反差
別国際運動日本委員会編『現代世界と人権6──国際人権基準と国際連帯』解放出版社、
1994年、64-83頁。

16）Gerard, Kelly, "From the ASEAN People's Assembly to the ASEAN Civil Society
Conference: The Boundaries of Civil Society Advocacy." *Contemporary Politics*, 19-4
（2013）, pp.411-426.

17）Nesadurai, Helen E. S., "The ASEAN People's Forum as Authentic Social Forum:
Regional Civil Society Networking for An Alternative Regionalism." In Mark Beeson
and Richard Stubbs （eds.）, *Routledge Handbook of Asian Regionalism*, London and
New York: Routledge, 2012, p.172.

18）Krasner, Stephan D., "Structural Causes and Regime Consequences: Regimes as
Intervening Variables." In Stephan D. Krasner （ed.）, *International Regimes*, Ithaca: Cor-
nell University Press, 1983, pp.1-22.

19）山本吉宣『国際レジームとガバナンス』有斐閣、2008年、23頁。

20）人権レジームについて詳しく議論したものとして、Donnelly, Jack, "International
Human Rights: A Regime Analysis." *International Organization*, 40-3 （1986）, pp.599-642.

21）勝間靖「国際人権レジーム」齋藤純一編『講座人権論の再定位第4巻 人権の実現』
法律文化社、2011年、219-220頁。

22）勝間靖「人権ガヴァナンス」吉川元／首藤もと子／六鹿茂夫／望月康恵編『グローバ
ル・ガヴァナンス論』法律文化社、2014年、220頁。

23）ASEAN憲章制定過程における市民社会の取り組みについては、五十嵐誠一「東南ア
ジアの新しい地域秩序とトランスナショナルな市民社会の地平── ASEAN共同体の形
成過程における『下』からのオルターナティブな地域主義に注目して」『国際政治』第
158号、2009年、89-103頁を参照。

24）ASEAN, *The ASEAN Charter*, Indonesia: ASEAN, 2007.

25）SAPA, Analysis of the ASEAN Charter （18 November 2007）. http://focusweb.org/
node/1286

26）ASEAN, *Terms of Reference of ASEAN Intergovernmental Commission on Human
Rights*, Indonesia: ASEAN, 2009, p.11.

27）『委託事項』策定過程については、重政公一「東南アジアにおけるトラック2とト
ラック3チャンネルとの競合的協調関係──人権規範促進に向けた水平対話モデルの考
察」『国際政治』第169号、2012年、60-72頁を参照。

28）OHCHR, Principles for Regional Human Rights Mechanisms （Non-Paper）. http://
bangkok.ohchr.org/programme/asean/principles-regional-human-rights-mechanisms.
aspx

29）ASEAN, *Ibid.*, 2009, p.4. 日本語訳は、勝間靖訳「資料 人権に関するASEAN政府間人
権委員会への委託事項」勝間靖編『アジアの人権ガバナンス』勁草書房、2011年、239-
246頁を参照。

30) SAPA TFAHR, *Hiding Behind Its Limits: A Performance Report on the First Year of the ASEAN Intergovernmental Commission on Human Rights（AICHR）2009-2010*, Bangkok: FORUM-ASIA, 2010, pp.2-5.

31) Aung, Nyan Lynn, "Calls grow for review of regional human rights body," Myanmar Times（4 July 2014）. http://www.mmtimes.com/index.php/national-news/10894-calls-grow-for-review-of-regional-human-rights-body.html

32) SAPA TFAHR, Submission to the AICHR Regional Consultation with Civil Society on the Review of the AICHR TOR（29 April 2014）. http://www.forum-asia.org/uploads/Submissions/SAPA%20TFAHR%20Submission%20to%20AICHR%20Consultation.pdf

33) 『委託事項』再検討過程における市民社会組織の提案は以下にまとめられている。SAPA TFAHR, "The Future of Human Rights in ASEAN: Public Call for Independence and Protection Mandates," *A Report on the Performance of the ASEAN Human Rights Mechanism 2014*, Bangkok: FORUM-ASIA, 2015, pp.12-24, 95-111.

34) ACSC/APF, Proceedings of the ACSC/APF（2014）, pp.10-11. http://aseanpeople.org/post-conference-report-2014/

35) AICHR, "Annual Report of the ASEAN Intergovernmental Commission on Human Rights," *The Annual Report of the AICHR for the Period of July 2014 to July 2015*, Indonesia: ASEAN, 2015.

36) SAPA TFAHR, *Ibid.*, 2015, p.68.

37) AICHR, *Guidelines on the AICHR's Relations with Civil Society Organizations*, Indonesia: ASEAN, 2015.

38) 5つの市民社会組織については次を参照。AICHR, List of Civil Society Organisations with Consultative Relationship with the ASEAN Intergovernmental Commission on Human Rights（16 February 2016）. http://aichr.org/news/list-of-civil-society-organisations-with-consultative-relationship-with-the-asean-intergovernmental-commission-on-human-rights-aichr/

39) Clarke, Gerard, "The Evolving ASEAN Human Rights System: The ASEAN Human Rights Declaration 2012," *Northwestern Journal of International Human Rights*, 11-1（Fall 2012）, pp.15-19.

40) Acharya, Amitav, *Whose Ideas Matter?: Agency and Power in Asian Regionalism*, Ithaca and London: Cornell University Press, 2009, p.15.

41) Keck, E., Margaret, and Kathryn Sikkink, *Activist Beyond Borders: Advocacy Networks in International Politics*, Ithaca and London: Cornell University Press, 1998, p.1.

42) *Ibid.*, p.9.

第Ⅱ部

各論:「人間の安全保障」の
地域の現状と取り組み

6 インドネシア・パプア問題解決へ向けた市民社会の試み
平和創造への環境整備

阿部和美

はじめに

　世界で2番目に大きな島であるニューギニア島は、ほぼ中心に引かれた南北の国境線により、東側のパプアニューギニア独立国と西側のインドネシア共和国とに分断されている。本論で扱うパプア地域は、西側のインドネシア共和国の領土である。この地域は、第二次世界大戦中に日本軍によって占領された後、再びオランダの支配下に置かれて、オランダと新生インドネシアとの間で帰属問題が発生した。1969年に住民投票（Act of Free Choice）が実施されると、国連決議2504（XXIV）によってインドネシアへの帰属が決定したが、以来この地域では、住民投票の不正を訴えてインドネシアからの分離独立を主張する運動が続いている。

　現在パプア州と西パプア州から構成されるパプア地域に住む人々は、メラネシア系[1]に分類され、インドネシアの多数派であるマレー系の人々とは、縮れた髪や浅黒い肌など外見上もかなり異なっている。1万年以上前からパプア地域に居住していると考えられる彼らは、独自の多様な文化を有していて、その多くはキリスト教を信仰している。パプア地域は豊富な天然資源に恵まれ、外資系企業を通して多くの利潤が生み出されている[2]。しかし、パプア地域の貧困状態や保健衛生状態の悪さはインドネシア国内でも最低水準にあり、天然資源による恩恵は社会に還元されていない[3]。

　さらにパプア地域には、分離独立運動を行う危険分子を取り締まるために、3万5千人以上の軍人が配置されている[4]。治安維持という名目の陰で発生する一般市民の不当逮捕や拷問、虐殺はしばしば問題になるが、国軍がパプア地域の違法ビジネスに関与し、天然資源から違法に利益を得ていることは、

98　第Ⅱ部　各論：「人間の安全保障」の地域の現状と取り組み

パプア地域から軍隊の撤退を困難にしている大きな原因の1つである[5]。以上の情報だけでも、多くの要因や利益が絡むパプア問題の複雑さが理解できるだろう。

　長期的に安定した平和を実現するために、現地社会や市民社会の取り組みが重要であることは、ガルトゥング（Johan Galtung）やレデラック（John Paul Lederach）など、多くの研究者によって明らかにされてきた。一方、現地社会のオーナーシップを尊重しているかに見える支援も、実際にはドナー国の意向ありきで、現地社会の自立性や自発性を削いでいるという指摘もある。また、現地社会側にも権力闘争が存在し、紛争を助長する可能性を孕んでいるという[6]。したがって、紛争を抱える地域の市民社会と、問題解決のために支援をする部外者やドナーとしての国際社会との最善の関係性が問われている。

　パプア地域は、インドネシアの辺境であり、多くのインドネシア人にとって関心の高い地域ではない。彼らが耳にするパプアに関連する情報の大半は、パプア独立組織（OPM）という伝統的な武器で武装したゲリラ集団が展開する分離独立運動についてである。しかし実際には、上述したような複雑な問題を抱えていて、独立を要求する武装集団だけではなく、教会関係者、人権活動家、伝統的共同体の指導者など様々なグループが、パプア問題の解決のために活動している。

　本論では、パプアの市民社会[7]に着目し、分離独立を掲げる運動がどのように推移し、問題解決のためにどのような取り組みが行われてきたのか整理する。第1節では、スハルト政権下では数少ない反政府組織であったOPMが誕生した背景を整理した後、パプア社会が最も自由を享受していた「パプアの春」と呼ばれる時期[8]に、市民社会が克服できなかった課題を明らかにする。第2節では、特別自治法の影響と、パプアロードマップを契機とした対政府交渉を求める活動の盛り上がりについて分析する。第3節では、現在のパプア社会が抱える問題を、海外から活動を展開するディアスポラと、メラネシア地域の動きに触れながら明らかにする。

1. パプア社会における反政府活動

(1) OPMの誕生

　パプア問題の発端は、インドネシアへの帰属が決定した住民投票の正当性にある。オランダは、ハーグ円卓会議の後、パプア地域を将来的に独立させるための政策を開始した。パプア地域の統治権を主張し、オランダの独立準備政策に反発していたスカルノ大統領は、1961年12月19日、ジョクジャカルタで「西イリアン解放国民三大命令（Trikora）」[9]を発表し、翌年1月には、インドネシアとオランダは交戦状態に陥った。

　インドネシアが共産主義圏に近づくことを恐れたアメリカのケネディ大統領は、本件の仲介に乗り出し、1962年8月15日、国連代表部でニューヨーク合意（New York Agreement）が締結された。オランダは同年10月1日にパプア地域の統治権を国連暫定統治機構（UNTEA）に委譲すること、UNTEAは1963年5月1日に統治権をインドネシアに委譲すること、インドネシア政府は1969年までにパプアの人々の意志を問う住民投票を実施することが決定した。

　やがて、パプア地域がUNTEAからインドネシアの支配下に置かれると、インドネシア政府によるパプアの「インドネシア化」が始まった[10]。開発のために、次々に土地が接収され、移動の自由は治安当局によって厳しく制限された。土着の言葉や伝統的な行事が禁止されただけではなく、ジャワ島から40万人の移民計画が立てられ、入植が始まった。政府による移民計画（Transmigrasi）は、表向きは人口密度の高いジャワ島、バリ島、マドゥラ島から、パプアやスマトラ、カリマンタンなど人口の少ない地域に移住を促し、人口の過剰な集中を防ぐためであったが、ジャワ人を移住させることによって住民管理を容易にするとか、貧困層をジャワ島から追い出すとか、域内のジャワ化を進めるという目的があった[11]。

　1969年、インドネシア政府に選ばれた1025人のパプア代表者が、インドネシアへの帰属の賛否を表明する機会を与えられた。武器を持った国軍に取り囲まれて、ほぼ全員が賛成を選択した。これにより、パプア社会は自らの意志でインドネシアを選んだと理解され、国際的にはパプアの帰属問題は決着した。その頃から、伝統的な武器を持ってゲリラ攻撃を行うグループが出現する[12]。彼らはパプア地域のほぼ全域に潜伏し、国軍駐屯地や警察署へ

の襲撃に加えて、移民が居住する村落への襲撃や、外国人の誘拐などを行った。彼らが、現在OPMと呼ばれるグループの始まりである。

このような国家の統一を脅かす反乱分子を壊滅するために、パプアは軍事作戦の対象とされた。治安当局による不当逮捕や、拷問、虐殺は常態化し、武装グループと関わりのない一般市民も犠牲になった。不正義に怒った市民は、パプア独立の象徴である明けの明星旗を掲揚したり、パプアの独立を宣言したりといった、非暴力に基づく運動を行った。武器の有無にかかわらず、こうした一連の反政府運動が、治安当局によってOPMと呼ばれるようになった。OPMとは、組織化された特定のグループではなく、インドネシア統治下の不正義に声を挙げようとする人々の、決死の行動の総体から生まれたのである。以後、パプアの人々＝OPMが分離独立を主張しているという解釈が定着していく[13]。

(2) 民主化と独立要求の高まり

1998年にスハルト政権が崩壊すると、教会指導者、NGO、伝統的共同体の協議会（adat）、パプア問題の研究者が集まり、イリアン・ジャヤ社会和解フォーラム（Foreri）を組織した。Foreriは、パプア全土から様々なバックグラウンドを持ったメンバーを集めた、初めてのパプア横断的組織であった。同時に、当時のパプアが抱えている様々な問題について、本格的な実態調査を行った初めての団体でもあった。

Foreriは、パプア社会の歴史認識を整理し、1945年の日本軍の撤退、1962年のニューヨーク合意締結、1969年の住民投票と、パプア地域の政治的地位の決定はいずれも、地域住民の意向を全く反映していないと結論づけた。したがって、改めて国際社会の仲介によるインドネシア政府との交渉を実施し、自治、連邦制度、独立のいずれかを達成したいと考え、インドネシア政府に働きかけを始めた。

スハルト退陣後に政権を担ったハビビ大統領は、インドネシア各地で噴出する民主化運動や分離独立要求を収束させるため、スハルト政権とは異なるアプローチの必要性を理解していた。パプア問題に対しても、交渉を通じた問題解決に前向きであり、同年11月からForeriとの間で実施された一連の非公式会議の結果、1999年2月に、パプア地域の代表100人と、ハビビ大統領の会議が実現することになった。

しかし、歴史解釈やパプアの政治的地位は議題から削除され、土地の権利、雇用問題、パプア先住民に対する不平等問題、人権問題のみが話し合われることになった。それでも、初めて開催されるインドネシア政府との公式な会議に対して、パプア社会の期待は大きかった[14]。代表団を率いたベナル（Tom Benal）は、ハビビ大統領の面前で、パプア地域はインドネシアからの分離を求めていること、必要であれば、特定の国家ではなく、国連がインドネシア政府とパプアとの交渉の仲介役を務めるべきであることを明言した。

　ハビビ大統領は彼らの要求に対してその場で返答することを避けたが、公の会議で明確に分離独立要求が表明されたことは、インドネシア政府に衝撃を与えた。この会議によって、政府は、スハルト政権のアプローチがパプア地域の統合に失敗したこと、そしてパプア問題が簡単には解決しないことを認識した。当時、インドネシア政府はアジア通貨危機による混乱の収拾に加えて、東ティモールの住民投票や初めての民主的な選挙を控えた激動の真っ直中にあり、パプア社会はハビビ大統領からの返答を得られないまま、1999年10月にワヒド大統領が就任した。

　ワヒド大統領は、分離独立運動に寛容な立場を取り、対話路線を重視していた。その姿勢は歴代の大統領とは比較にならないほど柔軟で、大統領として初めてパプアを訪問し、差別的な意味を持つイリアン・ジャヤという州名からパプア州と改めることを宣言しただけでなく、現地で人々と直接対話する機会を設け、さらには明けの明星旗の掲揚を許可した。毎年12月1日は、パプアの独立[15]を記念し、各地で抵抗運動が行われていたが、1999年12月1日には、治安当局からの妨害はほとんどなく、パプア地域でも新たな時代の到来が感じられた。

　60人を超す政治犯を恩赦したワヒド大統領の政策は、パプアの人々を大いに勇気づけた。パプア地域の運動の高まりは、分離独立要求へと結びついていく。2000年2月には、パプア地域14県の代表と海外に亡命した活動家を招いて、パプア大協議会（Mubes）が開かれた。新しい運動を率いるグループとして、パプア幹部評議会（PDP）が組織され、Foreriやハビビ大統領と会議を行った代表団100人の流れを汲む22人が選出された。PDPは、200人から構成される会員に対して責任を持ち、今後展開するパプア地域の運動の母体とされた。

　5月から6月にかけては、PDPが主催して第2回パプア議会（Kongres

Papua II) が開かれた [16]。議会では、（1）歴史解釈、（2）パプア地域の政治的地位、（3）今後の戦略と活動、（4）パプア先住民の基本的人権、以上の4点が議題とされ、それぞれ決議が発表された [17]。議会は、ワヒド大統領から10億ルピアの資金援助を受けて開催され、州政府関係者や外国メディアも参加し、会議の様子や決議は海外にも報道された。

　インドネシア政府が容認した第2回パプア議会の開催は、インドネシア国内や国際社会に対して、パプア問題を広く知らしめることとなった。一方で、パプア地域内に向けて、全土に運動を浸透させる機会としても機能した。パプア全土から参加した代表者は、PDPという新たなリーダーについて理解し、今後独立を求めて運動を展開することを、自分たちのコミュニティに広めていった。その結果、独立運動はパプア全土に急速に拡大したのである。

　しかしPDPは、2001年から始まるメガワティ政権下で、独立運動の盛り上がりを具体的な活動に発展させることができず、徐々に求心力を失っていく。その主な原因として、メガワティ政権との関係作りに失敗したことと、海外の活動家との連携に失敗したことが挙げられている [18]。対話によってパプア地域の不満を収拾しようとしたハビビ政権と、パプア地域の運動を国家統一の脅威と捉えて取り締まりを強化したメガワティ政権を並列して比較することはできないが、これまで唯一インドネシア政府との公式な会議の開催に成功したForeriは、早くから目標を交渉に定め、大統領に近い関係者との調整を続けていた。

　PDPが政府関係者とのつながりを重視せず、コミュニケーション・チャンネルを失ってしまったことは、紛争解決の戦略上大きな失敗であった [19]。ここではForeriとPDPの差異を詳細に分析することはしないが、民主化を迎えて新たに組織されたPDPが、Foreriと政府の間で行われた交渉の流れを引き継ぐことをせず、一方的な独立要求に傾倒してしまったこと、そしてパプア地域全体を束ねる指導力を発揮できなかったことは、その後、特別自治法の下でパプア社会が分裂する一要因となっていく。

2. パプア社会の包括的運動を目指して

（1）特別自治法が生み出した対立

　東ティモールに住民投票の機会を与えたインドネシア政府が、パプア問題

解決のために選択したのは、特別自治法の施行であった[20]。特別自治法の施行が決定してしばらくの間、政府のイニシアチブがなかったため、自主的に草案を作成して発表するNGOもあった。大きな進展があったのは、2000年11月、特別自治法を重視するジャープ・ソロッサ（Jaap Solossa）がイリアン・ジャヤ州知事に就任してからである。

ソロッサ知事は、当時パプア分離独立運動の有力者であると同時に、インドネシア政治にも精通していたカフィアール（August Kafiar）前チェンドラワシ大学長を中心として、政界の有力者、チェンドラワシ大学に所属する研究者、人権活動家などを交えたチームを組織し、特別自治法の起草に着手した[21]。チームは、特別自治法によってパプア問題の解決を進めるため、特別自治法に、より多くの人々の声を盛り込もうと考えた。

チームはパプア各地で会議を開き、住民に呼びかけを行った。特別自治法が独立の達成と相反する選択肢ではないと説明し、特別自治法への支持を求めたが、独立とは異なる特別自治法に関心を寄せる者はほとんどいなかった。この一連の会議には、一部の独立支持派も参加していたが、海外で活動するディアスポラや、当時逮捕されていた者、逮捕を恐れて身を隠していた活動家といった、独立要求を最も強く掲げている層を参加させることはできなかった。

チームが起草した草案は一部修正され、2001年11月21日にパプアに対する特別自治法として成立した（法律2001年第21号）。最大の特徴は、パプア先住民の存在が認知され、その多様な文化を尊重することと、パプア地域における優越性が認められたことである。知事に就任できるのはパプア先住民に限られ、知事の決定権は拡大し、開発や教育を促進するための特別予算が付与されることになった。さらに、過去の人権侵害に対する真実和解委員会を設置することも明記された。

インドネシア政府にとって過去最大の譲歩といえる特別自治法は、パプア紛争の新たな解決策となるはずであった。しかし、独立を目指す運動がかつてないほど高揚している中で、パプア社会の十分な理解を得られないまま施行された特別自治法は、パプア社会の意向を無視した政府が、一方的に供与したものとして受け止められた。住民の意向を吸い上げようと努めたチームの試みは、成果を生まなかった。

特別自治法に反対する勢力は、インドネシア政府内にも多く存在していた。

特に内務省に反対する者が多かったことは、特別自治法施行後、それぞれの条項を実施するための手続きを進める段階で大きな障害となっていく。メガワティ大統領もまた、特別自治法に否定的であった。メガワティ大統領は特別自治を通して作り出す平和によってではなく、パプアで繰り広げられる一連の運動を撲滅することによって秩序を維持しようとした。同様に特別自治法に反対していた軍部は、著名な指導者の誘拐、殺害や、学生の不当逮捕を行い、パプアではスハルト政権時代への揺り戻しのような状況が発生した。内務省の非協力的な姿勢も影響し、条項の履行に必要な手続きは遅々として進まず、パプア州の行政に大きな混乱をきたした[22]。

さらに問題を引き起こしたのは、メガワティ大統領が必要な手続きを無視して強行した、州の分割である[23]。パプア州を3州に分割する決定は、合法性が問われただけではなく、州の分割をめぐる住民間の激しい対立を生み出し、死者が発生した地域もあった[24]。最終的に、とりわけ混乱が大きかった中央イリアン・ジャヤ州の分割は見送られ、2003年にパプア州から切り離される形で、西イリアン・ジャヤ州が誕生した。

西イリアン・ジャヤ州が法律的に曖昧な地位のまま誕生してしまったことは、特別自治法支持派の活動家たちの間にも亀裂を生み出した[25]。武力衝突に発展した中央イリアン・ジャヤ州地域では、州の分割が立ち消えになった後も不安定な状況が続いた。州の分割以降、パプア横断的な集会は開かれることなく、選挙キャンペーンの暴力化や、武装グループの過激化が指摘されるようになる[26]。皮肉なことに、特別自治法はパプア地域の問題解決を進めるどころか、行政を混乱させ、社会に新たな対立を生み出すことになった。

(2) パプア平和ネットワーク (JDP) の戦略

2005年、ヘルシンキ和平合意によってアチェ紛争が解決すると、ユドヨノ大統領は大統領直轄の研究機関であるインドネシア科学院 (LIPI) に、パプア問題の調査を指示した。調査結果として2009年に出版されたのが、「パプアロードマップ (Papua Road Map)」である。パプアロードマップは、パプア問題の原因を以下のように分類した。(1) 1970年から続いている大量の移民の流入と政治的な闘争によるパプア先住民に対する差別と周縁化、(2) 教育と保健分野における著しい開発の失敗、(3) パプアとインドネシア政府

双方の歴史解釈と政治的アイデンティティの矛盾、（4）これまでパプア先住民に対して行われた暴力についての説明責任の欠落。

それぞれの解決策として、（1）パプア先住民の存在を尊重する差別撤廃措置を取ること、（2）公共サービスと福祉を充実させること、（3）アチェで行われた交渉に類似するものをパプアでも実施すること、（4）被害者やその家族、パプアに住むすべてのインドネシア国民のために、人権裁判所において真実を明らかにして和解を進めること、以上が提言された。

パプアロードマップの反響は大きかった。ジャカルタではパプア問題に対する関心が高まり、問題解決のステップとして、インドネシア政府とパプア社会の代表による交渉の是非が話題となった。その頃、政府との交渉を通じた問題解決を目指していた司教のネレス・テバイ（Neles Tebay）と、LIPIの調査チームに所属する、パプアで育ったジャワ人の研究者ムリダン・ウィジョジョ（Muridan Widjojo）が中心となり、パプア平和ネットワーク（JDP）を組織した。

JDPは、人権問題、環境問題、移民問題など様々な分野で活動するNGOと、研究者や学生グループ、教会関係者によって構成されている。JDPの活動の特徴は、（1）スローガンを「独立」から、「パプア、平和の地」に置き換えたこと、（2）地域住民を主体とした運動を形成するため、住民の間で何度も話し合いを開催し、問題の特定と解決方法を明確にするというプロセスを重視していること、（3）パプア先住民だけの問題ではなく、パプアで生活をする移民コミュニティを問題解決プロセスに巻き込んでいく戦略、以上3点にまとめられる。

独立を主張する限り、政府は問題解決に前向きにならない。そこで、JDPは独立を掲げず、「平和の地の実現」をスローガンとすることで、独立以外の問題、例えば貧困や開発の遅れ、人権問題などを解決することを目指している。地域住民が欠乏からも恐怖からも解放され、尊厳のある生活を送ることが、パプアの地に平和が訪れることであり、目指すべき到着地点と考えている。

スローガンから独立を取り去ったことで、長い間、政府関係者との調整を困難にしていた課題の1つは解決する。さらに、パプアの独立を支持しない人々であっても、パプアの平和の実現であれば支持する可能性があり、政府とパプア側との交渉を後押しする新たなグループの出現が期待できる。一方

で、断固として独立を主張する武装グループや、独立支持派の人々の支持を得られない可能性がある。こうした人々を排除せずに、問題解決プロセスに包括するために、(2) が必要となる。

　JDPは、平和の地の実現という抽象的なスローガンを掲げているが、政府に対する具体的な要求を打ち出していない。その理由は、住民間の協議を通してパプアが抱える問題を改めて特定し、求められる解決策や必要な政策を明確にするプロセスが重要と考えているためである。できる限り多くの住民を参加させることによって、社会の不満を吸い上げ、将来実現するであろう政府との交渉の場でパプア社会の総意が代弁されるように、住民間の協議を重視している。

　(3) は、これまでパプア問題の当事者として語られることのなかった移民コミュニティを巻き込んでいる点で、特異である。第1節で述べた国家政策による移民に加えて、自発的な移民の数は年々増加している。1971年には3.6万人だったが、2000年には70.8万人、2010年 (推定人口) には182.2万人と、実にパプア地域の人口の50.45％に相当している [27]。もはや移民の存在は、パプア地域では無視することができないほど大きい。

　これまで、移民は先祖代々の土地を奪い、地域経済を支配し、時には治安当局に買収されて徒党を組む、パプア先住民を脅かす存在として考えられてきた。一方、移民の多くは貧困層で、新たな土地で生きるために必死で働いているのに、移民というだけで敵視され、様々な不利益を被ってきた。とりわけパプア地域で生まれ育った移民の二世、三世にとって、パプアは故郷同然であり、その胸中は複雑なようである [28]。

　JDPは、移民コミュニティを支援するNGO「パプアのための民主主義同盟 (ALDP)」の協力を得て、移民コミュニティとパプア先住民との交流を促進してきた。JDPの活動により、移民コミュニティの抱える問題が、パプア社会でも少しずつ認識され始めている。現在の関係が改善しなければ、パプア地域の分離独立要求が高まると、必然的に移民コミュニティとの緊張関係も高まってしまう。これでは、政府との問題解決が進展しても、パプア地域に新たな紛争の火種が残ることになる。JDPのスローガンは、パプア先住民よりも規模が大きくなりつつある移民コミュニティとの緊張関係を解消し、両者に相互利益をもたらす新たな解決策として作用する可能性を有している。

　JDPは住民間の総意を生み出す戦略を打ち出すと同時に、ウィジョジョが

有するジャカルタでのネットワークを駆使して、政府に対する積極的な働きかけを行っている。彼らが取り組んでいるのは、過去にパプア社会が経験した失敗を繰り返さない、根本的な問題解決を実現するための活動である。JDPは、十分に時間をかけて住民間の協議を終えた後、海外で活動するディアスポラとの協議を実施する予定である。ところが、独立というスローガンに固執する独立支持派の中心となっているのは、このディアスポラである。最後に、ディアスポラである彼らの活動に触れておく。

3. 海外における分離独立運動

　海外から分離独立運動を展開する活動家の多くは、スハルト政権下にパプアを脱し、パプアニューギニア、バヌアツ、オランダ、イギリスなどに逃れた指導者たちである。当時、亡命先から展開された運動は組織化されず、共通の方針や目標もなかった[29]。パプアが民主化の時代を迎えても彼らの影響力は大きく、重要な局面には必ず姿を見せている。パプア大協議会（Mubes）にも招待された。

　2011年にJDPが主催したパプア平和会議では、将来政府と交渉を行う際のパプア社会代表として、バヌアツ在住オンダワメ（Otto Ondawame）、オーストラリア在住ルマキエク（Rumakiek）、イギリス在住ウェンダ（Benny Wenda）、オランダ在住タガマ（Leony Tanggahma）、アメリカ在住モッテ（Octovianus Motte）が選出された。海外に居住しているため、インドネシア国内の活動家よりも身体的な安全が確保されていることが理由とされたが、現在でも依然として彼らの影響力が強いことを示している。現在どれほどの活動家が海外で活動を展開しているのか、彼らの活動に対する国際社会の支援がどの程度あるのか、今後調査をする必要がある。本論では、彼らの活動を積極的に支援しているメラネシア諸国について言及する。

　2000年にキリバスで開催された太平洋諸島フォーラム（Pacific Islands Forum）は、パプア問題に対して「深い懸念」を表明し、パプア運動に理解を示した。2013年、メラネシア・スピアヘッド・グループ（MSG）[30]は、パプアをサミットに正式に招待すること、パプア訪問団を派遣することを決定した。バヌアツは、同地域の中でも、パプア問題の解決のために最も力を入れている国家である。国連総会でパプアの人権問題を議題とし、人権侵害を

究明する報告担当官の設置を求めて受け入れられないことが分かると、2013
年の国連総会や翌年の人権理事会の最中にパプア問題を取り上げるよう発言
して、アメリカやオーストラリアから注意を受けるなど、その姿勢は他の国
家に類がない[31]。

　近年の最も大きな動きは、2014年12月、バヌアツに主要な独立支持派の
グループが集まり、新たな組織として西パプア統一解放運動 (ULMWP) を
結成したことであろう。OPMを含む独立支持派が結成したULMWPは、
MSGのオブザーバー資格を与えられ、2016年のサミットでは、正式にメン
バーとして受け入れが検討されている。地域機構としてのMSGや太平洋諸
島フォーラムが、パプア問題解決のために国際社会に向けてロビー活動をす
れば、インドネシア政府に対する問題解決へのプレッシャーを与えると同時
に、パプア社会の運動を後押しし、平和的な問題解決に寄与する可能性があ
る。

　しかし、独立支持派を正式なパプア代表として迎えることは、独立という
スローガンを離れて、一般市民の間から要求を吸い上げることによって平和
を実現しようとするJDPの活動とは相反する影響を及ぼすと同時に、イン
ドネシア政府とパプア社会の対立を深める可能性がある。独立支持派が勢力
を増すことは、逮捕者や死者をさらに増加させるかもしれない。バヌアツや
MSGが支持するのは、パプアの問題解決なのか、それとも独立のための紛
争なのか。メラネシア諸国の決定が及ぼす影響と、パプア地域の運動の展開
を注視する必要がある。

おわりに

　パプア社会が抱える問題は、(1) パプア全体をまとめる組織／指導者が不
在であり、(2) そのために、政府に対して問題解決を働きかける力が弱いこ
とである。この課題を乗り越えるために、JDPは独立というスローガンを捨
て、政府から問題解決への前向きな姿勢を引き出そうとしている。パプアの
分離独立運動の歴史を振り返ると、ハビビ大統領との交渉以降、「独立」と
いう言葉が一人歩きし、パプアの人々が独立によって何を達成しようとして
いるのか、明らかにされたことはなかった。裏を返せば、現在問題を抱えて
いる主体は誰なのか、どのような問題を解決する必要があるのかを問い直し、

パプア社会で協議を重ねることにより、独立以外の選択肢が生まれる可能性が十分に残されている。

　アチェの事例のように、国際社会が紛争解決の仲裁役となることで、問題解決が進展した例は多い。しかしパプアの事例では、現在パプア問題に最も関心を寄せている国々が、急進的な武装グループを含む独立支持派を支援するという状況が生まれている。パプア社会に誕生した平和的問題解決を目指す運動の芽をつまないために、問題解決に意欲的な部外者やドナーとしての国際社会がパプア地域の真の要求に耳を傾け、理解することが、約半世紀にわたるパプア地域の問題が平和構築に向かって動き出す第一歩となるであろう。

注

1) 南太平洋の島々のうち、ニューギニア、ソロモン諸島、ニューヘブリデス諸島、フィジー諸島、ニューカレドニア島と南東の方向に散在する島々に住む人々のことを指す。

2) 例えば、アメリカに本社を置くフリーポート・マクモラン社は、パプア中部にある世界最大級のグラスベルグ鉱山開発を行っている。2012年には、社会的責任を果たさない不良企業を選出するパブリック・アイ賞を与えられた。

3) インドネシア政府が発表した人間開発指数によると、パプア州は国内最低、西パプア州は下から第4位（BPS, *Indeks Pembangunan Manusia Menurut Provinsi 1996-2013*）。

4) パプア地域のモニタリングを続けているETANのレポートによると、一般市民99人に対して1人配置されている（ETAN, *West Papua Report*, December 2014, http://etan.org/issues/wpapua/2014/1412wpap.htm）。

5) インドネシア国軍と違法ビジネスについては、以下を参照。本名純『民主化のパラドックス——インドネシアにみるアジア政治の深層』岩波書店、2013年。

6) 平和構築における現地社会の重要性と批判については、以下が参考となる。Mac Ginty, R., "Where is the Local? Critical Localism and Peacebuilding," *Third World Quarterly*, Vol.36, No.5, pp.840-856；Paffenholz, Thania, "Unpacking the Local Turn in Peacebuilding: A Critical Assessment towards an Agenda for Future Research," *ibid.*, pp.857-874.

7) 本論における市民社会とは、政府機関、営利団体ではないノンフォーマルセクターであり、コミュニティが抱えている特定の問題解決のために活動する個人およびグループとする。

8) 具体的には、スハルト政権が崩壊し、ハビビ大統領、ワヒド大統領が政権を担っていた1998年から2000年までの時期。

9) パプア地域は、オランダ政府からは「ニューギニア」、インドネシア政府からは「西イリアン（イリアン・ジャヤ）」と呼ばれた。1969年に誕生したイリアン・ジャヤ州は、

ワヒド政権下で「パプア州」と改名された。2003 年、パプア州から「西イリアン・ジャヤ州」が分離し、2007 年に「西パプア州」と改名された。現在パプア地域は、パプア州と西パプア州から構成される。

10）Tebay, Neles, *West Papua: The Struggle for Peace with Justice*, Catholic Institute for International Relations, 2005.

11）移民計画はオランダ統治時代に始まっているが、スハルト政権下で推進され、世銀やアジア開発銀行、欧米諸国から資金援助を受けていた。パプアへの移民は、1980 年以降盛んに行われた。2015 年ジョコ・ウィドド大統領により、この政策は廃止された。

12）Osborne, Robin, *Indonesia's Secret War: The Guerilla Struggle in Irian Jaya*, Allen & Unwin, 1985, pp.34-39.

13）スハルト政権崩壊後、市民社会においてパプア問題解決を目指す活動が活発になると、OPM は分離独立を目指す武装集団を指すようになる。現在も OPM は武器収奪、軍人や警察官の殺害、集落の攻撃などを行っているが、国軍や移民が組織する準軍事組織が OPM の名を語って実行している場合もある。OPM は各地に点在するグループの集合体のような性格であるため、現在の OPM の攻撃能力や構成は不明な点が多い。

14）Human Rights Watch, *Indonesia: Human Rights and Pro-Independence Actions in Papua, 1999-2000*（Vol.12, No.2,（c））, May, 2000.

15）1961 年 12 月 1 日に明けの明星旗が掲揚された事実をもって、パプアは独立したと主張する独立支持派が多い。

16）1961 年に開催されたニューギニア議会を第 1 回とし、それ以来の大規模な集会の開催である本議会を第 2 回と位置づけている。

17）井上治『インドネシア領パプアの苦闘——分離独立運動の背景』めこん、129-154 頁。

18）Kivimäki, Timo, "Prospects of Peace Negotiation in Papua," *Asia Europe Journal*, Vol.6, No.1, 2008, pp.69-79.

19）ザートマンは、紛争当事者が交渉する前の段階（pre-negotiation）における両者のコミュニケーションの重要性を指摘している（Zartman, I. William, *Negotiation and Conflict Management: Essays on Theory and Practice*, Routledge, 2008, pp.174-192）。

20）パプアに対する特別自治法の導入は、国民協議会（MPR）が策定した国家大綱 1999-2004 で決定した。

21）チェンドラワシ大学（UNCEN）は、パプアの州立大学。特別自治法の起草については、以下を参照のこと。Sumule, Agus, "Swimming against the Current: The Drafting of the Special Autonomy Bill for the Province of Papua and its Passage through the National Parliament of Indonesia," *The Journal of Pacific History*, Vol.38, No.3, 2003, pp.353-369.

22）条例を成立させるためには、新設されるパプア住民評議会（MRP）による承認を必要としたが、内務省では MRP 新設のための手続きが全く進まなかった。結局 MRP が成立したのはユドヨノ政権下である。

23）詳しくは以下を参照。International Crisis Group, *Dividing Papua: How not to Do it*（*Indonesia Briefing*）, April 2003.

24）州の新設に伴って行政ポストも新設されるため、行政単位の細分化を求めるエスニック・グループが存在する一方で、州の分割は分離独立運動を妨害し、パプアを弱体化させるものであるとして反対する人々がいた。

25）簡潔に言えば、新州の成立を利用して、よりよい行政を実現させようとするグループと、不当な新州成立には断固として反対しようとするグループがあった。

26）McGibbon, Rodd, *Secessionist Challenges in Aceh and Papua: Is Special Autonomy the Solution?*（*Policy Studies 10*）, East-West Center Washington, 2004, pp.54-64.

27）2010 年に行われたインドネシア中央統計庁（BPS）の調査では、パプア先住民と移民の人数内訳が示されていない。2010 年の推定人口は、これまでの調査データから算出されている（Elmslie, Jim, *West Papuan Demographic Transition and the 2010 Indonesian Census: "Slow Motion Genocide" or not?*（*CPACS Working Paper No.11/1*）, The University of Sydney, September 2010）。労働・移住省（Kementerian Tenaga Kerja dan Transmigrasi）によると、移住者は 2010 年に 51%、2020 年には 71%に達すると見込まれている。移民の大多数はジャワ島からと考えられるが、詳細は不明。

28）International Coalition for Papua, *Human Rights in West Papua 2015*, September 2015, p.91.

29）「メラネシアの統一」「オランダを拠点とした独立」「インドネシアの他地域との連携」など活動家によって目標は異なり、手段も武装闘争から外交努力によるものまで多岐にわたっていた。

30）1988 年、メラネシア諸国の協力を掲げて、パプアニューギニア、ソロモン、バヌアツにより組織され、後にフィジーとカレドニアのカナク社会主義民族解放戦線（FLNKS）が参加した。

31）International Coalition for Papua, *Human Rights in West Papua 2015*, September 2015, pp.92-94.

7 スリランカ紛争後の人道支援と紛争予防ガバナンス
平和構築と災害対応の融合の視点から

桑名　恵

はじめに

　2002 年の停戦合意以降、スリランカは平和構築のモデルケースとして国際的な注目を集めてきた。多くの国際的なアクターが関与しながら、当時世界で議論が進められてきた平和構築支援の手法が試行され、民主化と経済の自由化を前提にした「リベラルな平和構築」の実験場となったといわれている [1]。しかし、2005 年から再度紛争が激化した後、2009 年に停戦合意が破棄され、当初描かれた平和構築プロセスの実現には至らなかった [2]。失敗の大きな要因として、国際的な平和構築プロセスの方向性とローカルに渦巻く意向や思惑との間で根本的な衝突が生じ、「平和の罠」に入り込んでしまったことが指摘されており [3]、国際社会主導の「リベラルな平和構築」の限界が露呈した。

　また、スリランカの平和構築のプロセスは、2004 年に起きた大規模な津波の被災に対する支援の影響とも重なり、平和構築支援と災害支援の両方の力学が絡み合い、最終的には紛争を助長したともいわれている [4]。近年アジア地域では、災害が増加しており、グローバル化や社会経済的構造変化に伴い、様々な形態のリスクが複合的に連鎖し、従来の個別のアプローチや対応だけでは乗り越えられない構造的課題が浮き彫りになっている [5]。リスクを取り巻く環境の変化の動向を包括的に捉え、ミクロとマクロの両方の文脈をつなぐアプローチを検討することが求められている。

　本章では、人間の安全保障の観点から、「リベラルな平和構築」の限界から浮き彫りになった、主権国家からなる国際システムを基盤とした国際アクター主導の枠組みと、国家を超えた普遍的な人間の尊厳の実現の間で生じる

113

ギャップを捉えるため、スリランカの平和構築プロセスでの国際アクター、政府アクター、ローカルアクターのせめぎあいで生じた「ハイブリッド」な形態を考察する。特に国際社会、政府などのマクロの動きと草の根の動きをつなぐ重要な役割を担う市民社会組織やNGOの動向と、紛争と災害対応が相互に影響し合う事例に焦点を置き、人間の安全保障や紛争ガバナンスの今後の展望に向けての包括的な体制を模索する。

1. スリランカの紛争と「リベラルな平和構築」の限界

(1) スリランカの紛争

近年のスリランカの紛争は、主に人口の約7割を占める多数派シンハラ人と2割に満たない少数派のタミル人の衝突に起因する。特に1983年を境に政府軍と、タミル人の独立を求めて武装闘争を展開するタミル・イーラム解放の虎（Liberation Tiger of Tamil Eelam：LTTE）とが全面的な戦闘状態へと突入し、2009年にかけて激しい内戦が繰り広げられた。コロンボでは、多くの犠牲者を出す大規模な暴動が勃発し、多数のタミル人が北米、欧州、アジア各国に避難する事態となっていった。そのような中、2002年2月にノルウェー政府の仲介で、ウィクラマシンハ首相政権とLTTEとの間で停戦合意が結ばれた。その後も日本も和平調停の促進に関与し、数度の和平協議が開催されたが、本格的な和平合意には至らなかった。2005年にラージャパクサ大統領が就任すると、軍事的にLTTEを圧倒し始め、2009年に政府軍がLTTEの拠点を制圧し、内戦は終結した。26年間に及ぶ内戦では、死者が7万人以上、約28万人ものタミル人らが国内避難民となるなど[6]、市民の生活にも大きな影を落とした。そして、2015年の大統領選挙では、三選を目指したラージャパクサ大統領と現職の権力集中を批判し政権を離脱したシリセーナ野党統一候補の争いとなり、シリセーナ候補が当選した。新政権の誕生によって、タミル人とシンハラ人の政治的な対話などの新しい可能性が開かれることが期待されている[7]。

2015年時点で内戦が終了して約6年が経つが、約7万3千人が北東部でいまだ国内避難民としての生活を送っているといわれている[8]。新政権は、特に避難民の多いジャフナ県とトリンコマレ県で軍の支配地域を解放し、避難民の帰還を進めているが、まだ十分な環境が整っておらず課題が多い。ま

た、スリランカでは紛争のみならず、サイクロン、洪水、干ばつなどの自然災害による避難民も毎年約 10 万人に上る。2008 年から 2013 年の 5 年間における災害による避難者数は、世界で 11 番目に多い 217 万人となっている [9]。そのため、スリランカでは、紛争リスクと災害リスクが相互に影響し、社会に大きなインパクトをもたらしている。

（2）リベラルな平和構築のプロセスとその反発

スリランカの平和構築のプロセスは、2002 年停戦合意以降、国際ドナーの平和構築支援により急激に拡大していった。国際ドナー機関が主導的な役割を担い、多くの資金が平和構築関連プロジェクト、ファンドの運営に投入された。例えば、世界銀行や国際通貨基金（International Monetary Fund：IMF）などの大きなドナー機関は市場経済改革を進め、小規模のドナー機関は、市民社会との対話やワークショップ開催（トラックⅡ）などを通じてコミュニティレベルの平和構築を進めた [10]。これらの方向性は、冷戦以降顕著となっている国際社会のアプローチである「リベラルな平和構築」に大きく影響を受けているといわれている [11]。「リベラルな平和構築」とは、「民主主義と経済の自由化が持続可能な平和をもたらす」という前提に立っている [12]。時には国際アクターによる介入をも正当化し、国際アクターが主導権を握りながら平和構築が進められるという特徴があり、「リベラルな平和」の力関係では、現地アクターは周辺に追いやられ、根本の関係を覆すことが難しい傾向にあることも指摘されている [13]。

スリランカでは、このような国際社会の意向を強く反映した平和構築の実践が、次第に欧米諸国の政治目的の延長にあるものではないかという疑念が強まり、シンハラ人を中心としたそれらの動きに反対するナショナリズムが生まれた [14]。その背景要因の 1 つには、スリランカ政府と国際社会の間で、紛争の要因やその解決方法の捉え方に隔たりがあることが指摘されている [15]。スリランカ政府は紛争を国内のテロ問題として力づくで抑えるべきだとし、一方欧米のドナー諸国の多くはタミル人の少数派が権利や機会を十分に保障されていないことが引き起こす紛争という見方をした。そのため、シンハラ人の多いスリランカ南部の人々にとって、国際社会の動きはLTTEに同情的であるという印象を植え付けた。そして、国際社会が平和構築と人道支援、開発支援のシナジーを求めるにつれて、「平和構築」や「紛争解決」

という言葉が、現地の人々にはLTTEを主な対象とした欧米諸国の支援と解釈されるなど、欧米諸国の関与に疑念を抱かせる傾向が強まった[16]。

(3) NGOの平和構築支援に対する批判

　平和構築政策のコミュニティレベルの実践は、ドナー機関が政府と市民の連携によるマルチトラックプロセスを求めるに従って、市民社会組織やNGOが大きな役割を担うようになった。NGOは、国際社会全体の大きな流れの中で、国家と非国家、公と私などの境界の不明確化を体現するアクターとして、市民社会は欧米諸国のモデルに基づいて市場や民主主義を導入するためのアジェンダとして、加えられていった[17]。スリランカにおいても、多くのドナー機関はNGOに対しての資金拠出を主要なメニューとして積極的に活用し、スリランカは「NGOによる平和構築支援の実験場」とすらいわれるようになっていった[18]。

　しかしながら、スリランカ国内における欧米ドナー諸国への反発の強まりとともに、NGOの活動も疑問視されるようになる。NGOの正当性が揺らいでいったのには、主に2つの理由が指摘されている。第1に、活動に対するNGOの方針、姿勢の変化である。リベラルな平和構築政策の影響によって、NGOの支援が国際社会のドナーの意向に強く影響され、政府権力の監視等として市民社会の独自の機能が弱まり、ドナーの思惑を受けた活動の実践者として政府アクターと区別がつかない存在とみなされるようになった[19]。さらに、ドナー機関の方針に従い、NGOは草の根の市民社会の意向を反映した平和構築活動を進めるのではなく、地元のエリート層のNGOと提携しながら、短期集中で行う、非政治的で専門分野の支援パッケージに特化したアプローチを主流にしていった[20]。筆者の人道支援関係者のインタビュー[21]からは、平和構築のプロジェクトが、専門家により「紛争解決ワークショップ」や「他民族による和解活動」など領域が狭く切り取られる傾向にあり、政治的な要因や大きな社会問題の根本を捉え損ねていることなども指摘された。そうした意識は、対象地域の選択にも反映され、平和構築のプロジェクトがスリランカ国内全体の信頼関係の修復が基点となるにもかかわらず、紛争影響地域の北東部に支援が集中し、南部の人々に対する配慮がなされなかったという[22]。このような、短期集中で紛争影響地域や対象のコミュニティに特化して非政治的な活動を行う傾向が強まるにつれて、平和構

築支援が結果的に平和へ転換する有効な手段として成果を発揮することができないというジレンマを生んだ[23]。

　第2に政治的な変化である。2005年に発足したラージャパクサ政権は、国際アクターの関与や、NGO／市民社会の平和構築活動の両方に対して批判的なスタンスを取った。ラージャパクサ政権は、欧米諸国が紛争影響下の地域で活動し、故意にLTTEに資源を提供する可能性や、軍のオペレーションの障害、政府の人権侵害への批判が強まる可能性に神経をとがらせた。そこで、欧米諸国に対抗するため、意識的にインドや中国、パキスタンなど介入的ではない非伝統的ドナー国と同盟を結び、欧米諸国に対抗的な政策をますます強化した[24]。国連や赤十字国際委員会，ドナー機関に加えて、NGOもスリランカの主権を脅かすアクターとして捉え、活動スペースやアクセスを制限し、活動を検閲するようになった。特にNGOの活動に対しては、議会特別委員会や大統領タスクフォースが作られ、NGO登録の条件、会計報告、ビザ発給の条件も厳格化されることになった[25]。

　このような環境で、NGOの平和構築活動への批判が顕著になり、「平和構築」という言葉が、英語を話すエリート層が資金獲得を追求するための活動というイメージに結びつけられ、特にシンハラ人の多い南部で敬遠される傾向が現れるようになった[26]。

（4）津波支援の影響

　こうした批判は、2004年のスマトラ島沖地震による津波被害の際の未曽有の国際支援によってさらに強調されることになった。津波の被災直後は、支援活動によって民族間の協調体制が生まれ、紛争のエスカレートが一時的に止まるなどのポジティブな影響がもたらされた。アチェで津波による被害を契機に和平プロセスが進展したように、スリランカにおいてもこうした機運が、和平交渉につながることが期待された[27]。また、津波被災者への支援によって、NGOセクターに前代未聞の多額の資金が集まり、NGOセクターの一般の認知や影響力を高めた。

　しかしながら、ポジティブな影響は短期間のものであり、多額の資金による活動が大規模に展開されるにつれて、国連、赤十字国際委員会、NGOによる支援活動が、現地のイニシアチブや参加への配慮に欠けていることや、ニーズ調査の後のフォローアップが不十分であること、支援団体間調整が十

第7章　スリランカ紛争後の人道支援と紛争予防ガバナンス　**117**

分に行われないことからの混乱など数々の問題が浮き彫りになり、多くの非難を生んだ[28]。さらに、復興の枠組みとして導入された、LTTEと政府が協力して運営する「津波後の運営管理体制（Post-Tsunami Operational Management Structure：P-TOM)」が、両者の不信感、対立を深め、それぞれの不満を募らせる要因となっていった。草の根レベルでも、支援の分配や土地使用権からくるコミュニティレベルの紛争が増加し、津波支援が平和よりも紛争をもたらすようになったといわれている[29]。このように、P-TOMの失敗、支援の分配をめぐる争いが、やがて紛争の力学にも影響し、紛争や平和構築の過程をさらにエスカレートさせることになった。

　これらの状況はNGOの活動に対する反感に油を注ぐことになった。さらにスリランカ政府のNGOへのコントロールは紛争終結後にも強化され、NGOの担当局が2010年、文民の管轄から、軍の管轄の防衛省へ移行するなどの変化にも現れた[30]。

（5）NGOによる平和構築の再構成と「ハイブリッドな平和構築」

　シンハラ親派のグループからNGOの平和構築活動に対する反対が高まるにつれ、特に現地のNGOにとって、「平和構築」という言葉は、細心の配慮をもって使用する必要性に迫られた[31]。国内の批判者からの叱責を避けるため、現地のNGOは、平和構築のテーマや課題を再構成して他の言葉に置き換えたり、戦略を変更するなどの対策を講じた[32]。ウォルトン（Walton）がインタビューしたNGOの事例では、平和構築のワークショップの開催時には、「平和」を使わず、「問題解決フォーラム」と名前を変えて実施したり、平和構築のプログラムが開発や政治活動などより広範な活動と重ね合わせて再構成される事例が挙げられている。また団体名に「平和」が入っていた場合、団体名の書かれた車両のシールを剥がし、団体名を使う時は「平和」という言葉が明確にならないように、団体の略語を使うようになったNGOもあるという[33]。また、サイモン（Simon）は自身の英国Oxfamの活動経験を引用し、紛争影響地域の北東部での平和構築事業実施時に、初期の段階から現地スタッフによって、「平和」という文字を事業実施の際に明示することでLTTE支配地域での活動アクセスに影響が出ることや、チームメンバーの安全を脅かす懸念が指摘されたという[34]。検討の結果、プロジェクト名は「平和構築」ではなく「関係構築」という言葉に変更され、コミュニティ

開発の枠組みに組み込むことになった。筆者が2013年から関与している災害リスク軽減プロジェクト（Disaster Risk Reduction：DRR）[35]を立ち上げる際にも、現地の協力者から、「平和構築」への対応を含んでいても「平和構築」という言葉を使わずに、災害支援として包括的に位置づけるべきというアドバイスを受け、その下に計画を進めることになった。災害という普遍的なリスクを掲げることで、住民、政府、企業関係者の心理的障壁を下げ、理解と協力が得やすくなり、自然災害のみならず、紛争など人為的災害を含めた対応が可能になった（第3節（1）で詳述）。

　このように、スリランカにおいては、「リベラルな平和構築」の実践が進むにつれて、NGOの平和構築支援に対する国内の強い拒否感を生む段階にまでになった。カルドーがNGOセクターについて「公共空間のNGO化」[36]と指摘したように、NGOが権力や資金の中枢に近くなり、市民社会を支配する傾向への反発を露呈したことになる。

　しかし、一方で現地アクターが平和構築活動を再構成して進める多様な取り組みが生まれる傾向も見られた。マックギンティ（Mac Ginty）は、「リベラルな平和構築」に関わる課題を克服する方法として、「ハイブリッドな平和構築」を提唱している[37]。ハイブリッドとは、「自由主義的及び非自由主義的価値、制度、アクターが共存する状態」で、異なるグループ、アクターの実践、考え方が相互作用する結果として複合的なプロセスを捉えるものである[38]。「リベラルな平和構築」は構造的な課題を抱えているため、その実践には多様な形態が生じ得る。さらには、現地アクターがただ非対称な関係に置かれているだけではなく、抵抗する力や代替案を提案する能力があり、国際支援アクター主導の活動に関与する際も、何らかの現地における戦略的要因を考慮に入れて決断がなされていることを見過ごしがちである。そのうえで、マックギンティは、「ハイブリッド平和構築」には次の4つの相互作用の産物があるとしている[39]。

　　1)リベラルな平和を推進するアクターが、他者をリベラルな平和の方針に適合させようとする力
　　2)リベラルな平和を推進するアクターの方針に従うことの動機を与える力
　　3) 現地アクターが抵抗したり、無視したり、考えを覆したりする力

4）現地アクターがリベラルな平和の方針の代替案を提供する力

　スリランカの平和構築プロセスの場合、1）のプロセスが国際アクター主導で進んだものの、政府やシンハラ人のナショナリズムにより3）の抵抗が強く現れることになったが、本節に挙げた事例のように、活動の名称を変えたり、より広い概念で位置づけ直す対応が取られたことにより、4）の現地アクターによる代替案が示され、現地により適応する形が実践に落とし込まれ、より広範なハイブリッドな可能性を生み出した。
　このようなハイブリッドな概念の意義としてベローニ（Belloni）は次の2点を指摘している。第1には、政府を中心としたフォーマルな統治アクターのみならず、非国家アクターを含めた、国際、国家、サブナショナル、ローカルレベルを包括するガバナンスを考慮することで、平和構築をより柔軟で広範に捉えることができる点である。また、第2に、日常のニーズから生まれる動きも踏まえて、国家中心的でトップダウンな傾向を持つリベラル価値観だけに縛られない現地に根づいた流れを作り出す可能性を持っている点である [40]。

2. 平和構築と災害対応

（1）平和構築と災害対応の交わり──近年の事例から

　「ハイブリッドな平和構築」プロセスをさらに考察する事例として、本節では近年の平和構築と災害対応の交わりに着目する。スリランカでは、第2節（1）で示したように、気候変動の影響により、近年災害のインパクトが激増している。スリランカ防災省のデータによると、1983年以前の10年と比べると、この10年の災害の件数は、22倍に増加しているという。最も多い災害は洪水（56%）であり、干ばつ（18%）、地滑り（16%）、風害（10%）と続く。この40年間の被災者数の平均を計算すると、毎年90万人以上、人口の4.1%が災害の被害にあっていることになる [41]。2004年の津波の被災のケースを見ても、災害のリスクと紛争影響地域が地理的に重複し、多くの被災者が紛争と災害両方の被害を受け、災害対応が平和構築のプロセスに大きく影響した。本節では、筆者がプロジェクト実施に関わっている2015年のジャフナ県カイツ郡の現在進行中の事例を挙げ、平和構築と災害対応の重な

120　　第Ⅱ部　各論：「人間の安全保障」の地域の現状と取り組み

写真1　ジャフナ県カイツ郡の帰還民福祉キャンプの外観（2015年8月筆者撮影）

りから、平和構築プロセスの新たな広がりを分析する。

　カイツ（Kayts）郡は、ジャフナ県の1つの郡で、ジャフナ中心部から約22km離れている。ジャフナ県は、紛争当時のLTTE支配地域で紛争の影響を大きく受け、全人口に占める再定住者が2012年時点で13.5％を占める[42]。2015年時点で32の福祉キャンプがあり、紛争終結による帰還が続いている（写真1参照）。しかし、特にカイツ郡は、ジャフナ中心地のある本土と結ぶ道路が紛争により寸断されていたことにより、長期間復興から置き去りにされてきた。さらに、帰還を阻む大きな要因の1つに水の問題があるといわれている[43]。カイツ郡は近年気候変動の影響を受けて毎年のように干ばつと洪水の被害を受け、干期には水がなくなり、雨季には洪水により起こる塩水の侵入による問題に直面している。干ばつ、塩水の侵入両方が、飲み水や生活用水の不足を招き、洗濯や洗い物ができないことから衛生状態を悪化させたり、食料不足や貧困などの深刻な社会的問題を引き起こしている。また、地下水の大量の汲み上げによって、地表への海水の侵入のリスクが増すという悪循環も招いている。多くの井戸からは生活用水が得られないため、住民は20リットルタンク1つ当たり20ルピー（約15円）を払って、政府から頻繁に水を購入しなければならない（写真2参照）。

　日本のNGOのCivic ForceとAsia Pacific Alliance for Disaster Manage-

写真2 政府からの水の配給日に集められるタンク（2016年2月筆者撮影）

写真3 コミュニティに設置された雨水採取装置（2016年2月筆者撮影）

ment in Sri Lankaが実施している災害リスク軽減プロジェクトでは、このような状況に対応するため、雨水の貯蔵の重要性と、雨水採取システムによる対処法を示した防災ワークショップを開催し、障害者等の脆弱な世帯と近隣のコミュニティを対象に、洪水時でも干ばつ時でも使用できる水を確保できるように、雨水採取装置を設置した (写真3参照)。受益者のインタビュー[44]から、災害による影響と紛争後帰還の課題の重なりが見えてくる。

　「20年ぶりにやっと元の住んでいた場所に帰ってきましたが、帰還してから生活用水が手に入らない非常に困った状況でした。このような問題は、以前ここに住んでいた頃にはほとんどありませんでした。気候変動の影響が大きいと思います。水が手に入りにくい状況では、近所の人も帰ってきません。雨水採取装置のようなものがあると、もっと帰還する人が増えると思います。暮らしの大きな不安が解消されると思います。コミュニティに設置された雨水採取装置を使用し始めて、近所の人たちと話し合うことが多くなり、つながりも生まれています」。雨水採取装置はその効果が地域に認められ、現在は地元政府による導入も始まった。導入した地域では帰還者の数の増加が見られているという[45]。

　本プロジェクトは、災害リスク削減を中心にしつつも、紛争後の避難民の帰還促進をサポートするものでもあり、ワークショップの開催や機材の設置を通じて、平和なコミュニティの維持に必要な、帰還後のコミュニティの結束を促進する狙いもある。また、現地事業担当者へのインタビュー[46]によると、雨水採取装置設置に当たって、企業の協力を募り、南部にある協賛企業の名前をステッカーなどで具体的に示すことで (写真3参照)、南からの支援であるというメッセージを広め、南北の和解を促すことも意図している。この災害リスク軽減のプロジェクトは全体で3年間のプロジェクトであるが、これまでのスリランカの平和構築に関わる課題を考慮して、初年度は災害被害や貧困度合いが高いハンバントッタ県等、南部の県から開始することで、南北両方への対応に配慮している。

　本事業は、計画時には顕著であったスリランカ特有の「平和構築」が受け入れられにくい状況を加味し、中立的で受け入れられやすいフレームワークを前面に押し出して、平和構築支援を関連づけるという方策を取った[47]。ハイブリッドな平和構築を模索する過程で、近年ニーズが広がる災害対応と、国内避難民に関わる平和構築の課題を関連づけ、これまでの平和構築に関わ

る偏見を取り除きながら、より包括的な視点で平和構築を進めていける可能性が垣間見られる。

（2）災害と紛争の対応の重なりからの平和構築／紛争予防ガバナンス

前項の事例に見られたように、今日の多くの紛争影響地域では、気候変動の深刻さも影響して、自然災害と紛争の両方の要因の組み合わせが引き金になることが多く、二重の問題を抱えている。紛争影響地域であることで、生計手段、インフラ、ベーシックニーズを失い、災害の被害をより受けやすくなったり、逆に災害によって人々がすでに直面している危機や新しい危機が助長されるなど、災害と紛争が相互に影響する側面が明らかになっている[48]。紛争と災害の重なりは統計にも表れており、2005 年から 2009 年において、自然災害の被災者の 50%以上は脆弱国あるいは紛争影響地域に居住しているという[49]。また、2012 年の世界食糧農業情報・早期警戒システム（The Global Information and Early Warning System on Food and Agriculture：GIEWS）が人道支援として対応した 34 か国のうち、15 のケースが紛争と自然災害の混合であった[50]。

災害と紛争への対応はどちらも、最終的には社会の回復力と結束を高めることを目指し、平和構築と災害のリスク軽減が互いのインパクトを強化する手段となり得る[51]。特に人道支援の目的は、主要な国際機関等で「人為的危機及び自然災害の後の緊急事態またはその直後における、人命救助、苦痛の軽減、人間の尊厳の維持及び保護のための支援」[52]と整理されているように、自然災害、人為的災害両方を対象にしており、多くの人道支援団体は、両方の対応を行っている。人道支援を起点とした災害のリスク軽減と平和構築のシナジーの構築は、新たな平和構築／紛争予防レジーム構築の手掛かりになる可能性がある。しかしながら、これまで平和構築・紛争予防と災害軽減マネジメントは政策でも実践でも別の問題として取り上げられ、専門性を重複させる動きや共同の展開が限られている[53]。スリランカにおいても、多くの団体が、津波支援で災害と紛争の被災の重複などの複雑さを認識しながらも、災害と紛争の相互関係を明確に意識して事業を運営していたのは数少ない団体のみであった[54]。災害と紛争への対応の戦略的リンケージの構築はまだ途上といえる。

こうした実践における分離が起こる原因としていくつかの要因が考えられ

る。第1に、平和構築や紛争への対応には、自然災害の対応より政治的要因を考慮する必要性が生じるという点が挙げられる[55]。紛争への対応は、人道支援における対応がなされているが、中立、独立、そしてニーズに基づく対応という意味で、国家の戦略のサポートの中での、政治的調整が必要となる平和構築・紛争予防に切り込むには限界があり、根本的相違を抱えているといわれている[56]。第2に、政策フレームワークの問題である。特に国連防災会議で採択された国際社会における防災活動の基本指針である「兵庫行動枠組 2005-2015」は、自然災害に焦点が置かれ、紛争予防との関わりがほとんど考慮されておらず、政策面で自然災害と人為的災害である紛争のリスク軽減の実践の分離が促されたことが指摘されている[57]。第3には、予算の問題もある。ドナー機関の資金拠出には、災害リスク対応と、紛争対応で予算項目が分けられ、災害対応と紛争対応の費用計上の分化が進み、お互いの領域を重ね合わせることが困難な面がある[58]。また、災害対応においても、紛争対応においても、資金拠出の中心となるのは、緊急対応と復旧であり、紛争予防や軽減にはほとんど予算が割かれない傾向がある。例えば、災害の準備対応は、人道支援の 4.7%しか割かれていない[59]。こうして、自然災害、紛争対応、両方の分野で予防から緊急対応、復旧、開発の間にギャップが生じる傾向もある。

　一方で、近年多くの組織が、マルチハザード、マルチリスク、オールハザードアプローチを採用する試みが始まっている[60]。このアプローチでは、危機を引き起こす出来事の種類ではなく、社会の脆弱性の軽減に焦点を置き、紛争や災害に対する社会の回復力（レジリエンス）の向上を目指す。長期のリスク軽減を考慮した場合、これまで行われてきた災害軽減と平和構築のアプローチは、特に現場レベルでは統合する必要性があるという認識が深まりつつある。スリランカにおいては、赤十字が、災害、紛争両方に焦点を置いて、「準備の文化」の構築を行った。また国際NGOのCARE（ケア）は、紛争対応準備と退避計画の策定をコミュニティベースの災害対応準備のプログラムに融合させるプロジェクトを実施した[61]。こうした草の根の事例は、今後の現場レベルの統合的対応に向けての潜在性を持っている。

　またこれらの動きは、国際レベルのガバナンス、政策フレームワークの中にも位置づけられる必要がある。2015 年第3回国連防災世界会議で採択された「仙台防災枠組（2015-2030）」を受けて、NGOアジア防災・災害救援

第7章　スリランカ紛争後の人道支援と紛争予防ガバナンス　**125**

ネットワーク（Asian Disaster Risk Reduction Network：ADRRN）が、今後策定されていく気候変動、開発目標、人道行動等のフレームワークとのつながりを持たせながら、地元のコミュニティで自然災害対応を超えた実践への配慮を促すキャンペーンとして「仙台スプリング（Sendai Spring）」を主にアジア地域で展開している。スリランカでは、2016年2月に開催され、政府関係者、自然災害の対応の関係組織、平和構築や人道支援の専門家が一堂に会し、現場でどう包括的に実践に移していくのかについて議論されるなどの動きが生まれている[62]。

　しかしながら、根本的な問題として、ガバナンスの問題は依然根強く残っている。平和構築と災害対応両方に関わることの多い人道支援を事例に取ると、フォーマルな人道支援のシステムには政府や国際アクターが含まれるものの、現地NGO、住民組織がその仕組みに入るには、文化上や規則上高いハードルが存在している[63]。2015年の人道支援額のデータによると、国際人道支援の資金で現地のNGOやグループに直接拠出される割合は、NGOの人道支援額全体の1%以下にすぎない[64]。フォーマルな仕組みに含まれていないアクターは近年増加傾向にある。企業、ディアスポラグループ、新興国ドナー、現地ネットワーク・組織などは多岐にわたり、マルチリスクの対応において、それらが協働して成果を最大化することへの変革のニーズが高まっている。国際アクターと現地アクターの関係性の変革は、インフォーマルセクターを含めたアクターの包括性と、平和構築、人道支援、自然災害リスク軽減ごとの単独の対応レジームではない、ハイブリッドで統合的なガバナンス構築への転換が重要になるだろう。

おわりに

　本章では2002年以降のスリランカの平和構築のプロセスに焦点を当て、欧米諸国中心で進められた「リベラルな平和構築」が、国境を越えた関係性や多くのアクターのせめぎあいの中で限界が突きつけられ、その後のビジョンや実践が見直されていく過程を示した。特に、NGOは「リベラルな平和構築」の弊害や大規模な津波支援の対応により、批判に晒されることになったが、現地の組織と国際組織などの外部者の知識、ネットワークが混じり合う中で、「リベラルな平和構築」の課題を軽減するハイブリッドな形態への

再構成や、狭い枠組みを見直し、より包括的な平和構築／紛争予防レジーム
に組み込むなどの新しい価値への動きも生んだ。

　津波支援の紛争への影響を経験したスリランカでは、近年の気候変動によ
る災害の影響も受ける中、紛争と災害リスクの社会への影響が重なる要因が
明らかになっている。自然災害、紛争のリスクに個別に対応するのではなく、
現地の動向や脆弱な人々への影響や、社会の脆弱性の軽減、社会の回復力
（レジリエンス）の向上に焦点を置くことで、リスクを包括的に捉えて再構成
し、これまでのリベラルな体制ではその仕組みの中に入りきれていない現地
アクターや新しいアクターの多元性を認めていくことが国際アクターと現地
アクターの関係性を変革するための今後の鍵となろう。統合的なレジームの
構築には、草の根レベルのみならず、国家、国際レベルでの実践、政策フ
レームワークのシナジーを図る動きを統合させていく壮大な挑戦が必要とさ
れる。「リベラルな平和構築」を早い時点で否定し、大きな災害も経験しな
がら独自の平和構築路線を作り上げてきたスリランカの試行錯誤は、グロー
バル化、都市化、気候変動が連関し、国を超えて地域全体に広がるリスクを
抱えているアジア地域全体の人間の安全保障に対するガバナンス構築に大き
な示唆を与えている。

注

1) Mayer, M. et al. (eds), *Building Local Capacities for Peace: Rethinking Conflict and Development in Sri Lanka*, India: Macmillan, 2003, p.10.

2) Burke, A. and A. Mulakala, "An insider's view of donor support for the Sri Lankan peace processes, 2000-2005," In Goodhand, J., B. Korf and J. Spencer (eds.), *Conflict and Peace Building in Sri Lanka: Caught in the peace trap?*, New York: Routledge, 2013, p.150.

3) Goodhand, J. and B. Korf, "Caught in the peace trap?" In Goodhand, J., B. Korf and J. Spencer (eds.), *Conflict and Peace Building in Sri Lanka: Caught in the peace trap?*, New York: Routledge, 2013, p.2.

4) Frerks, G. and B. Kelm, "Muddling the peace processes: The political dynamics of the tsunami, aid and conflict," In Goodhand, J., B. Korf and J. Spencer (eds.), *Conflict and Peace Building in Sri Lanka: Caught in the peace trap?*, New York: Routledge, 2013, p.182.

5) 清水美香「アジア地域の人間安全保障——ダイナミックな変化への協働対応に向け
て：リスクの複合連鎖がもたらす課題」神余隆博他編『安全保障論——平和で公正な国

際社会の構築に向けて』信山社、2015 年、301 頁。

6）外務省ホームページ http://www.mofa.go.jp/mofaj/press/pr/wakaru/topics/vol40/

7）近藤則夫「スリランカの民族紛争における和解の可能性──分権化を軸にして」『アジ研ワールド・トレンド』No.243、千葉：アジア経済研究所、2016 年、29 頁。

8）Internal Displacement Monitoring Centre（IDMC）, *Discussion Paper: Time for New Approach: Ending Protracted Displacement in Sri Lanka*, Geneva: IDMC, 2015, p.1.

9）Internal Displacement Monitoring Centre（IDMC）, *Global Estimates 2014: People displaced by disasters*, Geneva: IDMC, 2014, pp.32-33.

10）Goodhand and Korf, p.12.

11）Goodhand and Korf, p.3.

12）Paris, R., *At War's Ends: Building Peace after Civil Conflict*, Cambridge: Cambridge University Press, 2004, p.42.

13）Mac Ginty, R., *International Peace Building and Local Resistance: Hybrid Forms of Peace*, Hampshire: Palgrave Macmillan, 2011, p.45.

14）Simon, H., *Briefing Paper: Humanitarianism in Sri Lanka: Lessons Learned?*, Somerville: Feinsten International Center, 2010, p.2.

15）Simon, p.3.

16）Simon, p.3.

17）メアリー・カルドー（山本武彦／宮脇昇／木村真紀／大西崇介訳）『グローバル市民社会論──戦争への一つの回答』法政大学出版局、2007 年、205 頁。

18）Walton, O., "Peacebuilding without using the word 'peace': national NGOs' reputational management strategies during a peace to war transition in Sri Lanka", *Critical Asian Studies*, Vol.44, No.3, Routledge, 2012, p.372.

19）Walton, p.373.

20）Walton and Saravanamuttu, "In the balance?" In Goodhand, J., B. Korf and J. Spencer（eds.）, *Conflict and Peace Building in Sri Lanka: Caught in the peace trap?*, New York: Routledge, 2013, p.183.

21）スリランカの人道支援関係現地NGO（2015 年 2 月 10 日）、国際NGOスタッフへのインタビューによる（2015 年 2 月 13 日）。

22）スリランカの人道支援関係現地NGOスタッフへのインタビューによる（2015 年 2 月 10 日）。

23）Burke and Mulakala, p.166.

24）Goodhand and Kolf, p.7.

25）Simon, p.7.

26）Walton, O. and P. Saravanamuttu, p.192.

27）Frerks and Kelem, p.179.

28）Frerks and Kelem, p.178.

29）Frerks and Kelem, pp.179-180.

30）Höglund, K. and C. Orjuela, "Hybrid Peace Governance and Illiberal Peacebuilding in

Sri Lanka", *Global Governance*, Vol.18, 2012, p.95.

31) Walton, p.381.

32) Walton and Saravanamattu, p.193.

33) Walton, p.382.

34) Simon, p.3.

35) DRRとは「災害の原因となる要因を分析し軽減する体系的な努力を通じて、災害リスクを軽減する概念および実践」を指す（国連国際防災戦略事務局ホームページ http://www.unisdr.org/who-we-are/what-is-drr（2016年5月6日閲覧）。

36) メアリー・カルドー、131頁。

37) Mac Ginty, p.8.

38) Belloni, Roberto, "Hybrid Peace Governance: Its Emergence and Significance," *Global Governance*, Vol.18, Issue 1, Lynne Renner, online article from www.questia.com., p.3.

39) Mac Ginty, pp.77-78.

40) Belloni, pp.16-17.

41) The Consortium of Humanitarian Agencies, *Impact of Disaster in Sri Lanka*, Colombo: The consortium of Humanitarian Agencies, 2016, p.4.

42) 近藤、27頁。

43) カイツ郡政府事務官へのインタビューによる（2015年8月6日）。

44) カイツ郡テリパライ（Tellipallai）地区でのインタビューによる（2015年8月6日）。

45) カイツ郡政府事務官へのインタビューによる（2016年2月10日）。

46) Asia Pacific Alliance for Disaster Management in Sri Lankaプロジェクト・コーディネーターへのインタビューによる（2016年2月10日）。

47) 2015年の新政権誕生以降は、北東部地域のアクセスも良くなり、NGOの平和構築活動の障害は軽減されつつある。

48) Mitra, S. and J. Vivekananda, "Compounding Risk: Disasters, fragility and conflict", *Policy Brief*, May 2015, London: International Alert, 2015.

49) Kellett, J. and D. Sparks, *Disaster Risk Reduction: Spending where it should count*, London: Overseas Development Initiatives, Kellett and Sparks, 2012, p.31.

50) Feinstein International Center, *Conflict Management and Disaster Risk Reduction: A case study in Kenya*, Somerville: Feinstein International Center, 2013, p.5.

51) Harris, K., D. Keen and T. Michell, *When disasters and conflicts collide: Improving links between disaster resilience and conflict prevention*, London: Overseas Development Institute, 2013, p.26.

52) 主要なドナー諸国、ドナー機関が合意したGood Humanitarian Donorship "Principle of Humanitarian Donorship"（2003）による。

53) Harris et.al., p.viii.

54) *Disaster-Conflict Interface—Comparative Experiences*, UNDP, 2011, p.53.

55) Feinstein International Center, p.16.

56) UN Office for the Coordination of Humanitarian Affairs（OCHA）, *Peacebuilding and*

linkages with Humanitarian Action: Key Emerging Trends and Challenges, OCHA Occasional Policy Briefing Series, No.7, New York: UNOCHA, 2011, pp.4-5.

57) Feinstein International Center, p.15.

58) Feinstein International Center, p.16.

59) Global Humanitarian Assistance, *Global Humanitarian Assistance Report 2013, 2014*, Global Humanitarian Assistance, p.7.

60) Feinstein International Center, p.15.

61) UNDP, p.53.

62) アジアパシフィクアライアンス・スリランカとの共催イベント。詳細は、http:// apadm.org/about/srilanka/updates/3254/ 参照（2016 年 5 月 6 日閲覧）。

63) Humanitarian Policy Group, *Time to let go: Rethinking humanitarian action for the modern era*, Overseas Development Institute, 2016, p.56.

64) Humanitarian Policy Group, p.56.

8 カンボジア都市部の立ち退き居住者に見る社会的排除

貧困創出のメカニズム

島﨑裕子

はじめに

　現在、カンボジアの経済成長は著しく、グローバル化を背景にGDPは急速な伸び率を示している。カンボジアでは、このグローバル化の流れを受けて政府、既得権益層が組み、「都市開発」事業への投資、それに伴う土地コンセッション（Land concession）が盛んである。

　ところが、この都市開発事業では、住民たちが使用地や居住権を奪われる問題が多発している。都市開発は土地の集約的利用を促進するが、その裏側では、貧困層に対する人権の剥奪、社会的排除など、深刻な社会問題を引き起こしている。プノンペンでの都市開発を見る時、また貧困問題を考える場合も、貧困層だけに焦点を当てたのでは貧困問題は理解できないことが知られる。社会内の権力関係、貧富の格差問題に焦点を当てる時初めて、「貧困が貧困を生む」悪循環のメカニズムが見えてくるのである。

　従来、カンボジアにおける貧困は、農村と都市との比較によって議論される傾向があり、カンボジアの貧困＝農村貧困といった図式で語られることが少なくなかった。しかし、現在のカンボジア社会では、都市部の脆弱者層に貧困問題が以前に増して深刻化し、社会的排除が進行していることに注意を払わなければならない。つまり、国家政策としての都市開発が貧困現象を創出しているのである。

　都市開発はGDP成長と相伴って進んでおり、局部的な繁栄の陰に貧困が増大する事実がある。現在の都市部における貧困格差は拡大し、都市の華やかな生活を支えながら、そこから排除されていく人々は少なからぬ数に上る。われわれは、グローバリゼーションを通じて発生する社会の分極化現象、さ

らには、それを作り出し、維持する開発主義国家の構造を見つめる必要がある。

　したがって本章では、カンボジアで見られる貧困の創出・進展現象を、プノンペン市ボレイケイラ地区の住民に対する強制移転／移住の事例を通じて分析する。この地区で行われた国・民間資本主導のトップダウン型の開発事業では、貧困層の人権が無視され、半強制的に追い立てられる。そして移住先では、住民に対するケーパビリティが剥奪され、移住者は事実上、社会的な排除の対象となっている。これが「貧困の悪循環」のメカニズムである。

　本章では、カンボジア国家の都市開発を柱とする経済成長・開発政策が、人為的な貧困創出により遂行されている実情を検証する。

1. グローバル化と排除の構造

　貧困の創出・進展による排除の構造を捉えるために、まずハーヴェイの都市の貧困の進行現象、さらには近年の排除論の先行研究を概観する。これらの議論を踏まえる時、本事例で検討する社会的排除のダイナミズムが理解できるであろう。自分たちのあずかり知らぬ雲の上での土地コンセッション取引を発端として、その土地から追い立てられる人々がいる。彼らは半ば強制的に都市から排除の対象となり、周縁部に追い出される。

　カンボジアにおける都市開発は、グローバル化を端的に表した現象である。経済成長は、外資の流入、既得権益集団による投資や土地の集約的利用により実現される。中心部においては、諸資源を統合し、規模の経済を実現し、合理的に開発を進めるが、この開発は実は、多くの人々の人権を損ない、土地資源を収奪する負の側面によって支えられている。だから、この巨大開発は、貧富・地域格差を拡大し、国内における中心と周縁構造の分極化を伴うのである。

（1）都市からの貧困層排除──中心と周縁構造

　都市開発の波により、首都プノンペンでは、土地投機も横行し、極端な土地価格の高騰現象が生み出されている。かつて「東洋の真珠」と謳われた美しい古都の面貌は大きく変化している。イギリス出身の経済地理学者ハーヴェイ（D. Harvey）は、既得権益集団、国家の上層階級ならびに大企業が都

132　第Ⅱ部　各論：「人間の安全保障」の地域の現状と取り組み

市という空間を利用し、これを足場として、「公共の利益」を掲げながら、実は自分たちの権益を強めるべく、都市を再編していく都市開発のメカニズムを指摘した[1]。

ハーヴェイによれば、国家の経済政策による都市開発は「都市の権利」を強固なものとし、国家の利益と企業の利益とを統合する新しい統治システムを生み出す。都市の再開発を通じて、地価の上昇、不動産バブル等、莫大な利益が生み出されるが、ここに生み出される余剰は権益集団の手に渡り、彼らの経済的社会的地位をいっそう強化する。都市再開発を通じて、支配層は自らが立脚する国家構造を発展させていくのである[2]。

このような社会システムの構築形態の裏側では、これを支える貧困を人為的に作り出す。現代社会で広がっている貧困を見る際には、ただ経済的貧困者が見出されるということではなく、世界システムにおける階層分化によって貧困が形成、維持される、という視点が重要である。つまり、貧困は、世界システムにおける支配・従属関係を維持する社会構造に根ざすものであり、権力者がシステムを利用して繁栄する反面、この富は、経済的にも、社会的にも、政治的にも脆弱な立場に置かれた人々の人権の剥奪、社会の底辺へのいっそうの沈み込みによって、支えられている、というのが、歴史の真実ではないだろうか。

社会構造における階層分化を形成する「中心と周縁」構造について考えてみたい。社会を空間的に捉えると、当然社会全体を維持するために中心となる部分と、そこから排除される部分としての周辺・周縁が形成される。社会空間で中心となる地域空間には、資本や富などが蓄積され、それは常に権力によって支えられつつ、権力を支える。そして、この中心社会の周辺・周縁部では、いくつもの階層が形成され、お互いに小支配や差別が当たり前のこととなって、いがみあったり、憎み合ったり、対抗し合ったりして、支配層が作り出したこのシステムを、全体として支えていく。

このように、中心、周縁構造は空間的に捉えられるが、この構造自体がダイナミックに動いている。「国家や自治体と大手資本が組んで積極的な都市開発政策が展開されれば、中心部の拡大や、周縁部の移動も可能」となり、また政策によっては中間層や貧困層に、周縁に位置する空間を「居場所」として当てがい、居住区として再編する可能性もある[3]。まさにこの状況がカンボジアで起きている現象を説明する。つまり、周縁とは、社会関係におい

て脆弱で不利な状況に立たされた人々が押し出される場なのだが、それ自体重層的であり、そこに住む人々が、常に不利を意識しているとは限らない。

（2）社会的排除に見るケーパビリティの剥奪

バラ（A.S. Bhalla）／ラペール（F. Lapeyre）によると、グローバリゼーションにおいて社会的排除の対象となる者たちは、孤立しやすく、肯定的な社会的承認を得ることが困難である[4]。さらに、彼ら住民やコミュニティは、経済的、社会的、地理的観点からだけでなく、シンボリックな観点から見ても排除される存在になりやすい[5]。

シルバー（H. Silver）は、社会的排除の構図を、いくつかの構成要素から説明する[6]。まず、対象社会集団の人権が様々な形で剥奪され、当該個人、集団は社会的な結びつきを奪われる。そこには、差別、人権の無視が特徴として現れる。この排除は、自分たちの利益のために資源を占有もしくはひとり占めする支配集団により遂行される。

さらにパーシー＝スミス（J. Percy-Smith）によると、社会的排除は、①経済的側面、②社会的側面、③政治的側面、④近隣に見る状況、⑤個人的側面、⑥空間的側面、⑦集団的側面といった「複合的な不利」が重なり合うことによって促進される[7]。パーシー＝スミスは、それぞれの側面を、以下のように例示している。「経済的側面」とは、長期失業、就業の不安定、失業世帯、貧困、「社会的側面」とは、伝統的家族の解体、望まない十代の妊娠、路上生活、犯罪、不満を抱く青少年、「政治的側面」とは、無力、政治の権利の欠如、阻害、社会的騒乱等、「近隣に見る状況」とは、環境的要素、低質な住宅ストック、地域サービスの撤退、サポートネットワークの崩壊を指す。また、「個人的側面」とは、心身の疾病、低教育、低技術、自己評価の低さ、「空間的側面」とは、弱者の集中や周縁化、「集団的側面」とは高齢者、障害者、少数民族などのマイノリティとして扱われやすい特定集団に上記の特徴が集中するといった側面を指す[8]。

つまり社会的排除の状況は、住宅、教育、健康そしてサービスへのアクセスの権利の不適切性を意味し、当該集団のケーパビリティの剥奪[9]ともいえる。これらを踏まえると貧困とは、セン（A. Sen）の言う「人間の基本的な活動を保障するための権利や機能（ケーパビリティ）が欠如ないし剥奪されているために、当事者が脆弱な社会的状況にある」ことと理解できる[10]。

2. カンボジアにおける都市開発と周縁化現象

（1）カンボジアの経済発展と都市開発

カンボジアにおける実質GDP成長率は、2011年から2014年まで年7％を超える高成長を維持している[11]。高い成長率を支える要因としては、都市部を中心とした所得水準の向上[12]や、観光客の増加、輸出全体を牽引する縫製業の好調を指摘することができる。

また近年、カンボジアは、国の政策として、中国から生産拠点を誘致するという目標（通称：チャイナ・プラスワン）を立てた。中国以外にも、メコン河流域諸国間における分業を図り（タイ・プラスワン、ヴェトナム・プラスワン等）、海外からの直接投資の誘致に努めている。カンボジアには、現在、34か所[13]の経済特別区（Special Economic Zone：SEZ）が存在する。SEZとは、2005年に定められた特別な制度で、カンボジアの経済的発展を目的として、法的、行政的な優遇を提供し、特定地区に外国から工場を招くものである[14]。

さらに都市開発を目的とした経済的ならびに社会的な土地コンセッション売買（Land concession）が、盛んである。民間投資を活用した産業基盤整備は将来の産業誘致につながり、政府として見ると、雇用、税収等利益が高い政策であるため、カンボジア開発評議会（Council for the Development of Cambodia：CDC）が率先して、国内外に広報をしている。この都市開発、経済成長には安価な労働力が必要である。土木建築等の非熟練労働力を提供してきたのが、都市部のスラム、貧困地域に居住する住民たちである。

彼らがどこから来たか、について簡単に見ておきたい。彼らには、二重の起源がある。第1の波は、グローバリゼーション以前のカンボジアで1970年代から続いた内戦、ポルポト派の支配等によって生じた難民や人口流動化で都市流入を余儀なくされた人々である。第2の波は、近年の経済成長、都市拡大の過程で、土地を失ったり、より高い、または安定した所得を求めて、都市に移動する人々である。いずれの場合も、この半世紀近く、農村から押し出され、正式な書類を持つことなく、都市にたどり着いて仮り住まいのスラムを形成し、住み着いた人々であった。彼らは、常に国家権力に翻弄されながら、都市開発、経済成長の労働力供給源となってきた。

しかし近年では都市の権力層・富裕層が、プノンペン周辺に限らず全国的に農地を買収する現象が拡大し、土地なし農民が増加している[15]。筆者は、

北西部のシェムリアップ州、バッタンバン州で、労働移動の調査を行っているが、これらの地域でも、農業で生活を維持できず、出稼ぎや都市への移動を余儀なくされる農民が増えている。

こうして、土地なし農民の都市移動が、都市部でスラム地域を増殖させ、貧困人口を増やしている。彼らは、都市の労働力プールを形成するが、同時に都市開発事業を通じて、上からの権力により、居住権、生活権をほしいままに取り上げられ、一家の運命を翻弄される存在である。都市の権力構造が、農村貧困の上に立脚する、というこの国の資本蓄積構造のメカニズムが、ここに見出される。

（2）歴史的背景と土地コンセッション取引から起こる諸問題

カンボジアの歴史的背景と同時に発生している人口移動との関連で土地所有権を概観すると、土地の所有権にまつわる制度は政権と共に、複雑に変遷してきた。特に、民主カンプチア政権（以下ポルポト政権）からの移り変わりを見ると、現在の土地問題がここから発生しているといっても過言ではない。

ポルポト政権下では、国民の大規模な強制移動が国内の至るところで発生し、さらに土地の私有を禁止した。このような実情から、従来存在していた人々の登記簿などは消滅し、土地はすべて国有化された。その後、カンプチア人民共和国の時代には、クロム・サマキと呼ばれる土地を人々に分配する政策が取られ、人々の耕作権が認められた。その後、1989年のカンボジア国憲法（第15条）では宅地のみ土地の私有を容認するようになった。

そして実際に土地法が施行されたのは、1992年の国連カンボジア暫定統治機構が駐在した時期に当たり、その間にも登記制度の設置はなされず、個別の申請による手続きとしての「特別占有権」の登記に留まっている。当時の私有は宅地のみを容認し、農地は使用権のみを認めたとされている[16]。

その後、アジア開発銀行（Asia Development Bank：ADB）の技術支援によって土地法の改正が行われた。カンボジアの土地法に関連する動きは、アジア開発銀行の技術支援プロジェクト[17]の一環として、1996年から現在の土地法[18]（2001年土地法：2001 Land Law）の草案が作成され始めた。2001年の土地法改定、さらに2011年施行の民法では、土地の占有権の保護が定められている（第236条～241条）。したがって1992年に施行された土地法が2001年に改定され、すべての土地が所有権の対象となったことになる[19]。そして土地

136　第Ⅱ部　各論：「人間の安全保障」の地域の現状と取り組み

の登記に関する制度が開始されたのは、翌年の 2002 年からとなっている[20]。

　カンボジアにおける土地登記の現状を見ると、2001 年土地法改定以降の登記状況は 2008 年時でも約 100 万件、総区画数の 5％程度に留まるという[21]。2010 年時点でも、カンボジア全土の 10％程度しか登記が完了されていないと指摘されている[22]。別の指標である、カンボジア国家開発戦略計画（the National Strategic Development Plan 2009-2013 : NSDP）によると、カンボジア全土の土地区画のうち、20％〜 20 数％程度が土地登記済みとも報告されている[23]。

　これらを踏まえると、現在、未登記の土地は国有地と法律上は理解される。しかし、現状として未登記の土地に人々が居住していることも少なくない。このような土地が、買収の対象となった際には、人々の占有の事実に対し、権力を持った買収者らの所有権が主張され、立ち退き問題が発生する[24]。国家権力ないしは権力者による土地の買い占め、買収による土地収奪は、いくつかの先行研究[25]、また、筆者の農村調査においても確認されている。その背景には、冒頭に述べた都市開発による地価上昇がある[26]。

　そして、現在では、カンボジア全土において国家権力ないしは資本家などによる土地の買収がカンボジア全土で見られ、至るところで土地問題が発生している。特に、都市部においては、国力を挙げて行っている経済特区を基盤とした開発や、政府等が行っている民間企業等に対する土地コンセッションの譲渡を理由に居住地からの強制立ち退きを迫り、郊外の移住地へ移転させる問題が続発している。

　カンボジアにおける土地コンセッションとは、次のように定義されている。「土地の所有者である政府、公共土地共同体組合、公共団体など関連当局の裁量で発行される法的文書により付与される土地占有の権利であり、使用権を受けた個人、法人、個人集団は土地を占有し、この法律で規定される権利を行使できる」（土地法第 48 条、JETRO）。

　使用権の分類には、社会的、経済的、使用・開発・探査[27]の 3 種類がある。社会的使用権とは、住宅建設や、自らの生計を立てるために国有地を耕作することが可能な権利で、土地面積は最大 1 万ヘクタール占有可能となり、契約期間は 99 年間となっている[28]。

　他方、経済的使用権は、内外の民間企業に対して、土地の長期貸付を行い、政府公認による経済活動の促進を目的としているものである。本コンセッ

ションの土地の利用範囲は、工業、林業、農業、採鉱業、漁業、商業等と幅
広い。

　土地コンセッションによる権利付与には詳細な基準や条件が設けられてい
る。しかし、これらの要件を満たさずに使用権が許可されているのが実情で
あると、NGOは指摘する[29]。人権NGO団体のカンボジア人権開発協会
(The Cambodian Human Rights and Development Association：ADHOC) に よ る と、
カンボジア政府は2003〜2011年の間に、合計227万6349ヘクタールの土地
を経済的使用権名目で、225の企業に与えたと報告されている[30]。

3. 強制移転と周縁化
──プノンペン・ボレイケイラ地区の事例から

（1）強制移転／移住の経緯
　プノンペン市のボレイケイラ (Borei Keila) 地区では、住民に対する強制立
ち退きが2012年に発生した。ことの発端は、2003年にカンボジア政府と民
間大手建設会社が同地区の4.6ヘクタールの土地を、社会的使用権の法令に
基づいて契約を交わしたことに遡る。政府と当該企業はさらに、追加2.6ヘ
クタールの土地コンセッションを企業が取得する代わりに、当該地居住者の
住居となる10棟のビルを建てる契約を結んだ。しかし、企業側は2010年4
月、資金不足を理由に8棟のみを建設し、残り2棟の建設はせずに、当初の
契約通りの建設予定地の取得を要求した[31]。

　2棟に入居予定であった約387世帯の住民に対して、企業側は強制的に立
ち退きを要求した。2012年1月、政府の命令下に100人を超える軍・警察
の共同部隊が、立ち退き反対を訴える住民らと武力衝突し、200世帯以上の
家屋を破壊した。この衝突で、軍・警察は住民らに対して無差別発砲し
た[32]。多数の負傷者が報告され、抗議活動に参加した住民らは逮捕される
事態になった。また、この事件で、住む場所を失った住民らは半ば強制的に、
現在の再定住地への移住を余儀なくされた。

（2）調査地と方法論
　このような都市開発の影響によりボレイケイラ地区を追われ、半ば強制的
に再定住地へと移住させられた人々の実態を把握するために、筆者は、2013

年から 2015 年にかけ、プノンペンから 40 キロ程離れたカンダール州の再定住地における住民の状況について、聞き取り調査を行った。この移転地は、ボレイケイラ地区住民に立ち退き先として、企業側から当てがわれた地域である[33]。聞き取りは、キーパーソンとなる当該コミュニティ[34]の責任者で、いわば村長の役目に当たる者（村長／コミュニティリーダー）、ならびに当該地を管轄する行政責任者[35]、当該地の移住民らを対象として実施した[36]。

コミュニティの登録データ[37]によると、移転地で登録された世帯数は、140 世帯 558 人である。しかし、この移転地では、現在に至っても電気、水道、下水等のインフラが脆弱であり、農地を所有していない住民にとって農業を営むことは難しく、また雇用の機会も限られている。そのため、当該コミュニティでの生活は困難で、多くの者が当該コミュニティを去った。その結果、初回登録から 2 年経った時点[38]では、居住者世帯数は 68 世帯と激減していた。

さらに現在、コミュニティに残っているのは、子ども、何らかの事情を抱え労働に従事することのできない男性（主に身体・精神疾患）、高齢の女性、妊婦、養育すべき子どもが多い女性らであり、偏った居住者構成になっている。また、コミュニティ内には、ヒト免疫不全ウィルス（Human Immunodeficiency Virus：HIV）の陽性者、身体・精神障害者、支援等を必要とする高齢者など、全体の約 4 割の世帯が特別な事情を抱えている。また、住民らは、プノンペンのボレイケイラ地区にいた従来の経済状況、社会状況と現在を比較すると、状況は悪化していると回答している。

（3）移転先の社会環境とケーパビリティの欠如

聞き取り調査結果を踏まえ、住民らの社会環境と貧困度（ケーパビリティの欠如）を捉えるために、①インフラ整備とコミュニティ内の状況、②労働と出稼ぎ、③教育・情報へのアクセス環境、④医療と子どもの健康、の 4 項目を概観する。

①「インフラ整備とコミュニティ内」の状況

当該地は、人為的に形成されたコミュニティであるため、通常のカンボジア農村として想起されるものとは形態が異なる。2012 年、移住当初、企業側から住居や雇用環境といった生活環境を保障し、提供すると説明されてい

たにもかかわらず、家屋などなく、ただの更地であった。そのため、国連人間居住計画（UN-Habitat）やアメリカの支援団体であるロック財団（Rock Foundation）、カンボジアの現地NGOである都市貧困開発基金（Urban Poor Development Fund：UPDF）、シンガポールの支援団体が入るまでの間は、住民らは雨水をしのげるバラック1つない状態のまま、劣悪な居住環境の中に生活せざるを得なかった。

　現在では、住民は、これら支援機関によって建てられた高床式の簡易家屋に居住しているが、同コミュニティ内では、1世帯の同居者数（1つの部屋）は、平均4人以上であることが分かった。最大同居数は、1つの家屋に9人という世帯が2世帯存在する。したがって国連機関（UN-Habitat）が定める「十分な居住空間（同じ部屋を共用するのは最大3名までである）」が確保されているとは言い難い。

　強制移転から数年が経ったいまでも、インフラは脆弱であり、国連人間居住計画やロック財団などによって作られた、コミュニティ内の共同井戸3基が主な水源である。残りの2基は乾季には水が枯渇するという。井戸水は、飲み水として使うには安全性が確保されないため、主に水浴び用の水や、洗濯用の水等として使われる。そのため経済的に余裕のある世帯は、水を購入しているというが、経済的に余裕のない世帯は、十分な水源の確保が難しい状況にある。よって同じコミュニティ内にでも、安全な水の確保ができる世帯とそうでない世帯の格差が出ている。

　土地に関する権利に関しては、「居住権」に関する権利書を企業から与えられているが、居住権の期限やそれにまつわる詳細等は一切明記されておらず、当該地に住み続けられる保証はどこにもない。住民の中には、本文書を土地の所有権は自分にあることを証明する文書と勘違いしている者も少なくなく、企業からの説明等がなされていないことが見て取れる。住民らは、この土地に移り住んで6年になるが、誰も企業側の関係者を目にしたことはないと言う。

　またコミュニティ内の治安は安全とは言い難く、住民の聞き取り調査結果によると、夜中に食料や皿（物品）、世帯構成員の出稼ぎの送金から購入した鶏などが盗まれるなどのケースも発生しているという。さらに、小さなコミュニティの中には、過度のアルコール摂取や薬物の問題なども潜んでいることが聞き取り調査から知られた。

②「労働と出稼ぎ」の状況

　移転先の周囲には何もなく、更地が広がり、労働環境が整っているとは言い難い。住民の多くの雇用環境は不安定であり、彼らは、長期にわたって失業状態にある。住民たちは、農地を所有しないために、農業で自給自足を営むこともできない。さらに国道からも距離が離れており、何らかの移動手段がない限り、労働環境にアクセスすることは容易なことではない。そのため、子どもを含めた住民の多くは当該地を離れ、出稼ぎなどで現金収入を得ている。

　当該コミュニティに居住している者の多くは、家族の出稼ぎ送金等で現金収入を得ている。また祖父母などの養育者が孫の世話をし、両親が出稼ぎに出ている世帯や、十代前半の就学期にある長女が学校を辞め、妹や弟の面倒を見て、両親が出稼ぎに出ている世帯なども目につく。

　聞き取り調査結果によると、当該地を離れて現金収入を得ている家族らは、建設労働、バイクの運転手（バイクは雇用主から借りる）、家事労働（ホテルでの清掃業）、スカベンジャー（ゴミ収集）、路上での物売り、物乞い、性産業等に従事しているという。これらの職は、当該地に移住する前に従事していた職でもあり、従来の職に戻っている者が多いことがうかがえた。

　また、出稼ぎ先での寝床がない場合もあり、路上で寝泊まりする者、あるいは雇用先の店先等で寝る者もいた。プノンペンで上記の低賃金労働に従事している者も多く、週末のみコミュニティに戻って来る者や、数か月に１回、戻って来る者もいる。

　さらに、当該コミュニティに残された子どもや、何らかの事情を抱えた男性は、徒歩で近郊の観光地まで行き、観光客らに物乞いをしたり、さらにお寺へ行き、食料を分けてもらうなどをしている事実も聞き取り調査から判明した。また、男児の場合は、世帯内の食い扶持を減らすために、お寺に預けられている子どももいる。

　遠方の他州へ長期にわたり出稼ぎするケースについては、当該コミュニティに職業仲介人（メークチョル）が直接訪れ、職業斡旋を行っているという。そのためか、当該コミュニティの28世帯は皆、同じ州の同じ場所に出稼ぎに出ていることが分かった。

事例──HIVと子どもの出稼ぎ

女性（39歳）。2011年の夜中に、軍の制服を来た男性に、トラックに乗るように言われ、詳しい説明はなされず事情が分からぬまま、子どもとトラックに乗り、ここに連れてこられた。現在、4歳と8か月の赤ん坊と同居している。女性はHIVに感染しており、夫はAIDSを発症し死亡。2年前から、息子（現在16歳）と娘（現在14歳）が、プノンペンに出稼ぎに行っており、彼らの送金によって現金を得ている。息子は、車の修理工場で働き、娘は家事労働に従事する。2年前までは、2人とも学校に通っていたが、現金が一銭もなく、食べていくことが難しいことから、出稼ぎをすることを決めた。いまは、毎月2人からの送金（50米ドル程度）で生活をしている。ボレイケイラにいた時と、現在の状況を比較すると、年々、生活が苦しくなっているのを感じる。以前、ボレイケイラにいた時は、野菜を売ったり、スカベンジャー（ゴミ収集）をして日銭にし、生活費に当てたが、ここでは周囲に働く場所がなく、現金を得ることができない。

③「教育・情報へのアクセス」の状況

当該コミュニティの子どもは地域の学校に通う交通費の支払いが難しい。彼らは概して学校へのアクセス手段を持っていない。また親も貧困であることを理由に、教育への参加に消極的である。そのため、継続的に公教育にアクセスできている子どもの人数を把握することは難しかった。

コミュニティ内の子どもの教育機会が阻まれていることを知った現地NGOである都市貧困開発基金（UPDF）等の支援団体は、学校に行く手段としての自転車を提供することも試みたが、子どもと共に出稼ぎに出る親が少なくなく、子どもたちの継続的な通学を保障するまでには至らなかった。さらに、現地NGOがコミュニティに入り支援を行っていたが、NGO側の資金不足等の理由から、プログラムの持続的支援は不安定である。この地域では、情報へのアクセスも乏しく、社会との分断が見られる。

ここ数年の前向きな側面として、一切絶たれていた外部からの情報や、サービスへのアクセスに関して、村長であるコミュニティリーダーが、カン

ボジア人権擁護推進同盟／リカド（Cambodian League for the Promotion and Defense of Human Right：LICADHO）から情報を得て、改善の試みを見せ始めたことが、挙げられる。例えば、2013年の調査開始当時は、子どもの出生証の不所持者が大半を占めていた。だが、ここ数年の間にコミュニティリーダーが住民らに働きかけ、現在ではコミュニティリーダーを通して、管轄役所に登録をするようになった。こうして、皆無であった行政サービスへのアクセスの道が開かれた。

　ただし、情報へのアクセスや継続的なサポートが常に得られる訳ではなく、綱渡りの状態にある。また、現在の居住権も継続性のあるものなのか否か、定かではない。コミュニティリーダーをはじめ住民たちも把握しておらず、住民の中には、土地の所有者である企業側からまた追い出されるのではないか、との不安におびえる者もいる。

④「医療事情と子どもの健康」の状況

　コミュニティ内の居住者らは食料が十分であるとは言い難く、必要カロリー摂取ができている状態からは程遠い。栄養不良状態にある子どもも目につく。子どもや赤ん坊を持つ母親は口々に子どもたちに十分な栄養が与えられていないと言う。元気そうに見える子どもたちでも、ビタミン・亜鉛・鉄・タンパク質といった必須栄養素をバランス良く摂れる環境にはない。

　また子どもたち（特に低年齢の幼児や乳児）には、下痢性疾患や免疫力の低下を原因とする咳と鼻風邪が慢性化していることが観察された。皮膚状態も、何らかの皮膚炎、湿疹等が目立つ。

　衛生設備（トイレ）はある世帯が少なくない。しかし、水資源が十分に確保されている環境とはいえないことから、便器内に汚物がそのままになっている場合もあった。衛生設備があったとしても、粗悪な状態や不潔な状態であれば、居住者の健康を害する事態を招く。子どもの慢性疾患の原因として、不潔な衛生環境が挙げられる。

　また、コミュニティ内には、分かっているだけで24人のHIV感染者（子どもを含む）がおり、医療的支援が必要である。HIV感染者に対する支援として、医療サービスの情報が提供されている。だが、感染者の皆に支援が行き届いているとは言い難い。8か月前に赤ん坊を出産したというHIV感染者の女性は、当該コミュニティ内で産婆の経験があるという女性のもとで自然

表 8-1　「当該地における社

構成側面	経済的側面	当該地	社会的側面	当該地	政治的側面	当該地
構成要素	長期の失業	◎	伝統的家族の解体（家族離散状況）	○	無力	○
	就業の不安定	◎	望まない十代の妊娠	△	政治の権利の欠如	◎
	失業世帯	◎	路上生活／（出稼ぎ先においては該当）	△	阻害	◎
	貧困	◎	犯罪	△	社会的騒乱	△

◎：顕著に表れている　○：表れている　△：一部に表れてる　×：表れていない

分娩により出産した。母子ともに特にHIV感染であることに対する特別な配慮を行っての出産ではなかったと推測できる。

（4）ケーパビリティの欠如と社会的排除の実態──考察

　上記の事例を考察すると、住民たちに与えられた社会環境には、ケーパビリティの欠如が見て取れた。また、前述したパーシー＝スミスの社会的排除の構成要素の概念に依拠すると、コミュニティ全体を捉えた場合、当該地域の人々には、社会的排除の構成要素が如実に表れていた（表8-1参照）。

　まず「経済的側面」の構成要素を見ると、長期失業、就業の不安定、貧困などのすべてが見られた。「社会的側面」や「政治的側面」「近隣に見る状況」では、世帯構成員の出稼ぎによる家族離散や、政治の権利を阻害するような社会環境、雇用や教育、インフラといった環境的要素にも様々な機会や機能の欠如が見られる。彼らの地域社会との関わりの薄さが如実に表れていた。そして、「個人的側面」では、心身の疾病、未就学、専門的知識や手に職がないことによる低賃金労働、住民たちの自己評価の低さが見出される。これらの特徴も排除の要件である。

　「空間的側面」を見ると、強制移転地は、地理的にも都市部から離れた場所となり、都市の空間から押し出された場所である。「集団的側面」では、高齢者や、両親が出稼ぎに出ている子ども、身体・精神疾患を抱えた者、妊婦、HIV感染者など、何らかの支援を必要とする特定集団、ならびに社会においてより脆弱化しやすい層が集中してコミュニティを形成していた。したがって、「空間的側面」ならびに「集団的側面」の排除の構成要因の特徴に一致する。

会的排除の構成要素の有無」

近隣に見る状況	当該地	個人的側面	当該地	空間的側面	当該地	集団的側面	当該地
環境的要素	◎	心身の疾病	○	周縁化	◎	高齢者	△
低質な住宅ストック	△	低教育	◎			障害者	△
地域サービスの撤退	△	低技術	○			特別な事情を抱える集団	◎
サポートネットワークの崩壊	△	自己評価の低さ	△				

　まとめて言うと、当該地の住民たちは、労働市場へのアクセスが困難であるとともに、インフラや教育といった社会的サービスへのアクセスをも欠いている。彼らは、出稼ぎ者を除いて、社会との接点をほとんど奪われており、社会関係の剥奪という貧困状態の中に暮らさざるを得ないのである。社会的脆弱者の置かれた貧困状態を見ると、当該地における住民らは、国家権力の手による強制移転の過程を通じて、構造的な排除の対象となり、貧困を深めていることが読み取れる。

おわりに

　本章では、社会的排除とはどういうことか、ケーパビリティの剥奪形態はどのようなものかを、事例を通して概観し、貧困創出のメカニズムの理解に努めてきた。現在の都市開発のもとで、社会的に排除されてしまう人々を社会関係という側面から考える時、貧困が貧困を生み出す様が事例から浮かび上がる。強制移転世帯の多くは、従来から抱えていた経済的貧困、ならびに社会的貧困のいずれもが、この移転プロセスを通じてより悪化するという事態に陥り、貧困のスパイラルを招いている。

　現代カンボジアにおける貧困問題を考える時、まず、1970 年から 1991 年まで続いた内戦、ポルポト派支配時の暴政等で、治安も安定せず、市場活動もしばしば停止し、農村発展が難しかった事情がある。だが、現在のカンボジア王国の下で行われている、国家・既得権益層・外資の三位一体の開発過程で、都市開発、資本蓄積は、貧困者の人権収奪、貧困の創出により遂行されている。そして、国家による開発政策を通じて、貧困者の貧困度はむしろ

増してさえいる。これをわれわれは、プノンペン、ボレイケイラ地区の強制移転／移住の事例を通じて、検証した。この事例では、国とエリート層が、グローバリゼーションによるマネー流入を利用して、経済成長を追い求め、都市開発を推進する反面で、その負の側面として貧困を拡大させ、社会問題を生み出しているのである。

　本事例を振り返ると、社会的排除は、経済的、社会的、政治的、文化的側面が絡み合ったところに発生する。経済的な脆弱さは、社会的関係の剥奪へとつながり、劣悪な住宅や健康状態、弱い社会参加、地位格差といった要素を交えて、人権無視、差別という政治的、文化的な要因を強めることになる。こうして、「脆弱者層」「貧困層」が形成されていく。彼らの社会的排除の上に、都市開発、経済成長、グローバリゼーションが実現、完遂していくのである。

　この構図の頂点には、グローバリゼーションと接続したカンボジア政府、それと結んだ既得権益層が位置する。彼らによる蓄財、国家権力を利用した利益の独占から、脆弱な立場に置かれた人々が人為的に抑圧され、貧困度を高めさえしている。この差別構造に注目し、経済成長の裏側に発生している負の側面、人権悪化問題を明らかにしていくことが、貧困理解にとっては必要だろう。貧困の軽減はこのような社会関係の直視から始まるのである。

注

1) Harvey, David, *Rebel Cities: From the Right to the City to the Urban Revolution*, Verso Books, 2012.（森田成也／大家定晴／中村好孝／新井大輔訳『反乱する都市——資本のアーバナイゼーションと都市の再創造』作品社、2015年）

2) Harvey（2015）.

3) 岩田正美『社会的排除——参加の欠如・不確かな帰属』有斐閣、2008年、110頁。

4) Bhalla, A. S. and Frédéric Lapeyre, *Poverty and Exclusion in a Global World*, 2nd edition, Palgrave Macmillan, 1994.（福原宏幸／中村健吾監訳『グローバル化と社会的排除——貧困と社会問題への新しいアプローチ』昭和堂、2005年）

5) Bhalla and Lapeyre（2005）.

6) Bhalla and Lapeyre（2005）.

7) Percy-Smith, J. (ed.), *Policy Responses to Social Exclusion: Towards Inclusion?* Open University Press, 2000；岩田（2008）25頁。

8) Percy-Smith, J. ed.（2000）；岩田（2008）25頁。

9)「人間の基本的な活動を保障するための権利や機能（ケーパビリティ）」とは、「すべて

の人が本来、人として所有する権利であり、またそれらから獲得する機能・サービスの組み合わせ」を指す（Sen, A. 2000）。これらが奪われた状態を「ケーパビリティの剥奪」という。

10）Sen, Amartya, *Inequality Reexamined*, Oxford: Clarendon Press, 1992.（池本幸生／野上裕生／佐藤仁訳『不平等の再検討——潜在能力と自由』岩波書店、1999 年）

11）2011 年の GDP 実質成長率は 7.1％、2012 年は 7.3％、2013 年は 7.4％、2014 年は 7.1％となっている（National Institute of Statistics 2014）。

12）カンボジアの主産業である縫製・製皮企業の月額最低賃金（基本給）は、140 ドル（USD）である（2016 年 1 月 1 日から：2016 年時点）。賃金上昇の推移は、2012 年 61 ドル、2013 年 80 ドル（前年比 31.1％増）、2014 年 100 ドル（前年比 25.0％増）、2015 年 128 ドル（前年比 28.0％増）となっている。

13）2015 年 3 月登録（日本貿易機構／ジェトロ）。2014 年時点では、24 か所であった。よって、1 年間において 10 か所がさらに SEZ として追加されたことがうかがえる。主要となっている 8 地域（ココン、プノンペン、シアヌークビル、スバイリエン／バベット、ポイペト）の SEZ 内には、計 228 社の外資企業が入っている（2015 年 3 月時点）。

14）「経済特区政令 No.148（"Sub-Decree No.148 on the Establishment and Management of the Special Economic Zone"）」が発布（2005 年 12 月 29 日）された。2005 年 12 月に経済特別区／経済特区制度がカンボジアに導入されることとなったことで、カンボジア開発評議会（Council for the Development of Cambodia：CDC）が改編された。CDC は、1）政府開発援助（ODA）を担当するカンボジア復興開発委員会（Cambodian Rehabilitation and Development Board：CRDB）、2）民間投資を担当するカンボジア投資委員会（Cambodian Investment Board：CIB）、そして新たに 3）カンボジア経済特区委員会（Cambodian Special Economic Zone Board：CSEZB）が加えられ、この 3 つの委員会組織によって構成されている。

15）佐藤奈穂「カンボジアの土地集約化——格差拡大の要因とその現状」『アジ研ワールド・トレンド No.147』アジア経済研究所、2007 年、34-37 頁。

16）Hall, Derek, Philip Hirsch and Tania Murray Li, *Powers od Exclusion: Land Dilemmas in Southeast Asia*, Singapore: NUS（First Published）, 2011；上村未来『カンボジア人民党による土地問題への「対応策」—— 2013 年総選挙における支持調整戦略として』上智大学大学院グローバル・スタディーズ研究科、2015 年、6 頁 http://repository.cc.sophia.ac.jp/dspace/bitstream/123456789/36721/1/ 200001018725_000005500_3.pdf

17）土地管理制度支援を目的とした、農業政策支援プロジェクトの融資案件（Loan No.1445-CAM 1996）ならびに新土地法の草案に関連する技術支援（TA-2591）。

18）1992 年制定。2001 年 8 月改正。土地法では国土管理・都市計画・建設省（Ministry of Land Management, Urban Planning and Construction）に、不動産に関する権利書の発行権限と国有不動産の公図管理権限を与えている（CDC）。

19）上村（2015）6 頁；Hall, Hirch and Li（2011）.

20）上村（2015）6 頁；Hall, Hirch and Li（2011）.

21）金子由芳「土地法改革における法的多元主義の克服——日本・インドネシア・カンボ

ジアの比較検討」国際協力論集（神戸大学）、第 16 巻第 3 号、2009 年。

22）上村（2015）6 頁。

23）Council for the Development of Cambodia（CDC）"Land Law_010430" http://www. cambodiainvestment.gov.kh/ja/land-law_010430.html

24）天川直子「農地所有の制度と構造――ポルポト政権崩壊後の再構築過程」天川直子編 『カンボジアの復興・開発』アジア経済研究所、2001 年、167 頁。

25）佐藤（2007）；Hall, Hirch and Li（2011）.

26）佐藤（2007）35 頁。

27）使用・開発・探査コンセッションには、鉱業、湾岸、空港、工業開発、漁業コンセッ ションが含まれるが、2001 年の土地法の対象とはなっていない（土地法第 49 条および 50 条：Land Law_010430）。本コンセッションに関しては、2007 年 10 月 19 日に制定さ れたコンセッション法が該当する。

28）CDC, "Land Law_010430"

29）Cambodian Center for Human Rights（CCHR）, "CCHCR Case Study Series, Volume 5 — The Continuing Borei Keila Tragedy — May 2012", CCHCR, http://cchrcambodia. org/admin/media/factsheet/factsheet/english/2012_05_25_CCHR_Case_Study_Fact_ Sheet_The_Continuing_Borei_Keila_Tragedy_ENG.pdf；Cambodia Human Rights and Development Association（ADHOC）, "Residents at Borei Keila in Phnom Penh Forci- bly Evicted, Monitoring Report: Forced Eviction of Borei Keila Residents", Adhoc. http://www.adhoc-cambodia.org/?p=1136；Human Rights Now（HRN）, "Fact Finding Report for Cambodia in Cambodia, People are Deprived of Land", Human Rights Now http://hrn.or.jp/eng/activity/HRN%20Cambodia%20Report%20on%20Land%20 Rights%202012.pdf

30）Cambodia Human Rights and Development Association（ADHOC）, "Residents at Borei Keila in Phnom Penh Forcibly Evicted, Monitoring Report: Forced Eviction of Borei Keila Residents", Adhoc. http://www.adhoc-cambodia.org/?p=1136

31）ことの事実に関して諸説言われているが、企業側の説明は本文のものとなっている。 当時の都市計画担当者らに対する筆者の聞き取り調査では、ことの計画の変更の背景に は政治的側面が色濃くのぞき、企業と政治家との密約も存在していたという発言もあっ た。

32）Cambodian Center for Human Rights（CCHR）, "CCHCR Case Study Series, Volume 5 — The Continuing Borei Keila Tragedy — May 2012", CCHCR, http://cchrcambodia. org/admin/media/factsheet/factsheet/english/2012_05_25_CCHR_Case_Study_Fact_ Sheet_The_Continuing_Borei_Keila_Tragedy_ENG.pdf；Cambodia Human Rights and Development Association（ADHOC）, "Residents at Borei Keila in Phnom Penh Forci- bly Evicted, Monitoring Report: Forced Eviction of Borei Keila Residents", Adhoc. http://www.adhoc-cambodia.org/?p=1136

33）住民が持っている土地の居住権利書を見ると、土地の所有権は企業側にあると明記さ れている。また、土地の居住権利書は、企業と住民間で交わされていることから、当該

地は企業側によって提供されたと確認できる。当該地の住民ならびに長に当たるコミュニティリーダー（村長）も、明確には、土地に関する諸権利について把握できていない。

34）行政的な立場としては、村（phum）の長に当たる。当該地は、通常のカンボジア農村として想起される村（phum）とは異なり、強制移転された住民らの家屋が人為的に立ち並ぶコミュニティとなっている。

35）本章の調査対象地の行政区分は、州（khaet）、郡（srŏk）、行政区（khum）、村（phum）に分かれている。

36）調査日時は、2013年8月、2014年3月、2015年2月である。

37）2013年6月25日時点。

38）2015年2月12日時点。

参考文献

Townsent, Peter, *Poverty in the United Kingdom*, Harmondsworth, Penguin, 1979.

Townsent, Peter, *The International Analysis of Poverty*, Hemel Hempstead: Harverster Wheatsheaf, 1993.

西川潤『人間のための経済学——開発と貧困を考える』岩波書店、2000年

Council for the Development of Cambodia（CDC）, http://www.cambodiainvestment.gov.kh/ja/investment-scheme/the-special-economic-zones.html

National Institute of Statistics of Cambodia, "Cambodia Demographic and Health Survey 2014" https://dhsprogram.com/pubs/pdf/FR312/FR312.pdf

Royal Government of Cambodia, "Sub-Decree No.148 on the Establishment and Management of the Special Economic Zone" No.148 ANKr.BK http://www.jica.go.jp/cambodia/english/office/topics/c8h0vm0000o1oaq8-att/investment_18.pdf

Royal Government of Cambodia, "Sub Decree on the Mortgage and Transfer of the Rights Over a long-Term Lease or an Economic Land Concession" N.: 114 ANKr.BK http://www.nea.gov.kh/nweb/law_reg/5molm/7_sd_114_ankr.pdf

日本貿易振興機構（JETRO）「カンボジア土地法（日本語訳）」https://www.jetro.go.jp/world/asia/kh/law/pdf/land_jp.pdf

日本貿易振興機構（JETRO）「カンボジア経済特区」https://www.jetro.go.jp/world/asia/kh/pdf/sezmap201404.pdf, https://www.jetro.go.jp/ext_images/world/asia/kh/pdf/sezmap201504.pdf

9 タイ北部農山村における 障害者[1]の生活と展望

田中紗和子

はじめに

　2008 年 5 月に発効された障害者の権利条約、2015 年の持続可能な開発目標（Sustainable Development Goals：SDGs）における障害や障害者に対する配慮など、近年、障害（者）分野に対する関心は高まっている。SDGsに目を向けると、障害者の記載が、教育、雇用・労働、生活環境に関する目標のターゲットの中にあるほか、人権やエンパワメントという観点においても言及されている。つまり、経済成長ではなく、貧困や人権、民主主義や生活の質が開発の課題となる中で、障害はジェンダーなどと同様に、人種、性別、年齢、言語などを含む分野横断的課題として認識されるようになっている。一方で、世界保健機関（WHO）によると、障害者の数は世界人口の約一割を占めており、全世界で約 6 億人と推計される障害者の約 8 割は低所得国に居住している。さらに、その多くが、都市部から離れた農村地域に居住し、教育、保健、労働など多岐にわたる分野で障害者の参加を阻む障壁があることから、貧困に直面しているとされている。これらの文脈において、「貧困は、障害の原因でも結果でもある」とされ、障害と貧困の関係には悪循環が成立し、障害者が最貧困層に多く発生することが指摘されている[2]。「人間の安全保障」の課題が、障害者を含む社会を構成する 1 人ひとりが安心して生活できる地域社会の確保であり、個人、特に社会から排除された弱者の能力強化を強調する[3]ならば、障害者は「人間の安全保障」が脅かされやすい状況にあり、障害（者）の視点を抜きに「人間の安全保障」を確保することはできないということを意味している。

　本稿では、まず、障害者の生活を見ていく際に重要となる「障害の社会モ

150　第Ⅱ部　各論：「人間の安全保障」の地域の現状と取り組み

デル」の概念および障害と貧困の関連性について検討する。続いて、調査を行ったタイ北部農山村で生活する障害者の事例を障害の社会モデルの視点で捉え、貧困と障害の悪循環が生じている実態を明らかにすることを試みる。最後に、タイ北部農山村における障害者支援の可能性の1つとして、「アークどこでも本読み隊」の活動事例を「場づくり実践」の過程に位置づけながら考察する。かくして、「人間の安全保障」の視点から障害分野の活動が促進されることに寄与することが目的である。

1. 障害の社会モデルとは

　歴史的背景に目を向けると、経済成長志向の開発のもとでは、障害者はそれに貢献しない存在とみなされ、慈善や弱者保護の対象として捉えられ、開発の中で語られることはなかった。なぜなら、障害に関する課題は、その原因を、手足が動かない、知的能力が低いなど、障害者個人の心身の機能的側面のみに着目する「障害の個人モデル」の視点から論じられてきたからである。障害の個人モデルは、「健常者」であることを社会参加や平等な機会の前提とする見方を強化するため、障害の取り組みを単なる保護か機能回復の枠組みに押しとどめてきた[4)]。つまり、目が見える、足が動くなど「障害がない状態」が目標とされ、それらに対して医薬品や外科手術、リハビリテーションなどが人間開発の手段として取り組まれてきた。

　一方、「障害の社会モデル」は、障害者の生活が困難であるのは、障害者個人ではなく社会の問題であり、社会そのものが改善されるべきであるという立場で、設備、制度、資源、情報などの各種要因において、障害者が社会に完全参加すること、均等な機会を持つことを妨げるようなものが障害であるとする視点である。障害の社会モデルでは、それらの要因を除去するような支援や改変が社会の側に求められ、その結果、治療や予防よりも、交通・公共施設のバリアフリー化や情報保護、雇用促進など、円滑な社会資源利用のための措置を講じることが検討される[5)]。つまり、障害者を取り巻く社会を障害者側からも非障害者側からも変革してゆくことが求められる[6)]ということである。途上国などの経済や国家体制の脆弱な地域で生活する障害者に目を向ける際、障害の社会モデルの視点は特に重要である。なぜなら、それらの地域で暮らす障害者は、心身の機能的な障害だけではなく、貧困や差別、

地理的アクセスの不平等など、その他の社会的な多くの困難も同時に抱えている存在だからである。

しかしながら、貧困地域で暮らす障害者の生活を実際に覗いてみると、心身の多様な障害を有しながらも、不便で苦しく無為な生活を過ごしているばかりではなく、町でパンを売る聴覚障害者、舗装されていない悪路を、木の棒を杖にして、町まで買い物に出掛ける身体障害者、市内バスが停留所に到着したことを知らせる警笛を鳴らす仕事をする視覚障害者など、各々の居住地における気候や文化、風習、地域住民や家族との関わり合いの中で、資源をうまく取捨選択しながら、逞しく社会生活を営んでいる姿を目にすることも多い。障害の社会モデルの理念に沿った理解の在り方とは、このような障害者の「日常」を把握することであり、それらの「日常」を記述し、その中からその地域や集団固有の問題群を明らかにすることで開発に提言を行おうとする学術的潮流が近年育まれつつある[7]。

そこで、本稿では、障害の社会モデルの視点から、調査地タイ北部農山村で暮らす障害者の「日常」の生活を把握することを試みたい。

2. 障害と貧困の関連性

障害と貧困には負の関連性が存在することは認識されつつあるが、具体的には、どのように関連しているのであろうか。YeoとMooreによると、障害者は差別による教育や就労の機会の制限、地域活動における参加の制限や、政治的・法的プロセスからの排除、機能障害に伴う経済的費用負担などのために貧困に陥りやすい。一方で貧困層は、教育、就労、保健・医療、食料、住居などへのアクセスが乏しいために、危険度の高い就労環境や不衛生な生活環境、低栄養など慢性的に疾病、怪我、機能障害を負うリスクが高いという、障害と貧困の悪循環が成立している[8]。

英国国際開発省（DFID）も同様に、貧困は障害の原因でも結果でもあり、貧困と障害は互いに強化し合い、脆弱性と排除をより高めるという負の関係性について言及している（図9-1）。また、貧困と障害の悪循環の結果として、障害者は大抵の場合、貧困層の中でも最貧困層に属し、全人口比率に対してかなり教育水準が低いことを指摘している[9]。例えば、障害者の教育水準に関する研究として、森らは、2008年にフィリピンにて障害者の生計調査を

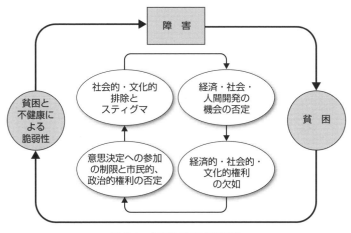

図9-1 貧困と障害の悪循環
出典：DFID（2000）

実施し、マニラ首都圏全体の人口における未就学者の割合が2.4%であるのに対して、その障害者における割合は、7.9%と非常に高い結果を明らかにしている[10]。読み書きや計算など基礎的な学力を身に付けていなければ、就労の機会も当然制限され、貧困はさらに深まり、障害と貧困の悪循環から抜け出すことはますます困難を伴う。さらに、こうして障害者が社会から排除されることが、障害者個人のみならず彼らの家族の貧困をも助長する。

3. 障害者をめぐるタイの制度的環境

本節では、タイにおける障害分野の取り組みや障害者の実際の生活の事例を通して、タイで暮らす障害者の生活実態を明らかにすることを試みる。

(1) 統計[11]

福田（2010）の調査結果によると、2007年にタイ政府統計局（National Statistical Office、以下NSO）が実施した第2回障害者調査では、標本の2.9%が障害を持っているという結果であった。性別では、男性の2.7%、女性の3.1%が障害を持つ。障害者数は年齢とともに増す傾向にあり、標本障害者全体の24.6%が70歳以上であった。また農村地域には、都市地域の約2倍の障害者が居住しており、地域別では、バンコクにおける障害者人口比率は0.5%

と低いのに対し、北部では4.4%、東北部では3.5%となっている。このように、タイの障害者統計からも、貧困地域に障害者が多く存在していることは明らかである。教育面では、5歳から30歳までの標本障害者のうち81.7%が全く教育を受けておらず、都市部に比べ農村部の障害者の方が教育を受ける機会が少ない。その背景として、障害を理由とする差別や機能障害などにより教育施設に対するアクセスが制限されていること、障害者が教育を受けるなど考えられないという障害に対する無理解などに加え、貧困を原因とした教育にかかる経済的、地理的アクセスの乏しさなどが考えられる。さらに、教育機会の制限は、危険で低賃金の就労状況につながり、事故や怪我、病気のリスクが高まることで、さらに障害と貧困の悪循環に陥りやすくなる。

1996年のNSOによる調査結果より、障害の種類を見ると、身体障害42.2%、聴覚障害20.3%、知的障害14.6%、視覚障害10.8%、精神障害5.7%と続く。身体障害が最も多く、2番目の聴覚障害と約20ポイントもの開きがある。障害を負った原因に関する数字では、先天的異常33%、疾病15%、交通事故9%、家庭での事故7%、農場での事故3%、工場での事故3%、その他および不明30%となっており、先天性、疾病を要因とするケースの比率が1、2番目を占める。

(2) 法律・政策・行政制度 [12]

タイでは、教育省、社会開発・人間の安全保障省、公衆衛生省の3つの省庁が障害者のために人員・予算を割り当て、直接的にサービスを提供している。社会開発・人間の安全保障省には、下部組織として、国家障害者福祉向上委員会事務局が設置されており、最も重要な役割を果たしている。地方政府機関は、すべての県に県公衆衛生事務局および県公共福祉事務局が設置され、各県内の郡事務局を管轄しており、障害者は登録している郡公共福祉事務局で障害者登録を行う必要がある。郡公衆衛生事務局のもと、市町村レベルに保健センターがあり、住民が気軽に治療を受けることができる場所となっている [13]。

障害者に関連する法律として、1991年に「仏暦2534年障害者リハビリテーション法」が制定された。障害者の権利について初めて言及された同法のもと、障害者リハビリテーション委員会が設立され、障害者の公的な福祉も保障されるようになった。また、障害者登録制度が確立し、1994年より

障害者登録システムが開始され、障害者手帳が発行されるようになった[14]。ただし、リハビリテーション法はいわゆる「障害の個人モデル」に基づいた内容であった。

　タイ政府は第九期（2002～2007年）経済社会開発計画において国民の生活改善を提唱し、2007年には「仏暦2550年タイ王国憲法」が発布された。リハビリテーション法は、「障害者の生活の質の向上および開発に関する法律」として大幅に改定された。改定後の法律は、国連障害者権利条約の影響を受け、障害者の社会参加や機会均等など障害者の権利を重視した「障害の社会モデル」に基づいた定義がなされ、障害者のエンパワメントの側面がより強調された内容となった。同法のもと、障害者に対する義務教育や医療費の無料化、福祉機器の提供、毎月800バーツ（約2400円）の生活手当の支給などが保障されている。また、日本や欧米の障害者リーダーが、JICAや国連アジア太平洋経済委員会（ESCAP）などの国際機関や障害当事者団体を通じてタイで活動をするなど、海外との交流を通じた障害者運動が盛んである。よって、障害当事者が上院議員に選任されたり、障害者法制定前の起草委員会、施行後の運営に当たる委員会のメンバーに選出され、省庁の依頼を受けて事業を推進したりと、障害当事者の専門性が一定の認知を得ている[15]。

4. 調査の概要と結果

　現地調査は、2013年9月および2016年2月、タイ北部チェンマイ県プラオ郡を拠点に読書普及活動を行っている「アークどこでも本読み隊（ARC：Always Reading Caravan、以下、アーク）」の協力を得て実施した。アークは、代表である堀内佳美という全盲の日本人女性が2010年に設立した非営利団体である。1）楽しみのための読書の喜びを知ってもらうこと、2）様々なバックグラウンドを持つ子どもにも大人にも平等に読書の機会を提供すること、3）障害を持つ子どもと持たない子どもが心のバリアを取り除き共存することを応援することを使命とし[16]、1）図書館の運営、2）移動図書館活動、3）幼児教育センターの運営を行っている。組織の全般的な運営や調整を代表である堀内が行い、図書館運営、移動図書館活動、図書館でのイベントの企画・実施など実働的な仕事をタイ人職員が担当している。タイ人職員は、もともと図書館利用者だった職員が2人と、友人から図書館職員募集の情報

を得て応募したプラオ郡出身の職員3人である。活動は寄付で成り立っており、内訳は7割が日本、その他、3割がタイを主とする海外からの寄付である。堀内の知り合いやそこからつながった人々、講演や新聞掲載などから活動を知った人々など個人による寄付が多いが、タイのインターナショナルスクールでの映画会や読書マラソン大会など共同イベントを開催して資金集めをすることもある。ボランティアも随時募集しており、過去にはアジアやヨーロッパ諸国から受け入れた経験がある[17]。

　現地調査は、図書館を拠点とし、小学校での移動図書館活動および1か所の幼児教育センターにおいて参与観察を行った。また、2016年2月10日と12日にアーク代表者、同月11日にアークが支援する幼児教育施設「太陽の家」教員に対して半構造化面接を実施した。

　調査地チェンマイ県プラオ郡はタイ北部の農村部で、山岳地帯に接している。山岳地帯には、アカ族、リス族、カレン族など数多くの少数民族が、独自に築き上げてきた言語や文化、生活スタイルで暮らしており、その数はタイの全人口のうち約1%で、4〜6割はいまだタイ国籍を持たないといわれている[18]。それゆえ山岳少数民族の人々は、教育や医療など公共サービス利用の制限、県境や郡境の移動の制限、様々な民族差別など、厳しい生活環境に晒されている[19]。例えば、教育施設の存在しない村も多く、5〜6歳の就学年齢に達した子どもたちは、親元を離れ、周辺の町で寮生活をするか、親戚の家を頼り、そこから通学することになる。しかし、町の学校へ通うようになっても、公用語であるタイ語の習得に困難が生じ、授業にもついていくことができなくなり、学習を中断、中止してしまう例が非常に多い現実がある[20]。

　本地域を調査地として選択する理由は、これらの地域は「人間の安全保障」が脅かされやすい地域であり、障害と貧困の関連性をより浮き彫りにしながら、障害者の生活を把握することが可能になると考えるからである。

（1）プラオの概要

　調査拠点となった図書館があるチェンマイ県プラオ郡は、チェンマイ中心部から約90キロ北東部に位置している。面積は1148.2平方キロメートル、人口は5万2222人（2005年）である。主要産業は、農業や魚の養殖で、主な農業生産品として、米や飼料用のトウモロコシなどがある。11の地区と108

の村を有する[21]。四方は山で囲まれ自然豊かで素朴な田舎町である。調査地の拠点であった図書館までは町の中心から徒歩で約10分である。

（2）幼児教育センター「太陽の家」の概要[22]

「太陽の家」は、プラオから約50キロ離れた山岳地帯にあるシップラン村に設立されている。シップラン村は、20世帯、約120人が居住するアカ族[23]の村で、住民は、木製の高床式の家屋で暮らしている。村の産業は、コーヒー、梅、すもも、チェリー、トウモロコシなどである。米の栽培を行っている家庭もある。男女比は5対5、6人が就学前の子ども、6人が60歳以上の高齢者である。IDカード所持者は15人、日常言語はアカ語で、タイ語の読み書きができる者は5人となっている。村に教育施設は存在せず、5〜6歳の就学年齢に達した子どもたちは、プラオや周辺の町で寮生活をするか、親戚の家から通学している。また、成人男性の多くは、周辺都市もしくはミャンマーに出稼ぎへ出ているため、実際に村で生活しているのは60人程度、そのほとんどが女性である。障害者は20代のダウン症男性1人である。幼児教育センターは、前述の山岳少数民族の子どもたちの就学状況を問題意識とし、読書に必要な公用語であるタイ語の読み書きの習得、そして、就学前の準備教育の場として設立された[24]。

（3）タイ北部農山村における障害者の生活

第4節で概観したように、タイでは、障害者に関する権利や社会制度の整備が進みつつあるが、それらは障害者の実際の生活に十分に反映されていない現状がある[25]。そこで重要となるのは、地域におけるインフォーマルな人々の関わりである。タイの場合は、特に、家族や親族のつながりが強く、障害者もその一構成員として地域内で暮らしており、障害者の日常的な介助は、三親等以内の家族、特に女性が行う場合が多い。一方で、食料の買い出しや病院への送迎、その他については、親戚や近所の人たちによる助けも得る。また、親戚が同じ家または同敷地内、あるいは隣接して共住するケースも多く、その場合、甥や姪または親戚の子どもなどが介助を手伝うこともある[26]。

①プラオにおける障害者支援の現状と事例分析

　タイでは、行政ごとに障害担当者が配置されており、プラオも同様である。一部の学校には、特別支援教育担当の教員が配置されているが、設備が不十分だったり、専門性が不足していることから、受け入れられる障害児は軽度がほとんどである[27]。障害者支援に取り組んでいる団体はウォームハート（Warm Heart）財団[28]およびアークの２団体のみである。両団体とも障害者支援を専門とするのではなく、各々の活動の中に障害者支援も含まれている。堀内は、「自分でトイレへ行けるかどうか」「仕事の手伝いができるかどうか」が社会参加の大きな指標になっており、幼稚園や学校へ訪問した際、軽度の肢体不自由や知的障害など単一障害のある障害者に出会うことはあるが、重度の障害者に出会うことはほとんどないという[29]。

　表9-1は、アークが家庭訪問をしている障害者の概要である。今回の事例

表9-1　アークが関わる障害者の事例

1	10代前半 脳性麻痺 女性	発語はなく、１日のほとんどを臥床または寝椅子で過ごしているが、他者からの働きかけに対する反応は良好。移動図書館では絵本の読み聞かせを行っている。主に祖母が、幼い弟の世話もしながら、事例のマッサージや保清などの世話をしている。就学経験はない。
2	10代後半 ダウン症 女性	単純なコミュニケーションは可能で、愛想がいい。知的障害はあるが、簡単な家事手伝いをしながら母親と祖父母と生活している。就学経験はない。移動図書館では、動物などの塗り絵が好き。タイ語の文字を塗る練習をすることもある。
3	30代 交通事故 後遺症 男性	約10年前、交通事故で開頭手術を受けた。なんとか歩行移動は可能だが、てんかん発作などで体調が不安定。内気な性格ではとんど発話はない。両親は高齢で糖尿病も患っており、アーク職員の訪問時は、息子や将来のことに対して、悲観的な発言が聞かれることが多い。本人は、絵や本を眺めて過ごしている。
4	40代 全盲 女性	HIV感染症患者で、エイズ治療薬を服用している。10年くらい前から視覚障害を発症し、現在は家事手伝いをしながら家族と共に生活している。中途障害であり、電話の操作など日常生活に不便さを抱えている。アークでは、音声時計を支援したり、電話で話を聞くことができるサービスを紹介したりしている。マッサージの勉強をしないかと、知り合いから誘いを受けているというが、家族が消極的なこともあり、実行には至っていない。
5	60代 難聴 男性	弟と２人暮らし。兄弟ともに読書が好きで、職員へ希望の本をリクエストするなど、移動図書館が来るのを楽しみにしている。時々、近所の子どもが図書館へ来て、彼のために本を借りて行くこともある。
6	10代 肢体不自由 知的障害 女性 （アカ族）	働きかけに対する応答はあるが、言語でのコミュニケーションはできない。歩行困難で、普段は家内や家の周りを自由に這って生活しているが、家庭は貧しく衛生的な環境ではない。父と２人暮らしである。父は日雇いで生計を立てているが、ドラッグなども行っているようである。約５年前に母親が亡くなってからは、日中祖母が世話をしているが、協力的とは言えず、十分に面倒を見られる者が居ないため、父親とプラオに住む兄弟が、彼女が強姦されることを危惧し、近日中に避妊手術を受ける予定がある。

出典：筆者作成。

158　第Ⅱ部　各論：「人間の安全保障」の地域の現状と取り組み

の障害者たちは皆、機能障害の種類や程度にかかわらず、家族と同居し、家族による介助のもとで生活していた。先天的に障害を持つ事例は皆、就学経験もなく、生活のほとんどを自宅で過ごしており、事例4と5以外の事例では、アーク職員と家族以外の者との関わりは見られなかった。

　障害の社会モデルの視点で考えると、これらの事例の障害者たちは、家族関係や教育、職業の有無など生活環境の影響により、社会参加が極めて制限された状況にある。例えば、事例1は、祖母以外にもマンパワーがあれば、身体を起こして過ごす時間が増加し、表出や身体機能も上がるかもしれない。また、事例4がマッサージの勉強をすることに対して家族が前向きだったら、事例4は、技術を身に付け、就労の機会を得て、経済的にも家族を助けることができるような存在になれるかもしれない。事例6は、機能障害や知的障害の程度ではなく、主な介護者であった母親の他界という環境の変化が、避妊手術につながっている。反対に、事例5に近所の子どもとのつながりがなかったら、彼の本を読む楽しみが奪われていたかもしれない。つまり、障害の種類や程度だけでなく、社会環境によっても個人の生活は大きく異なるということである。

②山岳少数民族の村の医療事情および障害者の事例 [30]

　シップラン村には病院も医師も存在しない。2、3年に1度、近隣の村で移動医師団が基礎的な健康診断を行っている [31]が、それ以外に診察を必要とする場合はプラオまで行かなければならない。最近、移動医師団による健康診断の際、30代の女性は、心臓の異常が発見された。女性は、医師団の紹介状を受け取り、プラオの病院を受診したのだが、そこでさらに高度な医療が必要と診断された。しかし、紹介された病院は、混雑のため数か月先しか予約を取ることができなかった。山岳地帯に住む者にとって、検査や治療、移動にかかる負担は、直接的な費用だけではなく時間も労力もかかる。急な処置を要する病気だった場合、手遅れになる可能性もある。また、手術が必要となると、彼女はIDカードを持たないため、高額の支払いを要求されることが予想される。さらに、この女性が留守をする間、子どもの世話や家事は他の家族が担当することなり、その人がしていた仕事の担い手を失い、貧困の悪循環に陥ることが考えられる。

　その他、片麻痺を患った女性が、約5年間何の治療も施されることなく家

族に看取られ亡くなった事例もある。その近隣の村においても、世話をしている嫁の「死ぬ時は、家で死なせてあげたい」という希望により、左片麻痺を患ってから一年ほど経つが、いまだに無治療のまま寝たきりの生活を送っている女性がいるという。都市で居住していれば、まず脳や血液などの検査を行い、結果に合わせた治療やリハビリテーションを施され、なんとか自立した生活を送ることができていた可能性も考えられる。本調査では、これらの人々が片麻痺という障害に対して、どれくらいの知識を有していたか知ることはできなかったが、知識を有したうえでの選択だったのか、知識を持たずに選択したのかというのは大きな違いである。

　山岳少数民族の場合もプラオで生活する障害者と状況はほぼ同じで、身辺処理が可能で、仕事の手伝いができるものは、障害の有無にかかわらず教育や就労の機会を得ているが、それ以外の者は、家族のもとで社会参加の少ない状況で暮らしている[32]。ただし、山岳少数民族の場合は、地理的アクセスや情報に対するアクセス、ID カードの有無による公的サービス利用の制限など日常的により厳しい社会・経済的な問題に晒された環境で生活している。そこに、機能障害が加わった場合、障害と貧困の負の関連性が成立し、悪循環に陥る確率が高いということができる。

5. タイ北部農山村における障害者支援の可能性

　障害者に関する権利の主張や社会制度の整備が進みつつあるタイであるが、実際の農村部や山岳地帯で暮らす障害者の生活に目を向けてみると、それらの人々がいかに「人間の安全保障」が脅かされやすく、障害と貧困の悪循環に陥りやすい状況で生活しているか。本章ではこのことを浮き彫りにすることを試みてきた。また、障害の社会モデルの視点で考えた時、事例として登場した多くの障害者たちは、家族のもとで、十分な社会参加の機会を得られずに生活しているということも示唆された。

　本節では、誰もが安心して暮らすことのできる「人間の安全保障」を確保していくために、今後の障害分野の活動をいかに促進することができるのか、アークの活動を「場づくり実践」という視点から考察する。

　日置[33]は、社会的排除の子どもたちへの学習支援実践が、子どもたちの学びや気づきを促し、人とのつながりや信頼関係を構築する居場所として機

能することによって、事業そのものがさらに発展していったという実践経験から、多様な「場づくり実践」の位置づけと意義を明らかにすることを試みている。また、吉村[34]は、タイの障害者の生活実践を通して、障害者が自らの「障害」と向き合い自己実現を目指すことで形成される社会関係や相互作用に着目し、そこで現れる人と人との関係性の広がりによって再構築される障害者観を明らかにしている。特に、地域社会で暮らす障害者の視点から、親族関係を超えた地域内セーフティー・ネットの一面を明らかにしている点は興味深い。

　両者に共通しているのは、日常生活における人と人とのつながりや関係性に着目し、それらの変化によって生じた相互作用や広がりが、新たな変化や発展を促す点にある。一方で、本調査で見てきた障害者の事例では、親族関係を超えた地域内のつながりを見出すことが難しかった。しかし、アークの活動を単に読書を普及するための活動として見るのではなく、障害者を含めた地域の人々のつながりや相互作用を生みながら、新たな価値観や秩序を形成する過程と捉えると、アークの活動は、「人間の安全保障」の確保に寄与する活動であり、本稿で取り上げる意義を有するものである。

（1）「場づくり実践」とは

　日置[35]は、地域社会の課題は分野で容易に分断して対象化できるほど単純ではなく、複数の事情が絡み合って存在していることを指摘したうえで、支援対象を分野によって限定的に展開するのではなく、「場」という横断的な切り口として捉え、戦略的かつ共同的に解決させていく取り組みに効果があると主張する。そして「場」について、3段階のレベルを唱えている（表9-2）。

　現在のアークの活動は、読書の推進を通じた人々が集う場、図書館・幼児教育センターなど地域の人々が集まり学ぶ場、移動図書館を通じた障害者や地域の組織（小学校、病院、銀行、寺院など）とつながる場などミクロレベル、メゾレベルでの場が多く創出されている。しかし、「場づくり実践」とは単に活動の「場」としての機会を提供することを指す訳ではなく、その実践がいかにして発想され、検討され、実施され、成果があるかを考えなければならない。つまり、これらの「場」を連動して機能させていくためには、「場」のマネジメントが必要となる[36]。

表 9-2 「場づくり実践」の 3 つのレベル

ミクロレベルの場	メゾレベルの場	マクロレベルの場
現場において個々の構成員が関わり合う場 構成員が勉強や話し合い、ゲームなどを通じて関わり合う場面や機会を作っていくプロセス	ミクロレベルな場面が有効に機能するためのプログラムや事業を行う場 組織や人や事業を組み合わせてマネジメントするプロセス	ミクロレベル、メゾレベルが有効に機能するための地域や制度を変革させていく場 地域作りや制度作りのプロセス

※「場づくり実践」は、上記 3 つのそれぞれのレベルにおいても展開され、さらに恒常的に連動して行われなくてはならない。

出典：日置真世「人が育ち合う『場づくり実践』の可能性と必要性——コミュニティハウス冬月荘の学習会の検討」『北海道大学大学院教育学研究員紀要』第 107 号、2009 年より筆者作成。

(2) アークによる「場づくり実践」の可能性

　今回の調査では、図書館活動と地域の小学校における移動図書館での参与観察を行った。図書館は、母親に連れてこられて、図書館にある絵本やおもちゃで遊ぶ子どもや、熱心に目当ての本を探して読書をしている中学生の女の子、時どき新聞を読みに来る中年男性など幅広い年代の人々に利用されている。また、図書の貸借に来た利用者が、職員と雑談して帰ったりと、何かしらの人の流れがある。毎週金曜日には、工作教室も開いており、幼稚園から小学生くらいの子どもと付き添いの家族が学校帰りに立ち寄っている。移動図書館では、担当職員が訪問先に合った本と塗り絵などの簡単な遊びを選択し、荷台付きの車で持って行く。学校では、読み聞かせや、準備していた遊びを行い、その後に、読書の時間が設けられている。1 人で集中して読む子ども、友達同士で読む子ども、飽きている子どももいる。それらの活動の中には、障害のある者も含まれる。

　筆者は、アークの活動そのものを「場」と捉えることを通じて、障害者と非障害者、もしくは障害者同士など多様な人々が日常生活の中で出会う機会が創出され、一緒に行動することで生活の妨げになるものを共有したりすることを通じて、地域の人々が障害者の存在を次第に当たり前に感じるようになり、障害者の社会参加が促進されることを期待している。こうした過程を通じて、地域の人々にとって障害者が、慈悲や憐れみではなく、地域社会の一構成員としての存在に変わっていくことが望まれる。家族以外の者とほとんど関わった経験がない障害者たちは、他者と関わることで、外部への興味関心が開かれ、自身のニーズや障害認識、障害者としての社会的位置を知るきっかけを作ることができ、それが生活範囲の拡大につながるのではないだ

ろうか。

　次に、人を巻き込む「場」を機能させるためには、「場」を利用する人々が、何かしらのインセンティブを感じることが必要であり、その要因として、「読書」と「障害当事者性」の2点に注目する。「読書」は、年齢、性別、障害の有無など対象者が限定されない活動であり、人々に楽しみと学びを与えることができる。同時に、移動図書館を見て分かるように、病院，寺院，銀行など、場所を限定しない活動でもある。つまり、個人や団体間のつながりを作り出す多様な手段を備えている。

　また、障害当事者である堀内は、外出や他者と関わる機会の少なかった障害者、そしてその家族たちにとって親近感や安心感が得られる存在であると同時に、自分にも何かできるのではないかという自信につながる存在となることも考えられる。さらに、活動において、障害当事者の視点が常に取り入れられることで、障害者の社会参加に配慮された環境設定が可能となり、障害者の図書館への心理的なアクセスが縮まり、障害者の利用が増えることで、障害者と非障害者間の意識の変化も喚起しやすく、障害者同士のつながりも構築しやすくなることが考えられる。ゆくゆくは、これらの積み重ねが、障害者の社会的な発言力を強め、よりよい社会生活を実現するための政策立案につながっていくことを期待したい。

おわりに

　本稿では、「障害の社会モデル」の視点に基づき、障害者に関する権利の主張や社会制度の整備が進みつつあるタイ北部農山村の障害者の生活事例から、障害と貧困の悪循環が生じている実態を明らかにすることを試みた。続いて、障害者などの社会から排除されやすい人々に対する分野横断的アプローチの1つとして、アーク本読み隊の活動を「場づくり実践」の過程と位置づけ、読書と障害当事者性という点に着目しながら、誰もが安心して暮らすことのできる「人間の安全保障」を確保するための実践の可能性について考察を加えた。

　近年、「人間の安全保障」という課題における障害分野の重要性は一定のコンセンサスを得られるようになっているものの、いまだ十分とはいえまい。障害という課題に取り組むためには、障害者を取り巻く人々の関係性や社会

の在り方に目を向けることが強く求められると同時に、障害者を含む人々の社会関係の変容をいかに創出し、機能、発展させていくことができるのか、実践プロセスを重ねていくことが強く求められている。

注

1）「障害者」に対する記載について、日本語の場合、「害」の字が、障害者の存在を「害＝悪」と捉えられるため差別的であるという理由から、「しょうがい者」「障がい者」「障碍者」「障害のある人」などの語が使用されることがある。英語の場合は、Handicapという言葉に対して、障害者である前にまず人であるという意味も込めてPeople With Disability（PWD）と表現されるようになっている。本稿では、障害の社会モデルの視点において、「障害」は、個人の持つ否定的な特性としてではなく、社会が持つ障壁によって生じる不利益や抑圧として捉えられることに準じ、「障害者」という記載を採用することとする。

2）宮本泰輔「障害と貧困」外務省『人間の安全保障を踏まえた障害分野の取り組み――国際協力の現状と課題』2006年。

3）木村秀雄「人間の安全保障」外務省『人間の安全保障を踏まえた障害分野の取り組み――国際協力の現状と課題』2006年。

4）久野研二「『障害と開発』と地域社会の戦略――ケイパビリティ・アプローチと社会関係資本の視点から」水島司／和田清美編『21世紀への挑戦⑤地域・生活・国家』日本経済評論社、2012年。

5）森壮也編『障害と開発――途上国の障害当事者と社会』アジア経済研究所、2008年。

6）長谷川涼子「『障害と開発』における女性障害者のエンパワメント――アジア太平洋障害者センタープロジェクトの事例から」『横浜国際社会科学研究』第13巻第4・5号、2009年。

7）同上。

8）Yeo, Rebecca and Karen Moore, "Including Disabled People in Poverty Reduction Work: nothing About Us, Without Us", *World Development*, Vol.31, No.3: 571-590, Elsevier Science Ltd., 2003.

9）DFID, *Disability and development*, Department for International Development, United Kingdom, 2003.

10）森壮也／山形辰史「第4章 障害者の生計：フィリピンの都市と農村」『障害と開発の実証分析――社会モデルの観点から』勁草書房、2013年。

11）政府の主な障害者統計は、①NSOによるサンプル調査、②社会開発・人間の安全保障省（Ministry of Social Development and Human Security）、障害者エンパワメント局（Office of Empowerment for Persons with Disabilities、以下エンパワメント局）が管理する障害者登録者数、③教育省（Ministry of Education）、特殊教育局（Office of the Special Education）、非公立教育局（Office of the Private Education）、基礎教育に

関する委員会（Office of Basis Education Commission）による管轄の教育施設に在籍する障害を持つ児童のデータ、④保健省（Ministry of Mental Health）による全国の病院に入院している精神障害者・知的障害者のデータ、の４つの政府機関により集計されている。福田暁子「タイの障害者の生計——統計調査とケーススタディから見える全体像」森壮也編『途上国の貧困削減——かれらはどう生計を営んでいるのか』岩波書店、2010年。

12）国際協力事業団、企画・評価部「国別障害関連情報　タイ王国」2004年；吉村千恵「ケアの実践と『障害』の揺らぎ——タイ障害者の生活実践におけるケアとコミュニティ形成」『アジア・アフリカ地域研究』第10-2号、2011年。

13）国際協力事業団、企画・評価部、2004年。

14）1991年から2014年8月までに約155万人の障害者が登録を受けているが、実際は国内に190万人以上の障害者がいると推定されている。厚生労働省「東南アジア地域にみる厚生労働施策の概要と最近の動向（タイ）」2014年海外情勢報告。

15）吉村、2011年。

16）アークどこでも本読み隊ホームページ　http://www.alwaysreadingcaravan.org/japanese/index.php（2016年7月12日閲覧）。

17）2016年2月10、12日堀内へのインタビューより。

18）タイ国籍を所有するものにはIDカード（国民証）が発行される。山岳少数民族もいくつかの条件を満たせばIDカードを取得することができるが、政府の認定作業の遅延、取得条件の困難、手続き可能な場所までの地理的アクセスの悪さなど非常に難しい状況である。

19）小川裕子「タイ北部居住の少数民族における就業形態の変容」『地域学研究』第18号、2015年。

20）2016年2月10日堀内へのインタビュー。

21）タイの地域行政は、県（チャンワット）、郡（アムプー）、地区（タンボン）、村（ムーバーン）に区分される。

22）2016年2月11日「太陽の家」教員へのインタビュー。

23）アカ族は、タイ国内、チェンライ県、チェンマイ県、ランパーン県、ターク県、プレー県などに6万8653人が居住している。標高1000〜1300メートルのところに住み、移動耕作を営んでいる。食用として陸稲を作り、トウモロコシ、キビ、唐辛子、豆類、野菜類などを栽培している。また祝宴や供物用に、鶏、豚、牛などの家畜を飼育している。厳格な精霊崇拝を行っており、祖先崇拝と精霊供儀を重要なものとみなしている。9月から10月頃には、空と土の精霊に感謝するためにブランコ祭りを行う。昔は双子に対して「悪霊が体内に入ったためであり、不幸の印として、双子を忌み嫌い、双子が生まれると2人とも殺してしまうか、その夫婦は村を出なければならない［片山隆裕『タイにおける山岳少数民族ツーリズム——歴史的経緯、影響、そして持続可能な観光開発の試み』西南学院大学国際文化論集、第21巻第1号、2006年］」という習わしがあったようだが、「太陽の家」教員に尋ねたところ、現在ではそういうことは行われていないとのことだった。言語はアカ語だが、文字は持たない。頭に多くのコインやビー

ズ、金属などの装飾品が付いた兜のような帽子を被り、草木染された布に鮮やかに精細な刺繍やパッチワークが施された民族衣装は見る人を魅了する。

24) 2016 年 2 月 10 日堀内へのインタビュー。

25) 福田、2010 年；吉村、2011 年。

26) 吉村、2011 年。

27) 重度障害児のうち一部は、チェンマイ市内などにある特別支援教育を専門とする学校に通うこともある（2016 年 2 月 10 日堀内へのインタビュー）。

28) ウォームハート財団は、子ども、教育、農業、就労、保健など、プラオ内の全般的な地域開発に従事している団体である。その中の 1 つの取り組みとして、障害者支援も行っている。http://warmheartworldwide.org/（2016 年 7 月 12 日閲覧）

29) 2016 年 2 月 10 日堀内へのインタビュー。

30) 本項に登場する事例はすべて、2016 年 2 月 11 日「太陽の家」教員へのインタビューによる。

31) シップラン村に医師団が来たのは、直近 8 年間のうちで一度だけである（2016 年 2 月 11 日「太陽の家」教員へのインタビュー）。

32) 2016 年 2 月 10 日堀内および 11 日「太陽の家」教員へのインタビュー。

33) 日置真世「人が育ち合う『場づくり実践』の可能性と必要性――コミュニティハウス冬月荘の学習会の検討」『北海道大学大学院教育学研究員紀要』第 107 号、2009 年。

34) 吉村、2011 年。

35) 日置、2009 年。

36) 同上。

10 東ティモールにおける 下からの紛争予防の取り組みと 上からの治安部門改革との交錯

本多倫彬・田中（坂部）有佳子

はじめに

　本稿のテーマは、平和構築・紛争予防における市民社会の役割の再検討である。一般に平和構築（Peace Building）は、国家建設（State Building）として論じられてきた[1]。一国の平和に責任を持ち、人々に安全を保障するものが国家の役割であることを踏まえれば、このことは不思議ではない。他方、そうした一国内の平和は、国家がもつ制度のみで支えるものではない。多様な市民自らが平和構築に取り組み、平和を維持する意識を持たない限り、安定は達成され得ない。これまでにも、紛争当事者同士の和解や信頼醸成、そして平和の果実を人々が享受できるようにすることで、「平和の定着」が図られてきた所以である。

　2000年の紛争終結から15年を経た東ティモールは、こうした平和構築・紛争予防の成功例といわれ、これまで平和構築の観点から、数多くの議論がなされてきた。本章で詳細に見るように、それらの議論を大別すれば、第1に主として国家建設の側面に着目して、東ティモール政府の制度構築や国際社会の取り組みに焦点を当てるものがある。第2に、東ティモールの人々やローカル・コミュニティ、それを支える草の根の支援活動に主たる関心を置き、そうした人々自身の取り組みに焦点を当てるものがある。両者はそれぞれの必要性を認めつつも、ともに必要な別個の取り組みとして考察が進められてきた。しかしながら、東ティモールの人々自身にとっては、これらは本来的に切り離せるものではない。なぜなら政府による一定の安全の保障（とそれを前提とする開発）がなければ東ティモール全土の安定と発展は実現せず、また人々自らが平和を維持し、社会の発展を自ら担おうとする意思なくして

167

は、そうした制度の持続可能性に疑問符が付くためである。

　それでは東ティモールにおいて、人々は自らの国の現状と将来をどのように考え、またその中での自身をどのように考えてきたのだろうか。あるいは概ね成功例とされるおよそ15年に及ぶ国際的な支援の中で、人々自身は変化をどのように認識してきたのだろうか。これらの問いは、国家の安定の基盤となる平和構築・紛争予防に、人々自身がどのように向き合ってきたのか、という問いにほかならない。

　本章では、以上の基本的な関心に立ち、特に、市民社会が自発的に取り組む治安部門改革（Security Sector Reform：SSR）に焦点を当てて、人々の視点から東ティモールのSSRを分析することを中核課題とする。

1. 概念・理論の整理、研究の問い

　近年、これまで半ば国家建設と同一視されてきた平和構築のアプローチをめぐって、その議論に変革が起こっている[2]。本節では最初に、この平和構築・紛争予防をめぐる近年の議論について、若干の整理をしておきたい。そもそも国際社会が平和構築に取り組むのは、国際社会の不備は国際社会によって対処されるべきという考え方に基づくものであり、したがって平和構築を通じて民主的で平和な国家の建設による安定な「国際社会の完成」こそが、その本質であるとされる[3]。すなわち、国際社会を構成するに「相応しい」と判断される民主的な主権国家へと破綻国家を変革していくことが重要となる。平和構築とは、「（国内）秩序を構築すること」に、その本質があるという理解が共有されてきたのである。

　こうした平和構築観、すなわち民主国家の建設に焦点を当てるアプローチとなってきた平和構築に対して、近年、疑義が提示されるようになっている[4]。とりわけそうしたアプローチを「自由主義的平和アプローチ（リベラル・ピース）」として批判したリッチモンド（Oliver Richmond）は、民主的制度構築が、現地の人々の実情と乖離しており、対外援助の依存度を増やすだけと指摘した[5]。民主的制度の導入が、結果的に1つひとつの国、そこに暮らす人々の「自主的な」取り組みという、民主的自由に不可欠なものにつながらないという根本的な批判である。さらにリッチモンドらは、そうした民主的制度と、非民主的であっても現地の既存の制度とのハイブリッドな形態に

よる平和構築を提唱した[6]。

　紛争地域で最大の被害者として立ち現れているのは、無辜の人々なのであり、それゆえに平和構築・紛争予防の目的とするところの「平和」とは、本来的に対象となる人々の問題である[7]。このことを考えれば、人々の共有する既存制度への着眼は、妥当なものだろう。少なくとも人々自身にとっては、「いかに紛争予防が実現し、そして特に人々自身が直接に関わることが難しい権力者を国際社会が変えてくれるのか」が最大に重要である。これを援助側に焦点を当てて言えば、平和構築支援を実施する側にいかなる政策意図があろうとも、またどのような制度構築に取り組もうとも、それが人々の安全と生活の向上にとってどのような影響を持つのかという視点なくしては支援の意義そのものが問われる事態になる。これこそが、「人間個人の安全、あるいは人間の日常性が担保されるべき社会の安全を強化する」という人間の安全保障の視点から平和構築のアプローチを捉え直すという本章の核心にある問題である。

　マクギンティ（Roger Mac Ginty）らが提唱する「ハイブリッドな平和」論の議論においても、この民主的制度と既存の制度との補完関係が強調され、そのうえで両者の相違をどのように架橋するのかが、議論されてきた[8]。これは、異なる制度の両立を目指すアプローチであるといえる。ただし、これまでの議論では、それらがどのようにして1つの制度に結びつき、安定的な紛争予防が確立するのか、そのメカニズムの解明は途上にあるように思われる。

　このような、上からのアプローチと下からのアプローチをどのように架橋し、実効的な紛争予防につなげていくのかという検討は、民主的制度と既存の制度をどのように結びつけるのかという技術論に陥りがちでもある。しかし、どのような制度であれ、人々の安全をどのように確保していくのかが問われるべき中核課題であることは指摘するまでもない。

　本章は、以上の議論を手掛かりに、特に、SSRという、制度構築に焦点が当てられてきた分野において、ローカルNGO（市民社会側）が自発的に取り組む活動に注目する。そして紛争後社会における暴力の再発防止を目指す政府のフォーマルなSSRと、人々自身によるSSR（下からの紛争予防）とのつながりを洗い出すこととする。具体的には、東ティモールで「下からの紛争予防」に取り組むNGOに注目して、そうしたローカルNGOと人々の目線（以

下、ローカルの視点）からの①紛争予防の現状認識、②国際機関・東ティモール政府の公的なSSRと下からの紛争予防との相互関係、の２点を分析する。これにより、国家建設的な上からのSSRと、市民社会主導の下からの紛争予防とをつなぐハイブリッドな平和構築・紛争予防のアプローチの在り方を考えてみたい。

2. 2016年時点の東ティモールの紛争と平和

　東ティモールは、2002年の独立以来、国際社会の手厚い支援のもと、21世紀最初の新生独立国家として、平和構築・国家建設に取り組んできた。ピーク（Gordon Peake）が、東ティモールを「愛された土地（Beloved Land）」と呼ぶ通り、東南アジアの端に位置する新しい小国に対する国際社会による支援の手厚さは、東ティモール自身の豊富な石油収入と相まって、広範な平和構築の試みを可能とした[9]。実際、2006年に一時的に紛争が再発したとはいえ、東ティモールはその後、紛争を再発させることなく、安定的発展を遂げてきた。2012年の日本の円借款事業を皮切りにした援助機関による貸付援助（ローン）の開始は、各援助機関が東ティモールを、大型公共事業の実施が可能であり、かつ、数十年単位での将来的な資金回収が可能な安定した資金貸付先として評価していることの証左にほかならない。2016年現在において東ティモールでは、１人当たり国民総所得が2680ドルに達し、紛争「後」国の状態を脱しつつあると認識される側面を持つ。

　それではなぜいま、改めて東ティモールを紛争予防の分析で取り上げるのか。この理由は３点ある。第１に、東ティモールの安定性を強調する国際社会の予測は、果たして妥当なのかという疑問のためである。もとより東ティモールが今日明日にも不安定化する地域だと主張するものではない。しかしながら、東ティモールの国家収入の実に90％以上を頼る石油収入は先細り傾向が顕著であり、2020年には現行のガス油田の生産が終了する。また2015年来の国際石油価格の急激な下落は、東ティモールの国家収支を急速に悪化させてきた。このため石油基金による投資運用の成否が問われている[10]。石油収入は東ティモールにとって、あらゆる公共政策の原資であるとともに、目先の不安要因を抑え込むことで不安定化を回避するために不可欠な資金源でもある。例えば、独立の功労者であると同時に独立後の待遇に

敏感な元民兵への年金支給は、それによって彼らの不満を抑えて紛争へのインセンティブを減らし、かつ孫世代への恩恵まであるものとなってきた[11]。ここに顕著なように、東ティモールの安定は「金で平和を買ってきた」側面を持つことが否めない中、石油収入に頼るばらまき政策の持続可能性に疑問符が付き始めていることは、東ティモールの今後に、陰を投げかけている。

第2に、独立から15年にわたって、とにもかくにも東ティモールが安定して発展してきたという事実のためである。先行きの見えない中東・北アフリカ地域はもとより、東南アジア地域に限ってみても、ミンダナオ（フィリピン）やアチェ、パプア（インドネシア）、ミャンマーなどが国内紛争を経験しており、その中で平和構築が模索されている。こうした紛争地域において、国際社会はどのようにして紛争の再発を予防し、平和を促進するのか、東ティモールの経験は貴重な知見を平和構築のアプローチにもたらすだろう。とりわけこの観点からは、「ハイブリッドな平和」という現代の平和構築論の提示する方向性について、理論への示唆を得るケースとも位置づけられる。

第3に、独立して新しく国を作ることが課題となった東ティモールでは、民主的制度と既存の伝統的な社会制度が並行して、あるいは織り交ざって機能する状況が、先行研究において指摘されているためである。例えば井上(2013)や松野(2008)は、国際社会が主導する国家建設による新しい制度と伝統的な社会制度の交錯がもたらす不協和音を指摘する[12]。一方、石塚(2013)は、国連主導の司法制度に伝統的な紛争解決制度（アダット）が導入され、ティモール人が受容し始めていることを指摘し、「住民参加型国家建設」の可能性を一定程度評価している[13]。宮沢(2012)は、コミュニティにおける環境資源管理において、紛争後におけるガバナンスが脆弱な中、既存の慣習法や社会制度が有効に働いていることへの注目を提起する[14]。また田中(2013)は、長らく機能している村落制度を、政府が新しい行政制度に積極的に取り込んだことを指摘した[15]。このように、東ティモールでは、新しい制度と既存の制度が併存あるいは共存しているが、その帰結に対する評価は多様である。そもそも東ティモールでは、下からの取り組みの一端を担う市民社会については、アルカティリ政権下で採用された「開発独裁体制」によって独立から2006年の紛争再発時にかけて、活動範囲が狭められていたことが指摘されている[16]。その後のNGO活動を通じた下からの取り組みを含めて、ハイブリッドな平和構築・紛争予防が模索される試みにはど

のようなものがあり、またどのような結果をもたらすかの分析は、端を発したばかりである。

　そこで本章では、SSRの分野を取り上げ、「東ティモール自身の平和構築努力（下からの平和構築の実態）」と、「平和構築の形態・モデルの一事例としての東ティモール（平和構築支援の理論）」という、重なりつつも異なる2つの方向性から見ていく。山田（2015）は、2006年に警察と国軍という国民の安全と治安秩序を担うべき両組織が銃撃戦に至ったことから、国連主導のSSRは失敗したと指摘した[17]。それではその後の東ティモールのSSRでは、2006年までの失敗の反省が生かされているのだろうか。このような問題意識のもと、続く第3節では「下からの平和構築」の取り組みを概観し、その概要を整理する。ここでは、現地政府やドナーと、東ティモールの人々自身による現状認識とのギャップについても明らかにする。そのうえで第4節では、平和構築論の観点から事例の検討を行う。特にここでは、前述のハイブリッドな平和構築・紛争予防を提唱する国際潮流と、さらに市民社会主導による平和構築・紛争予防の試みの事例の観点から検討を進める。最後に、それらを踏まえて現代の平和構築論の系譜の中に東ティモールの取り組み事例を位置づけて、その意味を考察する。

3. 下からの紛争予防・平和構築の実践事例

（1）NGOはなぜ、下からの紛争予防に取り組むのか

　「紛争」がもはや存在しないかのように扱われるようになった東ティモールで、人々は身近な「紛争」をどのように観察しているのだろうか。また、下からの紛争予防に取り組み続けるローカルNGOは、紛争の脅威について、要因、影響などをどのように認識しているのだろうか。ここではSSR分野を主要な活動領域とするローカルNGOとして、ベルン（Belun）とファンダサン・マヘイン（Fundasaun Mahein、以下FM）の活動を取り上げる。両NGOは、東ティモール全土のローカル・コミュニティにボランティアの事業協力者や職員を配置して、「草の根から人々の意識を変えていく」ことに取り組む、文字通り「下からの紛争予防」活動を実施しているローカルNGOである。また、ともに東ティモールの独立後に設立された比較的新しいNGO（ベルンは2004年、FMは2009年）であり、一部を除いてメンバーの多くは独立

表 10-1　紛争リスク（2015 年時点）

	国内紛争		国際紛争・国境を越える問題
	紛争の引き金要因	不安定化のリスク要因	
ベルン	土地紛争、DV	（特に若者の）失業、法執行機関（国軍・国家警察）による法令順守の不徹底、マーシャル・アーツ・グループ（MAG）、退役兵士	周辺国（インドネシア・オーストラリア）との国境・境界線をめぐる争い、（違法）薬物の中継地点
FM	土地紛争	MAG、退役兵士、権力者の法令順守の不徹底	―

闘争に直接従事した世代ではない。その意味では 2006 年以降に東ティモールが「平和構築の再始動」を経験する中で、その取り組みを担ってきた市民社会組織（CSO）と位置づけられる [18]。とりわけ FM は、1999 年の独立紛争前から活動している NGO も多い中、後発の部類に入る上に、前述の通り開発に主要な焦点が当たってきた 2009 年時点で SSR に向けて立ち上げられたユニークな存在である [19]。

　両 NGO によるコミュニティ（suku, district）・レベルでの紛争アセスメントでは、東ティモールの紛争リスクとして表 10-1 が指摘された。

　紛争の引き金要因とは、それを直接の契機に衝突が発生するリスクであり、不安定化のリスク要因とは、社会的な分断や不満を高める構造的なリスク（一般に、構造的要因といわれる）を指す。最初に、引き金要因で共通に挙げられる「土地紛争」に注目してみたい。発展途上国ではしばしば見られることだが、東ティモールでは土地の所有者が明確ではない。伝統的な土地所有権（ポルトガル植民地時代以前）、インドネシア併合時代に形成された土地所有権、国連統治下において一時的に国連によって認められた使用許可などが複雑に入り乱れている [20]。こうした中で開発事業が進められる時、必ず浮上してくるのが地権者の問題である。道路を通す、施設を建設するといったように、あらゆる開発事業の実施には必ず土地とその権利が係る。地権者が明確でない場合、事業実施に際して、複数の土地所有者が現れ、それぞれの権利とそれに基づく補償を主張し、結果として土地の所有をめぐって人々の間で紛争が発生することになる。FM のネルソン・ベロ代表によれば、東ティモールでは多くの人々が自分の土地を欲しており、他方で土地紛争を処理するための政府のメカニズム整備は遅延しているという [21]。いずれにしても、開発が加速して大型事業が進められれば進められるほどに、土地をめぐる紛争は

第 10 章　東ティモールにおける下からの紛争予防の取り組みと上からの治安部門改革との交錯　　**173**

顕在化することになる。

　また、東ティモールにおける不安定要因として従来から指摘されてきた2つの社会集団、「マーシャル・アーツ・グループ（MAG）」と「退役兵士」についても、両NGOは憂慮する。前者は若者世代中心であり、後者は老齢世代であるという相違はあるが、いずれについても、暴力に訴えて問題解決を図る傾向があるとされる。ベルンによれば、職のない多くの若者がMAGに加わり、グループ間の抗争も発生してきた[22]。実際に2006年の紛争再発時にも、こうしたグループが暴徒化したことが知られている。また、長年にわたって独立闘争を続けた東ティモール民族解放軍（FALINTIL）の元兵士は、文字通り独立の功労者であるとともに、初代大統領をFALINTILの司令官シャナナ・グスマン（Xanana Gusmão）が担ったように、その幹部は独立後の東ティモールの国家建設を担ってきた[23]。とりわけ国軍については、東ティモール国防軍の正式名称であるFalintil-Forças de Defesa de Timor Leste（F-FDTL）にFALINTILの名が残されるように、旧FALINTILからの連続性、影響は大きい。こうした点にも表れるように、2015年時点においても東ティモール社会では元兵士が影響力を保持しているとされ、政府も元部下・同僚でもある彼らの歓心を得るために手厚い年金支給を行ってきた[24]。このように元兵士であることが、実利を伴う社会的ステータスである一方、その元兵士の認定そのものが恣意的であり、公平性に欠いていることをNGOは指摘する[25]。

（2）下からの紛争予防による早期警戒システムの構築

　前項で見たように東ティモールでは、不安定要因の存在、すなわち土地管理制度の未整備や不満の温床となる公正さを欠く社会システムなどが存在する。こうした状況を踏まえ、ベルンやFMは東ティモールの安定性を楽観視せず、土地紛争などを切っ掛けに暴力事案が生起しないよう、早期警戒システム（Early Warning System：EWS）の構築に取り組んできた。これは、2008年にベルンがコロンビア大学の国際紛争解決センター（CICR）と協働で構築したものが始まりであり、基盤にはTara Banduと呼ばれる東ティモールの伝統的な紛争処理の方法がある[26]。Tara Banduは、コミュニティ・レベルで、人々の合意に基づいて調停を行う仕組みであり、ベルンによれば東ティモールの人々の多くが現在でも共有する文化である[27]。ベルンやFMは、

後に紛争の火種となりそうな課題をローカル・コミュニティがTara Bandu を開催して話し合う際に、スタッフを派遣して議論を支援し、また報告書を作成して、いかなる話し合いや決定がなされたのかについて、政府を含めた紛争予防のためのネットワークで共有し、EWSの構築へとつなげている。

　このTara Banduの開催に当たって、当事者（コミュニティ）側からNGOへ支援要請がなされる際に、連携の中核となるのがベルンやFMが各コミュニティに配置したスタッフとボランティアである。コミュニティに配置された彼らは、日常的にコミュニティの人々との対話を通じて情報を収集して、ディリに置かれたNGOの本部に報告を行う。ベルンの代表ルイス・シメネス（Luis Ximenes）は、配置されたスタッフにとって、コミュニティの課題は彼ら自身の課題であり、コミュニティの平和を維持することにスタッフ自身が我が事として責任を有するからこそ、効果的であるという[28]。NGOの本部では、集まってきた情報を整理して、ウェブサイトで公開しているEWSデータベースを更新する。また、情勢分析を加えて定期的にレポートを発行し、関係機関・コミュニティおよび紛争予防ネットワークに共有している。同時に、緊急性の高い懸念される紛争リスクがある場合、本部がスタッフを即応に現地へ派遣し、対処に当たることになる。

　こうした取り組みを通じて構築されるEWSには3つの狙いがある。第1に紛争の顕在化・拡大を未然に防ぎ、第2に紛争リスクについてデータベースの作成や紛争予防の経緯の報告書の提供によって政府の公共政策に対して資料や提言を発出し、第3に人々自身に紛争を回避し、予防する方法を理解してもらうことである。EWSの特徴を簡単に整理すれば、伝統的な紛争処理・意思決定の文化・慣習と、人々の中に入り込んだNGOスタッフによって、紛争の拡大を予め抑止し、政府の政策を修正して紛争予防の定着を図るものと位置づけられる。こうした活動をNGO自身は「治安分野開発」（Security Sector Development）と名付け、その高度化に取り組んできた。また、一連の治安分野における下からの紛争予防においては、政府機関に情報を共有することで、具体的な公共政策の推進につなげることを企図していることを、NGOは強調する[29]。

（3）上からのSSRと下からの紛争予防の連関

　それでは東ティモール政府は、ローカルNGOが察知した紛争リスク情報

をどのように捉えているのだろうか。ここでは、まず政府側の取り組みについて紹介し、その取り組みとFMやベルンの活動との連関について論じる。

2015年2月、第六立憲政府の首相アラウジョ（Rui Maria de Araújo）は、首相就任の所信表明演説において、「近年、市民社会は、われわれの民主主義国家としての国家建設のプロセスに、積極的かつ責務を持って参加してきている。第六政府は、このアプローチをNGOやメディアとともに取り入れ続けたい」と述べた。そして、「政府の行動を人々がレビューすることにより、より良い公共サービスが提供されるように、政府と人々との間のパートナーシップを構築したい」と具体的に提案したのである[30]。この提案に呼応して設立されたのが、首相府下のSocial Audit Initiative（SAI）である。

SAIは、人々の生活に最も影響を及ぼす、農業、教育、保健、基礎インフラの4つの分野に特化して、政府のプロジェクトの計画や履行に関し、市民やNGOからの意見を受け付け、それを政府内の関連部署と共有し、その問題解決までをモニタリングする部署である[31]。市民やNGOからの意見・質問・苦情は、文書、メール、電話などでSAIに寄せられる。SAIはその意見に関わる省庁部署を選定し、その部署に意見があったことを説明し、その対応・返答をもらう。また、意見等を寄せた市民に必ず対応・返答があるように、14人のSAI連絡要員が日々フォローを行っている。

当初、治安部門分野は、SAIの所掌範囲ではなかったが、その必要性が議論されるようになり、治安部門分野におけるSector Working Group（SWG）が立ち上がった。2か月に1度の頻度で開催されるSWGは、NGOと共に政府が治安部門関連の情報を共有する場となっている。このSWGでは、直近のコミュニティにおける治安状況に関する情報、あるいは政府側のSSRの取り組みの情報を共有するほか、土地問題、退役兵士、MAGなどの紛争リスクに関して意見交換が行われる。また、ベルンのEWSで蓄積した情報をベルン自らが分析し、それを協議するといった取り組みも行われている[32]。

このように、政府側が市民社会の活動を認め、意見を吸い上げる制度を立ち上げたのだ。これによりNGOは、コミュニティで人々の治安への取り組みを支援しながら、そこで得られた情報を今度は政府と共有し、治安に対する認識を市民のそれと一致させようとしているのである。

　われわれはEWSを、将来起こり得る可能性のある紛争について、政

府に対して助言と警告を与える手段として運用している。政府は力と影響力を持っており、われわれが紛争予防のために提供する情報を活用することができると信じている。

ネルソン・ベロ（FM代表）[33]

　ここに端的に表れるように、EWSは、政府による政策決定に際し、適切な情報を提供することを狙いに、NGOによって取り組まれる下からの紛争予防の取り組みである。こうした取り組みが、上述のSAIや政府への働きかけを場として、東ティモール政府の取り組む治安部門の政策と実際に結びついてきた。その一例となる事業を見てみよう。

　ベルンとFMは、2014年から3年計画で、USAIDの支援のもとでEWSのさらなる整備に取り組んできた。USAIDが100万ドルを拠出したこの協働事業は、市民社会のモニタリング能力を強化するとともに、国家警察とコミュニティの関係を促進することが狙いとされ、5つの県で実施されてきた[34]。これらの取り組みを通じて、人々が各コミュニティ内で犯罪行為に私的に対処するのではなく、警察へ通報するなど公的な手続きに則った紛争処理を行うように、彼らの意識を変えていくことが、下からの紛争予防の目標である。例えばローカルNGOが紛争リスクとして指摘したドメスティック・バイオレンス（DV）は、男性優位の文化の根強い東ティモールでは、一般に犯罪行為とは認知されていない。しかし、実際にNGOのサポートを得て解決に取り組む経験を経て、通報をためらう被害者の女性を含めて、人々自身がDVの発生に際して通報するように慣習を変えていく。ローカルNGOは、こうした人々の態度・行動の変化こそがEWSにとっての成功であると強調する。このことは、Tara Banduという伝統的制度を活用して下からの紛争予防に取り組む過程で、上からのSSRによって構築されてきた公的な制度を人々が認知し、そしてそれを信頼して活用するようにしていくことが、下からの紛争予防の目標となっていることを示している。

4. 市民社会による紛争予防・平和構築の理論的考察

　続いて、東ティモールにおけるSSR分野での新しい制度の導入と、既存の社会制度が包摂されてきた際の市民社会の役割を検討してみたい。

FMやベルンが立ち上げたEWSは、国民の安全を守る国家警察（PNTL）が知りえておくべき治安情報を集約する機能を持つ。つまり、本来であれば国家警察の役割を、市民社会が代替しているといっても過言ではなかろう。東ティモールは、コミュニティにおける交番システムが導入されているものの、その機能化・浸透は途上にある。2006年以降の警察改革は、警察官の専門性を重視する意識改革から、技能の習得、組織的な改変までに至り、時間を要するものである。そこで目の前の治安課題に対処するために、人々はローカルNGOとともに、伝統的な社会制度を活用しながら、紛争を未然に緩和・解消させる仕組みを作ったのである。これは、政府とNGOの関係を「代替的関係」と捉えることができる[35]。概念上、「代替的関係」には、政府とNGOとの間に協力あるいは協働するという意識はないが、政府の役割をNGOが代わって担っているのである。

　他方、政府が市民社会との連関を期待して立ち上げたSAIは、政府とNGOの間に協力関係を構築する制度的な試みである。アラウジョ首相の演説にあったように、NGOとのパートナーシップの構築が前提であるとすれば、NGOは、「代替的関係」であると同時に、政府との協力を意識することがNGO側に期待されているように思われる。実際、FMの主要な活動の1つは、治安部門に関連する法案や政策、治安部門の日々の活動に対してもモニタリングを行い、独自のレポートを発信することである。政府側は情報共有もさることながら、こうした市民社会側の意見を聞くという姿勢を示している。

　このように、自律性の高いNGOが、コミュニティにおける自発的な紛争処理・予防システムの維持を支援して政府に不足する能力を補うと同時に、政府に情報を提供している。東ティモールにおけるSSRに関わるローカルNGOの役割は、まさに人々と国家をつなぐ役割を果たしていることが推察できる。

　他方、東ティモールのローカルNGOが持つ政府との「代替的関係」がどのような現象として位置づけられるかは、さらなる検討の余地がある。国際社会は、政策提言の形で、紛争経験国あるいは民主化した国々におけるSSRに対し、NGOを含むCSOの役割を具体的に列挙している[36]。こうした政策提言は、CSOの役割を、国家の力が過度にならないよう、（非国家主体との）均衡を持たせることであるとして、その活動を促進させようとする。具体的

178　　第Ⅱ部　各論：「人間の安全保障」の地域の現状と取り組み

な役割とは、治安部門が行う活動の監視（watchdog）、モニタリング、治安部門が提出する政策へのアドボカシーなどである。つまり、従来の政策提言は、あくまでも上からのSSRに対し、下からのSSR活動で支えることを推進しており、上からのSSRの一部を担うような、代替的関係の側面は強調されていない。

　ただし、政府とNGOが協力関係を結ぶという面については、その関係の持続性の確保が課題となることは、これまでの他国の経験が示している。インドネシアでは、1980年代後半の民主化により、国のSSRに対して市民社会が関与する動きが活発化した。この活動に参加するアクターは、人権NGO、研究者、シンクタンク、あるいはSSRの中でも個別のイシューに特化した活動を行うNGOである。特に、市民社会の活動として、①治安部門の職権乱用に対する監視活動、②人々への治安部門改革に対する関心の促進、そして③治安部門改革に関連する政策立案への提言がある中、①や②は一定程度進んでいるとスカペロ（Fabio Scarpello）は評価する。ただし、③の政策立案への提言活動は沈静化したという。その理由として、インドネシア政府側の市民社会との連関に対する消極的な姿勢、2004年以降の民主化に対する国際支援の減少、CSOの中でのSSRへの関心の低下といった要因が挙げられている[37]。

　こうしたインドネシアの経験は、東ティモールにおける政府とNGOの協力関係に重要な示唆をもたらし得る。第1に、政府側による、NGOとの協力関係を維持する意思の持続の必要性である。第2に、財政面を含め、NGOの自律性の確保である。ベロFM代表は、FMの活動資金がドナーからの支援に依存している現実を踏まえ、昨今SSRへのドナーの関心が薄れつつあり、活動の継続を憂慮している。ローカルの専門家、NGOを支えることは、SSRを継続的に支援する在り方の1つであるかもしれない。

おわりに

　東ティモールでは、開発を最優先課題に置く政府のもと、当初は上からのSSRが取り組まれてきた。とりわけ2012年以降は、政府のみならず多くのドナーが、東ティモールを通常の開発段階に入りつつある国とみなしてきた。一方で、コミュニティ・レベルで立ち現れるようになってきた様々な紛争に

対処し、暴力に発展しないように予防してきたのは、ローカルNGOが人々と協力して作り上げてきたEWSであった。このシステムは、東ティモールの伝統的な紛争解決・意思決定の仕組みであるTara Banduに対する「人々の信頼」に基盤を置くものであった。つまり、既存の伝統的制度を活用する形で、下からの紛争予防がコミュニティ・レベルで機能してきたのである。こうして個々の紛争予防に活用されてきたEWSは、それを構築・運用してきたローカルNGOによる情報分析・発信、政府への情報共有を通じて、東ティモール政府の政策形成に影響を及ぼすようになってきた。

この東ティモールの経験をより具体的に整理すれば、2006年の紛争再発以降、主権国家として上からのSSRが動いてきた中で、その進捗を待てないコミュニティ——紛争が再発した場合の最大の被害者となる人々自身——は、半ば自主的に紛争予防を始めた。この際に鍵となったのが、伝統的な制度であるTara Banduであった。この事実は、上からのSSRの不足部分を、下からの紛争予防が「代替」している状況であることを示している。実際、コミュニティ・レベルで機能しているのは伝統的な社会制度であるため、政府はそれを受け入れ、そうした制度を取り込んでSSRを進めているのが実態である。

同時に、こうした活動をつなぐ存在としてのローカルNGOの役割も重要であった。とりわけSSRという国家建設・平和構築の高度な専門分野を理解し、そうした上からの取り組みの必要性を認識したうえで、ローカルにある伝統的制度にも知悉し、それらを組み合わせて下からの紛争予防による「代替」を目指す存在となっている。このような柔軟な発想を持つローカルの専門家は、ベルンやFMのリーダーたちに象徴される新世代の市民社会リーダーであり、そうした人材こそが不可欠といえる。

東ティモールでは、新世代が媒介として機能しつつ、上下のアプローチをつないで「人々の日常性が担保されるべき社会の安全を強化する」取り組みこそが、「治安分野開発」というハイブリッドな平和構築・紛争予防の具体像となってきた。こうしたハイブリッドな平和構築・紛争予防の事例を分析して、その実現・形成の諸条件をさらに明らかにし、そのうえで新たなシステムを発展させるための方策を検討することが、今後、重要になる。

注

1) Fukuyama, Fransis, *State Building: Governance and World Order in the 21st Century*, Cornell University Press: New York, 2004.

2) 詳しくは以下を参照。古澤嘉朗「『平和への課題』以降の平和構築研究の歩み」伊東孝之監修、広瀬佳一／湯浅剛編『平和構築へのアプローチ——ユーラシア紛争研究の最前線』吉田書店、2013 年；篠田英朗「国際社会の歴史的展開の視点から見た平和構築と国家建設」『国際政治』第 174 号、2013 年 9 月。

3) 篠田英朗『平和構築入門——その思想と方法を問いなおす』ちくま新書、2013 年。

4) 例えば、Paris, Roland and Timothy D. Sisk（eds.）, *The Dilemmas of Statebuilding: Confronting the Contradictions of Postwar Peace Operations*, Routledge, 2009.

5) Richmond, Oliver, *Liberal Peace Transitions: Between Statebuilding and Peacebuilding*, Edinburgh University Press, 2009.

6) Richmond, Oliver and Audra Mitchell（eds.）, *Hybrid Forms of Peace: From Everyday Practice to Post-Liberalism*, Palgrave Macmillan, 2012.

7) 東大作『平和構築——アフガン、東ティモールの現場から』岩波新書、2009 年。

8) マクギンティは「ハイブリッドな平和」の鍵として、国際社会の平和活動とローカルな平和への自主的な動きとの接合点（interface）に注目する。Mac Ginty, Roger, "Hybrid Peace: The Interaction Between Top-Down and Bottom-Up Peace," *Security Dialogue*, Vol.41（4）（2010）: 391-412.

9) Peake, Gordon, *Beloved Land: stories, struggles, and secrets from Timor-Leste*, Scribe Publications Pty Ltd., 2013.

10) República Democrática de Timor-Leste, *State Budget Approved. 2015. Budget Overview Book 1*, 2015.

11) Ministry of Finance, '2014 Development Cooperation Report for Timor-Leste Overview', Development Partnership Management Unit, Ministry of Finance, Government of the Democratic Republic of Timor-Leste, June 2014.；ネルソン・ベロ FM 代表へのインタビュー、2016 年 3 月 9 日。

12) 井上浩子「国家構築と文化触変——東ティモールにおける村会議制度の構築」平野健一郎他編『国際文化関係史研究』東京大学出版会、2013 年；Matsuno, Akihisa, "The UN Transitional Administration and Democracy Building in Timor-Leste," In Mearns, David J., and Steven Faram（eds.）, *Democratic Governance in Timor-Leste: Reconciling the Local and the National*, Darwin: Charles Darwin University press, 2008.

13) 石塚勝美「東ティモールにおける住民参加型国家建設の可能性について」『共栄大学研究論集』第 12 号、2014 年 3 月。

14) 宮沢尚里「紛争後の環境資源管理における市民社会の役割」『国際政治』第 169 号、2012 年。

15) 田中（坂部）有佳子「東ティモールにおける地方選挙——新生民主主義国における地方分権化としての考察」『アジア次世代論集』第 7 号、早稲田大学アジア研究機構、2014 年。

16）山田満「第14章　東ティモールの平和構築と市民社会の役割」アジア政経学会編『現代アジア研究　市民社会』慶應義塾大学出版会、2008年。

17）山田満「平和構築と紛争予防ガバナンス——東ティモールの治安部門改革（SSR）を事例として」初瀬龍平／松田哲編『人間存在の国際関係論——グローバル化のなかで考える』法政大学出版局、2015年。

18）山田（2008）、355頁。

19）特にFMは、SSRに関わる活動に特化している。FMの主な活動は、東ティモールにおける治安部門の能力向上と正統性の確保を支援するために、治安部門に関連する法律、政策の立案あるいは日々の治安部門の活動に対して、市民の視点からモニタリング、分析したうえでアドボカシーを実施する。

20）USAID, "Timor-Leste Country Profile: Property Rights and Resource Governance," 2012.

21）同時に、多くの土地を持つ権力者は、嫉妬の対象となることも指摘する。

22）Belun, "Dynamics of martial arts related conflict and violence in Timor-Leste," *Belun Research Report*,（May 2014）

23）2012年に就任したルアク大統領（Taur Matan Ruak）もまた、元FALINTIL参謀長である。

24）ADBによれば、東ティモール政府支出の14%（2009〜2013年）が年金を中心にした個人への給付であり、その中核を占める元兵士へは、1人当たり2760ドルから9000ドルが支給されている。Asian Development Bank, "Timor-Leste," *Asian Development Outlook 2014: Fiscal Policy for Inclusive Growth*,（2014）p.251.

25）FMのベロ代表によれば、元兵士に限らず、元難民、紛争犠牲者等、公的福祉（年金支給）の対象となる認定手続きに問題があり、公正な社会システムではないという。またベルンは、元兵士への年金がコミュニティを分断し新たな紛争の火種となることを指摘する。Belun, "Veteran's payments in Timor-Leste—a source of conflict?" *East Timor Law and Justice Bulletin*（November 4, 2014）.

26）The Inside Story on Emergencies（IRIN）(ed.), "Timor-Leste promotes traditional conflict resolution," June 2010；Belun, "Annual Report Reporting Period: FY October 2010-September 2011," 2011.

27）Belun/The Asia Foundation, *Tara Bandu: Its Role and use in community Conflict Prevention in Timor-Leste*, June 2013. ただしベルンらは、各コミュニティにおけるTara Banduの位置づけは多様化していることにも注意喚起する。

28）同代表へのインタビュー、2016年9月8日。

29）例えば情報提供を行う連携先としては、内務省、司法省、社会連帯省がある。

30）Speech by His Excellency the Prime Minister Dr Rui Maria de Araújo on the Occasion of the Swearing-in of the Sixth Constitutional Government, Lahane Palce, Dili, 16 February 2015.

31）首相府（Social Audit Initiative）連絡要員長、グテレス（Edio José Maria Guterres）氏へのインタビュー、2016年3月11日。

32）ベルンは、EWSから得られた情報をEWERマッピングシステムに集約している。そ
のため、特定の場所で異時点における暴力の発生頻度の比較や、同時点における暴力種
類別の発生頻度の比較などが可能である。EWERは以下で閲覧可能（https://belun.
crowdmap.com 2016年6月25日閲覧）。

33）同代表へのインタビュー、2016年3月9日。

34）USAID, "Civil Society Monitoring of Security-Sector Development（CSM-SSD）."
https://www.usaid.gov/timor-leste/project-descriptions/civil-society-monitoring-
security-sector-development

35）デニス・R・ヤング「相補か、補完か、敵対か」E・T・ボリス／C・E・スターリ編
著『NPOと政府』ミネルヴァ書房、2007年、26-60頁。

36）Timothy Donais（ed.）, "Local Ownership and Security Sector Reform," Geneva Cen-
tre for the Democratic Control of Armed Forces（DCAF）, 2008 ; DCAF and United
Nations Development Program（UNDP）, "Public Oversight of the Security Sector: A
Handbook for Civil Society Organizations," 2008.

37）Fabio Scarpello, "Civil Society and SSR in Indonesia." In Heiduk, Felix（ed.）, *Security
Sector Reform in Southeast Asia: From Policy to Practice*, Palgrave, 2014.

11

東南アジア大陸部における武力紛争と
国内避難民への人道支援
ミャンマー・カチン民族を事例に

峯田史郎

はじめに

2015年11月、ミャンマー[1]総選挙が実施され、国民民主同盟 (NLD) が圧勝した。実質的な軍事政権が半世紀ぶりに終わりを告げ、ミャンマーは民主化への道を歩み始めたかに見える。国内の少数民族の扱いに目を向けてみると、総選挙前の10月15日には、国軍と少数民族武装グループとの間に全国停戦協定 (NCA) が結ばれた。こちらも、長期にわたり継続している武力対立が収束に向けて動き始めたかに見えた。しかし、反テロリスト法に基づく非合法組織として認定されている17グループのうち、NCAに署名したのは8組織のみであるなど、全面的解決への道のりは遠い状況にある。

ミャンマーの武力紛争は、民族構成比で見ると、多数派のビルマ民族が主導する政府と少数民族の衝突という構図で捉えることができる。ミャンマー各地で発生してきた武力紛争は、ミャンマーが英国から独立する1948年前後に端を発し、世界で最も長く継続してきた。2011年から始まるテインセイン政権による民政移管後も、各地で戦闘が発生しており、現在でも全国で24万人以上の国内避難民 (IDPs) がいるとされる[2]。これら避難民の多くは、ミャンマーの多数派であるビルマ民族と比較して少数である各民族である。

このようなミャンマーの武力対立は、他国と境界を共有する国家周縁部で発生していることが特徴である。一見、周縁部に追いやられ、不利な地理的条件のもとでの戦闘を強いられているかに見えるこれらの少数民族武装グループは国境を利用しながら、紛争を継続してきた。同時に、この武力紛争によって多数の人々が居住地を追われてきたことも事実である。このような国内避難民への支援は、国境の特殊性を利用して実施されてきた。

184 第Ⅱ部　各論：「人間の安全保障」の地域の現状と取り組み

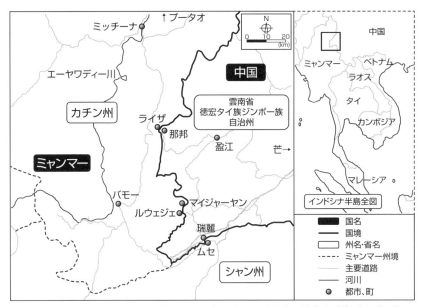

図 11-1　ミャンマー　カチン州・シャン州―中国　雲南省・徳宏タイ族ジンポー族自治州　国境

出典：Google map を参照し、筆者作成。

　本章の目的は、この国境付近で発生している武力紛争について、紛争期における平和構築活動としてのIDPsへの支援形態、特にローカルアクターの活動を検討することである。事例として、カチン独立機構（KIO）とミャンマー国軍との間の武力紛争であるカチン紛争を取り上げる。KIOはミャンマー・カチン州において、特に中国との国境沿いに拠点を構えており、その周囲は国軍に包囲されている。そのため、このカチン紛争で発生したIDPsへの人道支援は、物資輸送などの支援経路から見て非常に困難な状況にある。

　1961年から継続するカチン紛争は、94年の停戦の後、2011年に再発した。この武力紛争再発で居住地を追われたIDPsは、2015年時点でも9万6400人と推定されている[3]。これらのIDPsの大部分はKIO管理区域にキャンプを形成してきた。

　このIDPsへの人道支援は、カチン民族によるローカルNGOや国内NGOといったローカルアクターが主体となっている。これらのローカルアクターの活動は外部からの物質的支援を必要としているものの、その支援経路は国軍管理区域を通過するか、あるいは中国領域を通過しなければならない。ま

た、小規模なローカルアクターは1つの団体だけでは、国連組織や国際NGOといった外部組織の影響に左右されるという政策的ジレンマを抱えている。

これらの地理的困難性や政策的ジレンマを克服するため、ローカルアクターはKIO管理区域が中国領域と接しているという特殊性を利用し、国家間関係によって法的に構築された国境をすり抜けて、支援を継続している実態がある。また、複数のローカルアクターが共同で支援戦略を打ち立てることにより、政策的ジレンマを解消しようとしている。

本章では、第1節にてカチン紛争の展開を整理し、第2節にて国境を跨いだIDPs支援組織の関与、そして第3節にてローカルアクターによる共同戦略を検討する。

1. カチン紛争の展開

（1）カチン民族による武力紛争の発生

カチン民族[4]がミャンマー政府に対して平等な自決権を求める闘争は50年以上にわたる。カチンを主体とする反政府活動グループの中で最も大規模な組織は、カチン独立機構（KIO）である。

カチン民族による自治権獲得を求める武装闘争の原因は、ミャンマー独立以前に遡る。近代以降の英国によるミャンマーへの植民地政策と、第二次世界大戦期の短期間の日本による支配は、民族ごとに分割して統治することで、それぞれの民族の確執を利用するものであった。結果的にこの分割統治はミャンマーにおいて多数を占めるビルマ民族とそれぞれが少数の非ビルマ民族との対立構図を作り出した。これは統治を容易にするものであり、現在のミャンマー少数民族問題の根本的な原因である。

ただし、この民族性を利用した分割統治は非ビルマ少数民族に2つの意識をもたらした。1つは自分たちの民族に対する意識、つまり自分たちの土地、文化、言語、宗教を守るという意識である。もう1つが、非ビルマ少数民族の間での連帯意識である。分割統治の過程でビルマ民族に対する意識を共有させてきた。この運命共同体的意識よって、後のパンロン協定での「ビルマ民族を含めたすべての民族とともに連邦国家を作る」という国家像が掲げられることになる。さらに、この意識が武力紛争として顕在化する非ビルマ少

186 　第Ⅱ部　各論：「人間の安全保障」の地域の現状と取り組み

数民族の連邦主義運動に結びついていく[5]。

　ミャンマー独立以前、1947年2月のパンロン協定は、ビルマ民族指導者アウンサンがシャン、カチン、チンといった諸民族に呼びかけた会議で締結された。英国からの独立時に、英国が示した「ビルマ民族をはじめとする諸民族からなる連邦制国家でなくてはならない」との条件を実現するためである。

　しかし、1947年7月にアウンサンが暗殺され、翌年1月にミャンマーが独立を成し遂げた後、国内の状況は、「辺境地域はミャンマー連邦に参加し、州と特別区は自治権を持つ」というパンロン協定が期待した趣旨とは異なっていた。ミャンマー政府はビルマ民族の優位を当然とする政策を掲げ、ビルマ民族主導の中央集権的国家建設を推進していった。その結果、憲法で認められた非ビルマ少数民族の自治権や平等を認めることなく、非ビルマ民族の居住地を植民地とみなす政策を実施してきた。そのため、非ビルマ民族の不満は徐々に高まっていき、非ビルマ少数民族は武力による闘争へと発展していく。非ビルマ少数民族の中で、最初にカレン民族が49年に反旗を翻した。カチン州でも、56年と57年には、本来カチン州に属する地域がカチン民族の反対を押し切ってザガイン管区に編入され、同様に60年には当時のウーヌ政権によって中国に割譲されることで、反政府感情が醸成されることとなる。さらにミャンマー政府による仏教国教化政策の強行は、キリスト教徒の多いカチン民族にとっては受け入れ難いものであった。その結果、自治権制限と中央集権支配の広がりに危機感を募らせたカチン民族は、61年に武装蜂起した[6]。

　その後、国軍とカチン民族との武力は、他の非ビルマ少数民族による反政府活動やビルマ共産党の活動と合わせて複雑な経過を辿ってきた。1962年のクーデターによって誕生したネウィン政権によって軍部が全権を握った後も中央集権政策は加速し、少数民族への弾圧もより強力になった。その経過の中で、カチン民族の人々は、殺害、性的搾取、村落の破壊、強制労働など、大きな被害を受けてきたのである。この状況下で、カチン民族の一般住民は、自らの安全を求めて、国内外に移動せざるを得ない状況が生まれた。

（2）1994年の停戦協定

　1988年、ミャンマー全土に広がった民主化運動が、軍事政権によって封

じ込められた後、カチン民族を取り巻く情勢は大きく変化した。軍事政権は反政府活動をしている少数民族武装グループとの停戦協定を締結する取り組みを開始したのである。

KIOは、1994年2月、ミャンマー政府と停戦協定を結んだ。その背景には長期にわたる武力紛争がKIOの紛争継続能力に限界をもたらしていたことである。さらに、それまでKIOが翡翠や木材の輸出先としていた中国側からの圧力があった。この停戦協定より、KIOは一定の支配領域を確保した。ただし、協定の内容は両者の軍事的位置は変更せず、地域経済の振興を優先し、自治権に関する問題は先送りにするというものであり、KIOは苦い決断をせざるを得なかった[7]。

そのため、この停戦協定では、カチン民族には目に見える恩恵を得ることができなかった。カチン民族は、潜在的な反乱分子とみなされ、民族的自由を制限された。伝統行事を開催する自由、民族の固有言語を教える自由、信教の自由、就職や昇進などの社会的自由を制限された生活を強いられることとなる。このため、停戦協定が結ばれた後も、カチンの国内外への移動を強いられ続けることとなった。他方で、ミャンマー政府にとって、この停戦協定は莫大な権益をもたらす契機となった。カチン州は翡翠などの豊富な地下資源、森林資源があり、水力発電の適地でもあるため、その後の電力需要を予測した開発も実施されてきた。また、カチン州は地理的に中国・雲南省への交通の要地であり、増大する貿易がミャンマー政府に恩恵を与えた。これらの資源から生み出される利益は、少数の例外を除けば、カチン民族に還元されることはなく、ミャンマー軍事政権幹部と中国企業を富ませ、その結果、カチン民族の土地は激しい収奪により各地で様々な環境問題、労働問題が生じることとなった[8]。

(3) 武力紛争の再開

このような状況下でミャンマーでは新しい局面を迎えることになる。ミャンマーでは民政移管に向けた2008年憲法の制定、新政府の設立、テインセイン大統領の就任、アウンサンスーチーの解放と政治活動再開というめまぐるしい変化を迎え、民主化への期待が高まっていた。しかし、2011年6月9日、国軍はKIOに対する攻撃を開始し、1994年から続いていた17年間にわたる停戦合意が破棄された。

表 11-1　ミャンマーの主な少数民族武装グループ

名称（略称）	管理区域	推定兵士数	直近の個別停戦協定日
ワ州連合軍（UWSA）	シャン州北部	30,000	2011 年　9 月　6 日
民族民主同盟軍（NDAA）	シャン州東部	4,500 〜	2011 年　9 月　7 日
民主カレン慈善軍（DKBA）	カイン州南部	1,500 〜	2011 年 11 月　3 日
シャン州復興評議会／シャン州軍（RCSS/SSA）	シャン州南部	8,000 〜	2011 年 12 月　2 日
チン民族戦線（CNF）	チン州西部	200 〜	2012 年　1 月　6 日
カレン民族同盟（KNU）	カイン州、バゴー管区西部、タニンダリー管区北部	5,000 〜	2012 年　1 月 12 日
シャン州進歩党／シャン州軍（SSPP/SSA）	シャン州北部	8,000 〜	2012 年　1 月 28 日
新モン州軍（NMSP）	モン州、タニンダリー管区の一部	800 〜	2012 年　2 月　1 日
カレン民族同盟／カレン民族解放軍平和評議会（KPC）	カイン州中部	200 〜	2012 年　2 月　7 日
カレンニ民族進歩党（KNPP）	カヤー州北東部	600 〜	2012 年　3 月　7 日
アラカン解放党（ALP）	ラカイン州北部、カイン州	60 〜 100	2012 年　4 月　5 日
ナガランド民族社会主義評議会カプラン派（NSCN-K）	ザガイン管区北西部	〜 500	2012 年　4 月　9 日
パオ民族解放機構（PNLO）	シャン州南部	400 〜	2012 年　8 月 25 日
全ビルマ学生民主戦線（ABSDF）※1	KIO、KNU 管理区域	400 〜	2013 年　8 月　5 日
カチン独立機構（KIO）	カチン州、シャン州北部	10,000 〜	交戦中
アラカン軍（AA）※2	KIO 管理区域	2,000 〜	交戦中
タアン民族解放軍（TNLA）	シャン州北部	4,500 〜	交戦中
ミャンマー民族民主同盟軍（MNDAA）	シャン州北東部	3,000 〜	交戦中

出典：Burma News International, *Deciphering Myanmar's Peace Process: A Reference Guide 2015*, 2015 を参照し、筆者作成。
※ 1　ABSDF は、旧学生運動グループである。
※ 2　ミャンマー政府は、AA が KIO の支配下にあるとして、停戦交渉への参加を認めていない。

　この武力紛争再開の背景には、総選挙前の 2009 年に、ミャンマー政府が国境付近の区域を管理する少数民族武装グループに対し、国軍指揮下の国境警備隊（BGF）への編入という事実上の武装解除を要求したことが挙げられる。これに対し KIO をはじめとする少数民族武装グループは編入を拒否し、国軍との間で緊張が高まっていた（表11-1 参照）[9]。11 年 6 月、国軍と KIO との前哨地での諜報員に関するトラブルから国軍が部隊を進め、KIO が国軍の補給路にある複数の橋を破壊したことで戦闘が再発した[10]。テインセ

表11-2　少数民族武装グループのUNFC・NCCTへの参加、NCAへの署名状況

略称	UNFCへの参加	NCCTへの参加[※1]	NCAへの署名
UWSA			
NDAA			
DKBA		○	○
RCSS/SSA		※2	○
CNF	○	○	○
KNU	○	○	○
SSPP/SSA	○	○	
NMSP	○	○	
KPC		○	○
KNPP	○	○	
ABSDF			○
ALP		○	○
NSCN-K			
PNLO	○	○	○
KIO	○	○	
AA		○	
TNLA	○	○	
MNDAA	○	○	

出典：Burma News International, *Deciphering Myanmar's Peace Process: A Reference Guide 2015*, 2015 を参照し、筆者作成。

※1　NCCTへはこのほかに、ラフ民主連合（LDU）、ワ民族機構（WNO）、アラカン民族会議（ANC）が参加している。

※2　RCSS/SSAは、会議には出席したが、NCCTへの参加は見送った。

インは国軍に停戦を指示したものの、国軍は攻撃を止めるどころか、12月にはKIO本部のあるライザへの空爆を開始した。交戦状態は現在でも継続しており、約10万人ともいわれる難民・国内避難民がミャンマー国内、中国との国境に押し寄せる事態となっている。

　停戦が破られる原因となった国境警備隊編入問題を契機に、少数民族武装グループの間では、協力関係が構築されていった。KIOをはじめとする6組織は、2010年11月に連邦緊急委員会（CEFU）を設立し、翌年2月、これを11組織による統一民族連邦評議会（UNFC）へと発展させた（表11-2参照）[11]。

　それぞれの少数民族グループがミャンマー政府に対し個別に対峙することが不利な状況下で、少数民族武装グループはUNFCを結成し、ミャンマー

190　第Ⅱ部　各論：「人間の安全保障」の地域の現状と取り組み

政府に政治的対話を求めたのである。なぜなら、軍事政権下で国軍は、中国をはじめとする外部からの支援を受けて所有する武器を近代化し、兵力も1988年の20万人から40万人へと倍増させていたからである。他方で、少数民族武装グループ側は、ワ州連合軍が3万人の兵力を有していることを除けば、軍事政権下で弱体化し、KIOも1万人の規模であった。少数民族武装グループの中には数百人というグループもある[12]。

しかし、こうしたUNFCのような少数民族の結束を好まず、少数民族との個別の交渉が有利に進むと考えていたミャンマー政府は、2012年に連邦和平作業委員会（UPWC）を発足させた。また、UPWCの副委員長であるアウンミンを長とするミャンマー平和センター（MPC）を開設し、少数民族武装グループとの交渉の窓口とした。このMPCと少数民族武装グループとの個別交渉は、一定の成果を上げ、2013年8月までに、14のグループと新たな停戦合意を結んでいる（表11-1参照）。

しかし、KIOを含む3グループとの交渉が進展しないため、テインセイン政権は、少数民族武装グループに対し柔軟姿勢を取るようになった。その結果、全国での停戦を包括的に宣言する全国停戦協定（NCA）を、中国、インド、タイ国、日本、EU、国連代表の立ち会いのもとで締結することを目指した。少数民族武装グループは、UNFCに参加してこなかったグループも含む、全国17グループとミャンマー政府に対し共同で、武力紛争を平和的に協議するための全国規模停戦調整チーム（NCCT）を結成し交渉に当たった（表11-2参照）。

ただし、結果的に2015年10月にネピドーで開催された会議で、この協定に署名したのは、カレン民族同盟などの8組織に留まった。全国停戦協定に署名しなかったKIOなどの組織は、政府が連邦制への確約を示していないこと、17組織すべてが調印する見込みのないことを調印しない理由に挙げている（表11-2参照）。

本節で整理したように、KIOと国軍との間の武力紛争は、1961年の武装蜂起以来、94年の停戦協定を経た後も再発する事態となっている。この期間にも、戦禍を逃れるために多くのIDPsが生み出されてきた。次節では、このIDPsへの人道支援に際し、支援アクターが地理的困難性を克服するために、ミャンマー・中国国境をどのように利用しているのかを検討する。

第11章　東南アジア大陸部における武力紛争と国内避難民への人道支援　　**191**

2. 国境を跨いだ国内避難民（IDPs）支援組織の関与

（1）国境における法的境界と実質的現象

　KIOは、カチン州におけるミャンマーと中国との間で決められた国境の大部分とシャン州北部の一部の国境を管理下に置いている。そのため、ミャンマーと中国との国家間関係によって決定された国境認識に抗うように、KIOは国境を利用している。これは、国家法によって定められたde jure（法的）な国境に対する、de fact（実質的）現象を生んできた。つまりKIOの国境認識は国家の領域性や統治形態に対抗するものである。

　この国境周辺において、KIO管理区域は、カチン州東部とシャン州北部に跨っており、KIOは、この区域に5つの旅団を配置している [13]。この管理区域は、州境を挟んで連続しているように見えるが、その実態は、ミャンマー政府が管理する「点と線」によって分断されている。つまり、KIOがカチン州東部とシャン州北部とを平面的に管理する一方で、ミャンマー政府の管理区域は、カチン州都のミッチーナ、南部のバモー、北部のプータオといった主要都市を掌握しており、それぞれの都市を結ぶ主要な幹線道路と鉄道を管理下に置いているのである。

　KIO幹部が国軍の点と線の管理によって分断されている区域内の拠点を移動する場合、必要に応じて、一旦、中国領域内の雲南省徳宏タイ族ジンポー族自治州に入り、そしてKIO管理区域に再度入り直す。なぜなら、この管理区域内は、車両移動に適した道路が整備されていない箇所があるためである。また、KIO管理区域内で、本部を置くライザがある北部と南部の区域は、国軍管理下にあるルウェジェで分断されている。この際も、将校は中国のナンバープレートを付けた車両で移動する。運転手は、中国国内居住のカチン民族である。彼らは中国国内ではジンポー（景頗）族と呼ばれている。

　現地の中国公安は、暗黙の了解として通行を許可している。中国公安がKIO車両の通行を許可していることは、中国当局がKIOを政治主体として認識していることを意味する。双方は貿易や商業に関する協定を締結してきた。

　このような国家間関係における法的な枠組みの間隙を縫った実質的現象を、IDPsへの支援でも観察することができる。例えばカチン・バプテスト・コンベンション（KBC）のローカルスタッフは国際医療NGOのAMDAがミッ

チーナで開催するセミナーに定期的に参加している。これらのスタッフは、シャン州北部の国軍管理区域であるムセに居住しており、ミャンマー・中国国境のIDPsキャンプへの支援を実施する際には、ミャンマーから中国雲南省のみ入境できる許可証で、一時的に中国領域内へ入り、中国領域からIDPsキャンプへアクセスする。このアクセスを容易にするため、KBCは盈江に事務所を構えている。

　また、国境付近で活動するローカルアクターのスタッフ間での連絡手段は、ミャンマーの通信網が利用範囲外であるため、中国領域内の通信網を利用せざるを得ない。そのため、ローカルスタッフは中国国内で販売されているSimカードを購入し、中国の通信網を使用して意志疎通を図っている。この時に最大限に利用されているのが、中国のSNSサービスのWeChat（微信）というアプリケーションである。確かに、情報発信やメッセージ機能での意志疎通の方法として全世界で多数の人々に使用されているのはフェイスブック（FB）である。しかし、中国内では政府方針により、FBへの接続が大幅に制限されている。そのため、このWeChatの使用が連絡方法の主流である。ただし、カチン管理区域以外のNGOによる情報を得るため、あるいは他地域のスタッフとの連絡のために、FB利用が必要とされる時には、中国内の制限を掻い潜るためのアプリケーション（VPN）を一時的に使用している。

（2）人道的状況とIDPs発生の原因

　2011年に停戦協定が破棄され、国軍とKIOとの武力紛争が再開されて以降、国軍兵士によるカチン民族の一般住民に対する人権侵害が多数報告されてきた。誘拐・拷問・殺害、強制労働、女性や子どもへの暴力、強制労働・荷役、強制移住、財産の略奪、家屋・教会の破壊など様々な侵害である[14]。

　確かに国軍による暴力は、1994年の停戦合意以前にも横行していた。これはカチンの難民を発生させる原因となり、近隣諸国、特に北部タイを中心としたカチン難民コミュニティの形成につながった。しかし、2011年以降の状況は、1994年以前と比較して、大規模なIDPsキャンプが形成されたことが特徴である。この特徴をもたらした原因として（1）国軍の軍事作戦規模の大きいこと、（2）戦局拡大が速いことの2点が挙げられる。この原因は、国軍にとっては、2011年以降に、他の少数民族武装グループとの個別的停戦合意が順調に進み、KIOとの戦闘に戦力を集中できたことである。他方

で、KIOにとっては17年間の停戦の間に、武力紛争が再開されることを予見し、戦闘に耐えられるだけの軍事力だけではなく、それを支える総力を蓄えてきたことに由来する[15]。

　2011年以降、約10万人のカチン民族が本来の生活の場を追われ、その後、何度も移動を強いられてきた。これらの人々は、現在でも、カチン州とシャン州北部にある大小合わせて150を超える居留地に身を寄せている。ただし、この数字は、継続する武力紛争下で常に流動的な数字である[16]。

　これらの居留地は、大きく4つのタイプに分けられる。まず、KIO管理区域内のIDPsキャンプである。次に、国軍管理区域内のIDPsキャンプである。ミッチーナ、バモー、プータオに設けられており、教会施設を利用した比較的小規模なものが多い。3番目が中国国内に設けられていた難民キャンプである。ただし、中国当局はカチン州からの越境難民を認めておらず、これらの難民キャンプは非公式であった。そのため、最終的に中国領域内のキャンプは2012年8月に中国当局によって排除された。その他、4番目の居留地として、生活の場を追われた人々がKIO管理区域、ミャンマー政府管理区域、中国国内を問わず、カチン民族の親戚宅に身を寄せるケースが見られる。この4つの現状を見ると、居留地の大部分を占めるのがKIO管理区域にあるIDPsキャンプである。

(3) NGOによる人道支援の枠組み

　2015年、ミャンマー政府とKIOとの武力紛争によるIDPsの人道的危機は、2011年の紛争再発以来、4年目に突入した。この戦闘のため、IDPsの生計、社会経済インフラは悪化し続けており、カチン民族の350以上のコミュニティが破壊されてきた。そのため、武力紛争に翻弄されるカチン民族のIDPsのニーズは拡大傾向にある。2014年8月にUNDPなどの国連組織やセーブ・ザ・チルドレンといった国際NGOから構成されているミャンマー人道援助チーム（HCT）の報告によると、少数であるが、一時的あるいは部分的な帰還が見られるキャンプもあるものの、IDPsが全体的に必要としていることは、再定住というよりもむしろ、IDPsの現状に沿った継続的な緊急援助であると述べている。同様に、国連人道問題調整事務所（OCHA）のレポートは、政府管理エリア内外を問わず、「一連の緊急対応、早期の復興、生計への支援」が、すべてのセクターを通じて必要と指摘している[17]。

2013年にKIOと政府の間で締結された帰還／再定住枠組みに関する合意は、双方の信頼醸成に基づき、4つの村が先行して選択した。この4つの村での監視メカニズムに合意した後の、この枠組みの拡大と幅広い実行が期待されている。2014年5月、カチン州政府は、この枠組みに沿って国軍管理区域にあるキャンプから新しく建設された人工の村へ、113世帯を帰還させる事業を独自に主導した。これにより、帰還／再定住事業の肯定的な評価が見られるが、HCTはこの小規模な結果が、大規模な帰還へとつながるかどうかは、まだ不透明である、と指摘している[18]。

このように困難な状況に置かれているIDPsキャンプに対する支援は、多様なアクターによって実施されており、大きく6つに分けられる。

まず、カチン民族のローカルNGOである。武力紛争の再開を機に、別々に活動していたローカルの団体が結集して生まれたNGOであるウンポウン・ニントエ（WPN）が挙げられる。WPNはKIOの第2の拠点であるマイジャーヤン地区と中国領域からの支援を実施している。第2に挙げられるのは、中国のカチン民族からの支援である。中国国籍を持ち、中国領域内に居住するカチン民族や中国のキリスト教会が、食料や衣料を中心とした支援物資をIDPsキャンプへ送っている。第3に、ミャンマー国外のカチン民族からの支援である。世界各国のカチン・コミュニティが、自らの故郷への支援活動をしている。その中でも、タイ・チェンマイとマインジャーヤンに事務所を持つパンカチン発展協会（PKDS）は、KIOから管理区域内での活動を認められている唯一の外部団体である。この団体は中国領域を経由して、独自に衣料や食料を提供してきた。第4として、国軍管理区域内を拠点とする国内NGOによる支援活動が挙げられる。キリスト教会の関係団体であるカチン・バプテスト・コンベンションが代表例である。これらの団体は、カチン州内の国軍管理区域だけではなく、ヤンゴンなどの中心都市からも支援している。ただし、国軍管理区域に拠点を置くこれらの支援団体は、KIO管理区域に入るまでに国軍による複数のチェックポイントを通過する必要があるため、大規模な物質的支援は不可能である。そのため、これらの組織は、調査・記録といった活動が中心となっている。しかし、これらの国内NGOはKIO管理区域にアクセス可能なローカルスタッフを配置し、直接支援も実施している。5番目は国連機関による支援である。2011年末から国連人道問題調整事務所（OCHA）を中心に実施されてきた。しかし、その支援頻度は

不定期で、物量も不十分である。これは国連機関がKIO管理区域に到達するまでに国軍管理区域内を通過する必要があり、必然的にミャンマー政府の許可が必要となるためである。最後に国際NGOが挙げられるが、国連機関と同様に、KIOとミャンマー政府の管理区域との間の隔たりが障害となり、公式の活動を実施することは困難である。しかし、中国を経由した非公式な支援や、IDPsキャンプの取材を通じた人道状況を把握する調査活動は実施されている。

このような多様なアクターによるIDPsへの支援において、現場での直接的な支援に携わるのがローカルNGOと国内NGOのローカルスタッフである。ミャンマー政府が民政移管を開始して以降、国際NGO、投資家、外国政府のような国際アクターがミャンマー国内へ利益をもたらす機会が増加してきた。しかし、これら外部からのアクターが支援現場へもたらす恩恵は迅速かつ強力であるものの、同時にローカルNGOや国内NGOといったローカルアクターを主体とする支援現場にとって3点のリスクも孕んでいる。

まず、ローカルアクターの役割の弱体化である。ある国家において、国際NGOが活動できること自体、その国の政府管轄組織以外の活動に対して比較的寛容であることを意味する。ただし、ローカルアクターが国家建設に関与することは重要な役割であるにもかかわらず、ローカルアクターと国際NGOとの間には協力関係に課題がある。それは国際NGOが活動する場合に、ミャンマー政府に対する登録が必要となることから発生する課題である。特に、国際NGOは、武力紛争地域における検討課題を政府と協議しながら、その国の中での役割と地位を求めなければならない。国際NGOと政府との関係が緊密になればなるほど、ローカルアクターの役割を弱体化してしまう恐れがある。

次に、外国からの投資家は、レパダウン銅山をはじめとする採取産業に関わる新たな紛争をミャンマーにもたらしている。外部からの投資とそれに伴う経済的恩恵は、カチン民族の草の根レベルまで届くことないばかりか、すでに顕在的・潜在的双方の衝突を生み出してきた。つまり、採取産業は、現地住民やローカルアクターに対する負の影響を与えているのである。さらに、政府間で移動する資金も増加している。これらの資金は、政府や政府関連組織にとっては利益をもたらすものである。しかし、現地のローカルアクターが、このような外国からの資金を利用することは極めて困難である。このよ

196　第Ⅱ部　各論：「人間の安全保障」の地域の現状と取り組み

うに国際NGOと外部からの投資は、ローカルアクターの活動の役割と活動を奪ってしまうことになりかねない。

　第3に、ミャンマー政府は、国内の秩序を保つために、増加する外国からの資金とNGOの活動を認めるという政治的開放性との効果のバランスを保つために機能してきた。カチン州とシャン州北部における武力紛争の原因は天然資源の利用が強く作用しているため、その利益配分次第で、武力紛争が継続する危険性がある。

　このような外部アクターからの恩恵を最大限に活用し、負の影響を最小化する試みがカチン紛争における人道支援の現場でも試みられている。次節では、持続可能な人道支援と組織運営のために、カチン民族主体のローカルアクターが共同で活動する戦略を検討する。

3. ローカルおよび国内NGOによる共同戦略

（1）共同戦略の背景

　一般的に言って、武力紛争で発生する人道状況に対処するためには、国連機関と国際NGOの活動が、停戦合意に向けて、そして武力紛争の再発を防止するためにも重要な役割を担う。しかし、上述したように、カチン紛争において、国連機関と国際NGOはKIOとミャンマー政府双方の管理区域が障壁となり、十分な活動を実施できていない状況であった。この状況に対して、カチン民族が主体となっている組織は、協力体制を敷き共同でこの人道的危機への対処を試みてきた。

　KIO管理区域内、特に最も戦闘の影響を受ける区域で、IDPsに対して最適なアクターは、カチン民族が主体となり結成されたローカルNGOと国内NGOのようなローカルアクターである。この認識は、カチン民族によるローカルアクターこそがIDPsの緊急事態に対処する枠組みを発展させることができ、ローカルアクターの能力を最大化させることで、IDPsを支援することができるというものである。ただし、ローカルアクターは、国連機関、国際NGOの活動を軽視している訳ではなく、外部からの支援者との信頼の構築を継続すべきとの認識もある。ローカルアクターは、人道支援に関する情報と知識が不足しており、この点を改善されるべき点としている。

　人道支援に対するローカルアクターの能力最大化を喫緊の課題とする理由

には、カチン民族が抱える将来の不安が増大していることが挙げられる。IDPsの衣食住を支えるプログラムの必要性に加えて、教育に関する支援も急務となっている。KIO管理区域では、教育へのアクセスが制限されており、武力紛争の展開次第で退学を余儀なくされる学生も劇的に増加した。このまま戦闘が継続すれば、人道的危機は、次世代にも影響を与える社会の麻痺状態を引き起こしてしまう。また、戦闘の結果、学校が閉鎖される事態も発生している。学生にとって、学校は保護者が労働している日中の保護施設として機能してきた。そのため、戦闘による保護施設の喪失は、KIO管理区域から主に中国領域内へのヒューマントラフィッキングの恐怖も増大させている。

　このような状況に対処するため、ローカルアクターは、武力紛争の再開以来、組織ごとに支援を実施してきた。しかし、当初、短期間で終結すると期待されていた武力紛争が長期間継続したため、このローカルアクター間での共同戦略が、武力紛争に対する対処策として作成された。

　この共同戦略に参加するのは、カチン・バプテスト・コンベンション、カチン緊急支援・開発委員会、カルナ・ミャンマー社会サービス、メタ・開発基金、シャローム基金、ウンポン・ニントイ、BRIDGEといったカチン民族主体の組織、またはカチン民族を支援するミャンマー国内の組織である。これらの組織はKIO管理区域あるいは国軍管理区域に本拠を置いている。

　カチン紛争の展開は予測不可能であるため、それに対処する人道支援の展開も予想し難い。したがって、この共同戦略は、支援の適応可能性と柔軟性を確保する目的で、実施年ごとに時間を区切って計画されている[19]。

（2）共同戦略の目的

　この戦略は、資金を提供する外部ドナー側の独善的な政策を最小限にし、ローカルNGO、KIOおよび国軍管理区域を本拠とするアクターによるIDPs支援を最大化することを目的としている。これは、ローカルに根ざした人道支援アクターがカチン州東部とシャン州北部での武力紛争によって影響を受けているIDPsの緊急性の高いニーズに応えるためである。支援アクター間でビジョンを共有し、それぞれの支援アクターの活動内容の重複を防ぎ、支援現場ごとの支援分野のギャップの縮小をこの戦略は意図している。また、アクター間の効果的な協力体制や、必要に応じて情報・知識・施設の共有を

促進する場を提供することも期待されている。

　この支援現場では、具体的に水と衛生、非食料品、教育と職業訓練、食料と栄養、保護施設建設、健康、生計、緊急保護の各プログラムが実施されている。共同戦略では、2015 〜 16 年の重点項目として、最重要課題とされたのが、水と衛生、教育と職業訓練、食料と栄養、緊急保護の項目であった[20]。

　同様に、IDPs と人道支援アクターにとって重要課題として挙げられるのが、安全の確保である。国軍による IDPs キャンプ周辺への継続的な攻撃により、IDPs の安全確保は、すべての人道支援アクターにとって、最優先事項となっている。IDPs キャンプは、いかなる軍事的侵害からも保護されるべき点であり、共同戦略では、KIO に対しても、IDPs からから距離を取るべきであると促している。これは、国軍による軍事目標に対する誤認による攻撃を防ぐためである[21]。

　さらに、この共同戦略は、ローカルアクターが人道支援や復興・開発プログラムを持続的に実施することを目指している。そのために、支援の質を高める目的で、それぞれの組織の支援経験の相互学習に努めてきた。結果として、国際 NGO のような外部からの支援アクターによってローカルアクターの活動が制限されることを防ぐため、ローカルアクターの能力を強化することで、ローカルアクターの自信を高めることを目的としている。

　たしかに、このように共同戦略の目的として、ローカルアクターによる支援の持続性と能力の強化を謳ったところで、ミャンマー国内政治の劇的変化の影響で起こる武力紛争とそれに伴う人道的状況の変化を予測することは難しい。しかし、その予測困難な状況下で、共同戦略がロードマップを示さなければ、協力関係の質を高めることはできない。そこで、共同戦略は、各ローカルアクターが持続的な活動を成功させるための方法を示している。その方法は、各アクターの活動において推進力となり、変化する人道状況に対する対応に重要な意味を持つ。

　そのうえで、支援アクターが守るべき 11 の共通原則を示した。この共通戦略は、以下の原則によって方向づけられ、すべての NGO が合意し実施される[22]。

（1）活動の中心である人間の尊厳を尊重する。

(2) 国際人道的行動規範（International Humanitarian Code of Conduct）に従い、これを尊重する。国連とミャンマー政府を含むすべてのアクターに対して、この原則の確実な遵守を要求していくこと。

(3) 原則2のような実施を要求する段階で、公平性の原則を十分に尊重することを特に約束すること。

(4) スタッフの公平性を保証するため、有効な人的資源管理の実践を発展させることを確約すること。

(5) スタッフと支援コミュニティに対し、人道的原則についての認識を高めることを確約すること。

(6) 「Do no harm（支援現場に害を及ぼさない援助活動の実施）」と「Conflict-sensitive（武力紛争解決に向けた肯定的な活動の最大化と消極的な活動の最小化）」アプローチを徹底すること。

(7) 支援コミュニティに対し、一貫性のある支援を確約すること。

(8) ローカルの文脈に基づいた戦略と支援プログラムを明示すること。

(9) スフィア・スタンダード（人道NGOの国際基準）に基づく専門性を確保すること。

(10) 説明責任と透明性を確保すること。

(11) IDPsキャンプの支援アクターによる組織的所有を避けること。例えば、運営しているローカルNGOの名称をもとにIDPsキャンプを命名することを避けること。

　これらの原則は、ローカルアクターの共同行動こそが、真の人道支援の担い手であることを明示している。これにより、支援主体や、ドナーの利害に左右されることなく、支援現場のニーズに基づいた人道支援が実施できるとしているのである。

おわりに

　現時点で、KIOとミャンマー政府との間で発生したカチン紛争において、停戦協定の兆しを見ることは難しい。そのため、この武力紛争で発生したIDPsの早期の帰還／再定住を期待することも困難である。なぜならカチン紛争がミャンマー・中国国境という国家の周縁部で発生しているため、

IDPsへの人道支援は、国軍管理区域に包囲されたKIOの管理区域のキャンプにて実施せざるを得ないためである。IDPs支援のための経路は、国軍管理区域を通過するか、あるいは中国領域を通過しなければならない。したがって必然的に、この人道支援は、カチン民族によるローカルアクターが主体となっている。しかし、それぞれのローカルアクターは規模が小さく、1つの団体だけでは、国連組織や国際NGOといった外部組織の政策に従順を求められるという政策的ジレンマも抱えている。

これらの地理的困難性や政策的ジレンマを克服するため、ローカルアクターはKIO管理区域が中国領域と接しているという特殊性を利用し、複数のローカルアクターが共同の支援戦略を打ち立てることを試みてきた。

この共同戦略では、IDPsへの支援アクターとして最適なのは、カチン民族が主体であるローカルアクターであるとの認識がある。この認識は、ローカルアクターこそがIDPsの緊急事態に対処でき、ローカルアクターの能力を最大化させることで、IDPsに最善の支援をすることができるというものである。ただし、ローカルアクターの共同戦略は、国連機関や国際NGOとの活動を軽視している訳ではなく、外部からの支援者との信頼の構築を継続すべきとの認識も持たれている。なぜなら、ローカルアクターは、人道支援に関する情報と知識が不足しており、この点が改善されるべき点だからである。

また、小規模で、経験や資金の乏しいローカルアクターが共同戦略を作成したのは、各組織が別々に支援を実施するよりも効果的な支援を行う調整機能を目的としている。この調整では、支援アクター間での活動内容の重複を防ぎ、支援現場ごとの支援分野のギャップを縮小することを意図した。また、アクター間の効果的な協力体制や、必要に応じて情報・知識・施設の共有を促進する場を提供することも期待されている。さらに、この共同戦略は、ローカルアクターが人道支援や復興・開発プログラムを持続的に実施できることを約束している。そのために、支援の質を高める目的で、各組織はそれぞれの支援経験の相互学習に努めてきた。

このように国境周辺で発生しているカチン紛争は、KIOの管理する区域の特性が人道支援を特徴づけている。支援アクターは、地理的困難性を逆手に取り、国境を利用することで緊急事態への対応、支援と組織運営の持続性を確保しているのである。

［謝辞］本稿を記すに当たり、NPO法人Peace代表マリップセンブ氏、在日ビルマ難民た
　　すけあいの会前会長熊切拓氏、カチン州ミッチーナ在住カチン民族のセンブン・ジャン
　　モウ氏に多くの協力をいただいた。厚く御礼を申し上げます。

注

1）国名のビルマ語名称は、1947年の独立後以来、ミャンマー（Myanmar）である。しか
　し、英語を通じた国際社会での名称は、独立後、ビルマ（Burma）連邦からビルマ連邦
　社会主義共和国、再度ビルマ連邦を経て、89年に軍事政権によってミャンマー連邦へ
　と変更された。2016年現在の公式名称はミャンマー連邦共和国である。本章では国名
　を示す場合、混乱を避けるため、89年以前の出来事であってもミャンマーを使用する。
　ただし、このような、ミャンマーか、あるいはビルマかという国名の呼称は、政治的、
　歴史的な判断や立場によって異なる。これについては、下記を参照されたい。根本敬
　『物語　ビルマの歴史——王朝時代から現代まで』中央公論新社、2014年、5-9頁。

2）UN and Partners, Humanitarian Country Team, *2016 Humanitarian Needs Overview,*
　Myanmar, p.4.

3）*Ibid.*, p.6.

4）近代以前のカチン民族は文字を持たない社会が長く続いてきた。そのため、歴史的事
　実が明確でないことが多い。1837年にキリスト教宣教師を通じてキリスト教を受容し、
　文字が導入されていった。1885年にコンバウン王国を英国が滅ぼした後、英国統治は、
　カチン民族に多くの変化をもたらしてきたのである。

5）ビルマ・コンサーン『（調査報告書）無援孤立——カチンランド戦争と避難民』2012
　年、3頁。

6）吉田敏浩「カチン世界」伊東利勝編『ミャンマー概説』めこん、2011年、488-491頁。

7）吉田、前掲書、491頁。

8）ビルマ・コンサーン、前掲書、5頁。

9）国軍は2009年8月、シャン州北部の中国国境付近に管理区域を持ち、国境警備隊への
　編入を拒否していたコーカン民族主体のミャンマー民族民主同盟軍（MNDAA）を攻撃、
　約4万人の難民が中国に流出する事態となった。

10）武力紛争再発の直接的な過程は下記のレポートに詳しく記されている。Foreign
　Affairs, United Nationalities Federal Council（UNFC）, *Current Ethnic Issues*（*Kachin*
　& Shan）*Report*, 7th July 2011.

11）1970年代までに結成された少数民族武装グループによる2つの反政府同盟の1つで
　ある、反共主義を掲げた民族民主戦線（NDF）は、形としては残っていたが、軍政時
　代にほとんど機能しなくなっていた。五十嵐誠「少数民族と国内和平」工藤年博編『ポ
　スト軍政のミャンマー——改革の実像—』アジア経済研究所、2015年、168頁。もう1つ
　の同盟は、ビルマ共産党（CPB）である。この2つの反政府同盟については、下記を参
　照されたい。トム・クレーマー「ミャンマーの少数民族紛争」工藤年博編『ミャンマー
　政治の実像——軍政23年の功罪と新政権のゆくえ』2012年、143-146頁。

12）五十嵐、前掲書、168 頁。

13）KIO 管理区域内において、各旅団の配置は以下の通りである。第 1 旅団：プータオ周辺、第 2 旅団：タナイ周辺、第 3 旅団：バモー周辺、第 4 旅団：シャン州北部、第 5 旅団：ライザ周辺。Burma News International, *Deciphering Myanmar's Peace Process: A Reference Guide 2015*, 2015, p.141. これに加えて、シャン州北部に第 6 旅団が結成されたと報じられている。Lawi Weng, "KIA Brigade in Shan State Further Complicates Peace Prospects," *The Irrawaddy*, 4th March 2016, http://www.irrawaddy.com/burma/kia-brigade-in-shan-state-further-complicates-peace-prospects.html （accessed on 28th March 2016）.

14）Kachin Woman Association, Thailand, *State terror in Kachin hills: Burma Army attacks against civilians in Northern Burma*, 2013, pp.2-3.

15）ビルマ・コンサーン、前掲書、15 頁。

16）Early Recovery Network, *Multi-Sector Early Recovery Assessment of Kachin & Northern Shan State*, 2015, p.10.

17）Humanitarian Country Team, *The Humanitarian Response Plan 2015*, 2014, p.4.

18）*Ibid.*, p.7.

19）Kachin Baptist Convention, Kachin Relief and Development Committee, Karuna Myanmar Social Services, Metta Development Foundation, Shalom Foundation, Wunpawng Ninghtoi, BRIDGE, *Joint Strategy for Humanitarian Response in Kachin and Northern Shan States*（*2013-2015*）, 2013, p.6.

20）Kachin Baptist Convention, et al., *Updated Joint Strategy for Active Humanitarian Response in Kachin and Northern Shan*（*2015-2016*）, 2015, p.11.

21）*Ibid.*, p.7.

22）Kachin Baptist Convention, et al., *Ibid.*, 2013, p.11.

12

南部タイ国境紛争地域の紛争解決と
平和構築に関する一考察
「人間の安全保障」の視角から

山田　満

はじめに

　東南アジア地域における現在進行形の紛争の1つに南部タイ国境地域の紛争が挙げられる。筆者は2008年8月に初めて、パタニ、ヤラー、ソンクラー県の一部を訪問した。各県の境界を含めて多数のチェックポイントがあり、タイ国軍兵士が爆弾検知器などを利用して、厳しく行き交う車の車体検査を実施していた。特に夕方になると警備がいっそう厳しくなり、装甲車も走り、兵士がAK47を背負って軍の存在を際立たせていた。当時、同地域では警察が1万人、軍が6万人という膨大な数の治安体制を敷いていた[1]。

　タイといえば「微笑みの国」として、日本人を含む多くの観光客が訪問する平和な印象を抱く。しかし、南部タイ国境3県の現状は、いまも変わらない危険な状況下にある。95％が上座仏教徒で占められているタイにおいて、ムスリムは圧倒的なマイノリティである。しかしながら他方で、タイの4％を占めるムスリム人口の9割が同地域に集中している点で、同地域ではイスラムがマジョリティという逆現象になっている。

　同地域の紛争はよく「亡霊と戦う」[2]紛争といわれる。現地での何気ない会話の中でも、誰が暴力の主体なのかを語れる人物にほとんど出会ったことがない。というのも、爆弾テロや襲撃事件の犠牲者は警察官、軍人、公立学校の教師など公務員関係者のみならず、一般人にまで及び、しかも犠牲者の内訳を見ると仏教徒のみならず、ムスリムも対象になっているからである。いずれにしても、同地域の紛争は、2004年に発生した3つの大規模な暴力事件以降国際社会に認知されるようになった。

　南部タイ地域は「深南部（deep south）」[3]と呼ばれる。首都バンコクからの

204　第Ⅱ部　各論：「人間の安全保障」の地域の現状と取り組み

距離感を示す表現であるが、同地域が抱える紛争の構造的理由を表現しているかもしれない。つまり、同紛争の構造的原因の1つが「中央と地方」、あるいは同地域の周縁化に由来するからである。そこで、本章では同地域の人々の置かれている「周縁化」の状況を「人間の安全保障」の視角から分析することを目指す。以下具体的に本章の内容を提示する。

　第1節では、同地域紛争を理解するうえで必要な一般的な政治状況を「人間の安全保障」の視角、特に「恐怖からの自由」と「欠乏からの自由」の2つの視角から検討する。第2節では、国連開発計画（UNDP）が出している『タイ版人間開発報告書』を用いて、同地域の置かれている社会経済的状況を分析する。なぜならば、「紛争と開発」の因果関係が指摘されるからである[4]。第3節では、2013年に筆者が交流の機会を持った、同地域で最初に設立された国立プリンス・オブ・ソンクラー大学（PSU）の学生94人から採取したアンケート集計分析結果を利用して、現在の同地域の若者たちの意識動向を分析する。次世代を担う若者たちの意識変化は今後の国民国家形成への大きな動機づけになると考えるからである。最後に「おわりに」で本章における同地域の紛争解決と平和構築、さらに紛争予防ガバナンス構築に向けた考察を行う[5]。

1. 「人間の安全保障」 から見た南部タイ国境地域の紛争

（1）南部タイ国境地域紛争の起源

　南部タイ国境紛争地域とは、ナラティワート、ヤラー、パタニの3県とソンクラーの一部を指すのが一般的である。最初の3県は14世紀から19世紀に存在したパタニ王国の支配領域であった。パタニ王国はマレー半島の東西貿易の中継港市として栄え、15世紀にイスラム化している。同王国には上記地域と現マレーシアのクダ州、クランタン州、トレンガヌ州が含まれていた。

　パタニ王国は朝貢関係にあったアユタヤ王朝の崩壊後に、一時は独立期を迎えるもタイ（シャム王国）に武力制圧される。パタニ王国がタイに編入された後、スルタン制度も廃止される。イギリスと1909年にイギリス＝シャム条約が締結された結果、クランタン、トレンガヌ、クダが英領マラヤに属し、クダの一部であったサトゥーンとパタニがタイ領になった。同条約によって、

近代的な意味での国境線が引かれることになったが、分断されたこの地域の人々の意志が反映されることはなかった[6]。

　旧パタニ王国の領域はタイとマレーシアの両国民国家に分断されるとともに、かつ周縁化を余儀なくされた。特に、タイ領に属すことになった地域は圧倒的な上座仏教の世界に押しやられ、宗教的にも周縁化することになった。周縁化は同時に中央政府からの同化政策を意味した。1898年の「地方教育整備に関する布告」で僧侶を教師とする仏教寺院内の学校の設置が行われ、次に1921年の初等義務教育令の施行ではタイ語が教授用語とされた。このようなタイの国民教育制度がムスリム・アイデンティティを脅かすことになった[7]。

　1938年にピブーン（P. Pibulsonggram）が首相になり、タイにおける標準的な国民文化を普及する意図でラッタニヨム（国民信条）が発布された。同政策は政府主導の「少数派の文化習慣を改善し、全国的な社会習俗を作り直す」文化統合政策であった[8]。このような同化政策に危機感を抱いたカリスマ的イスラム指導者ハジ・スロン（Haji Sulong）は、当時のタムロン（T. Thamrongnawasawat）政権に対して、南部4県におけるマレー語の使用、ムスリムの官吏登用、イスラム法の導入などの7箇条の要求をして抵抗運動を展開した。しかし結局、ピブーン政権下に戻った時に国家反逆罪に問われ逮捕・投獄された。

　また、ナラティワートではハジ・スロンの逮捕への抗議運動に続き、48年4月26日から28日にかけて千年王国的反乱の特徴が見られたドゥスン・ニョールの反乱が起きた。ジハード（聖戦）として位置づけられた同反乱では多数のムスリムが警察と衝突し、多くの犠牲者を出すことになった[9]。2004年4月28日のクルセ・モスク事件は、56年前の同日に起きたドゥスン・ニュール事件の記憶を呼び戻し、同地域のムスリムの抵抗運動を復活させたのである[10]。

（2）南部タイ国境地域紛争の現況

　2004年に南部タイ国境地域で3つの大きな事件が断続的に起きた。まず1月4日の武装集団による陸軍基地での武器強奪事件、次に、4月28日に軍と警察の武器保管基地を襲撃したことで起きたクルセ・モスク事件である。同事件では武装集団の一部がパタニ県のクルセ・モスクに立てこもったもの

の、政府軍の圧倒的な武力で 32 人全員が射殺された。最後に、10 月 25 日のタクバイ圧死事件である。警察や軍の監視活動に反発して抗議デモに参加した群衆が拘束され、軍のトラックでの移送中に 78 人が窒息死する事件である [11]。

また、2004 年の約 1 年間に発生した事件の類型を見ると、ナラティワート、パタニ、ヤラー、ソンクラーの 4 県の総計で、爆破炎上事件が 135 件、爆発事件が 93 件、また暴力事件による被害者の内訳では警察官が 117 人、軍人が 52 人、他の公務員・僧侶が 132 人、一般市民が 343 人であった。死亡者と負傷者の総計はそれぞれ 325 人と 516 人であった。ソンクラー県を除く 3 県で起きた爆破炎上事件は 45 件前後であったが、爆発事件の約 60％がナラティワート県で発生し、死亡・負傷者数の約 45％が同県在住者であった。因みに、翌 2005 年の 1 年間の総計では、爆破事件が 81 件、爆発事件が 43 件、死亡者数と負傷者数がそれぞれ 107 人と 427 人であり、各数値は激減している [12]。

上記の通り、武装勢力による攻撃の頂点は 2004 年であった。しかし他方で、南部タイ国境地域での分離主義運動は 1960 年前後から始まっていた。例えば、BNPP（パタニ民族解放戦線）は 1959 年に、BRN（パタニ共和国革命戦線）は 60 年に、武装最大組織といわれる PULO（パタニ統一解放機構）は 68 年に、それぞれが武装組織を設立している [13]。

その一方で、80 年代の南部タイは治安が最も安定した時期であった。当時のプレーム（Prem Tinsulanonda）首相は、81 年に南部国境県行政調整センター（SBPAC）を設立し、同地域の政策の一本化と第四軍管区司令官への国境県行政の権限の委譲を行い、柔軟な政策を導入した。また、「安寧」政策といわれた文民、警察、軍人で構成した情報機関からなる 43 期合同市民・警察・軍隊コマンド（CPM43）を創設した。同政策は、パタニ・マレー住民の公務員の採用、パタニ方言の使用などムスリムのエスニック・アイデンティティを尊重し、同化政策から多文化主義的政策への一部導入を図った。さらに、「投降と恩赦」の政策を打ち出すことで武装勢力による分離主義運動の沈静化を促した [14]。

このような多文化主義政策を転換したのがタクシン（Thaksin Shinwatra）政権である。2001 年に首相になったタクシンは、南部地域で一定の治安回復機能を果たした SBPAC 制度などの諸制度を廃止する一方で、マレー・ムス

リムを抑圧する政策へと転換した。武装勢力は03年以降から暴力事件を再発させていき、前述の04年の事件へとつながっていく。しかしタクシンは抑圧政策の導入の一方で、秘密裏で武装勢力と和平交渉を進めていた。11年に首相に着任したタクシンの妹インラック（Yingluck Shinwatra）はタクシンの和平交渉を引き継ぐ形で、12年から交渉を再開して、翌13年2月28日にマレーシアのクアラルンプールで、BRNとの間で「和平対話プロセスにおける一般的合意」（クアラルンプール・プロセス）の署名が交わされた[15]。この和平対話はマレーシア首相ナジブ・ラザク（Mohammad Najib bin Tun Haji Abdul Razak）との首脳会談で決まったものであったが、インラック自身が憲法違反を理由に首相職を失った。この憲法裁判所の判断をめぐるタクシン支持派と反タクシン派の対立による政治的混乱を鎮静する目的で14年5月に戒厳令が発令され、軍が全権を掌握するクーデターが起きた。結局対話プロセスの進展を見ないままに事実上頓挫している。

　クアラルンプール・プロセスにおいて、BRNは5項目の要求を出している。①マレーシアが進行役というよりも調停役になること、②交渉過程においてBRNをパタニ・マレーの代表として認識すること、③東南アジア諸国連合（ASEAN）、イスラム協力機構（OIC）および非政府組織（NGO）が対話に立ち会うこと、④タイ政府は治安維持で逮捕拘留している者を解放すること、⑤タイ政府はBRNを分離主義者ではなく解放者として認識すること、であった[16]。これらの5項目の要求内容を見ると、歴史的に同地域のムスリムが強いられてきたタイ政府への不信感が理解できる。そのうえで、同地域の紛争解決への国際的な外部アクターの仲裁を求めているのである[17]。

　BRNの各項目は軍事政権が和平交渉の俎上に載せるにはハードルが高いものになっている。交渉の頓挫で、すでに述べたように暴力事件は断続的に起きている。また、反政府組織側がBRNで一本化しているのかも疑わしい[18]。本章冒頭で「亡霊と戦う」という表現を引用したが、誰が誰を狙い、誰が誰を敵としているのかなど依然として犯行声明のない不透明な暴力事件が多発していることからこれらが理解できよう。

2. 南部タイ国境地域の紛争と「人間の安全保障」

（1）東南アジア諸国における「人間の安全保障」の位置づけ

　「人間の安全保障」概念は 1994 年版の『人間開発報告書』（Human Development Report：HDR）の中で、「『人間の安全保障』という新しい考え方」として国際社会に問題提起された。UNDP の「人間開発」は成人識字率、総就学率に基づく教育指数、出生時平均余命に基づく保健衛生指数、購買力平価に基づく 1 人当たりの国内総収入（GNI）の 3 指標を基準にした人間開発指数（HDI）を算出している。HDI を基準に人間開発最高位国、人間開発高位国、人間開発中位国、人間開発低位国の 4 段階に国を分類して、各国の豊かさの順位を提示している。

　上記基準にしたがって東南アジア 11 か国を見ると、シンガポールとブルネイが最高位国、マレーシアが高位国、タイ、フィリピン、インドネシア、ヴェトナム、東ティモール、カンボジア、ラオスが中位国、ミャンマーが低位国にそれぞれ属している[19]。本章が論じるタイは 2014 年の軍事クーデターで多少は順位を下げていると思われるが、東南アジアでは 4 番目の豊かさを持ち、人間開発中位国においても上位に位置している。

　「人間の安全保障」は、経済、食糧、健康、環境、個人、地域社会、政治の 7 種類の安全保障から構成されている[20]。また、「人間の安全保障」は大きく「欠乏からの自由」と「恐怖からの自由」の 2 種類に分けることができる[21]。UNDP は組織の性質上、「欠乏からの自由」、つまりは「欠乏のない状態」、貧困からの脱却を重視した開発協力の在り方を述べている。しかし他方で、人間安全保障委員会は、暴力や紛争から平和を希求する人々を念頭にした「恐怖からの自由」を重視している[22]。

　個別の事項に関しては次項で詳しく述べるが、南部タイ国境紛争地域 4 県における社会経済的格差を背景にした「欠乏からの自由」、あるいは度重なる暴力事件に見る「恐怖からの自由」、両者から見ても現状は厳しい状況下にある。つまり、「人間の安全保障」の視角から見たタイの他地域との比較において依然として特定の指標では低位に位置づけられている。1994 年 5 月に出された国連報告書『開発への課題』には、「経済的、社会的、環境的領域におけるグローバルな平和と安全保障に対処すること」が、「『平和への課題』を補完することになる」と述べている[23]。つまり、国際社会では平

和と開発は双子の課題と認識されているのである。

　南部タイ国境地域の紛争解決や平和構築を進めるうえでも、軍の弾圧や暴力に依存した解決ではなく、まずは同地域住民の「欠乏からの自由」と「恐怖からの自由」を保障することが重要になる。つまり、同地域が抱える構造的暴力[24]を除去することが紛争解決や平和構築への第一歩になる。具体的に取り組むべきことは、まず同地域のムスリムに対して仏教徒同様に開発と平和に関わる人権を担保することである。つまり、第一世代の人権である自由権、第二世代の人権である社会権が守られているのかを検証することである。少なくとも筆者が知りえる同地域のムスリムに対する人権侵害は明らかである。騒乱罪や謀反罪など治安維持を理由にした不当な逮捕が現在も続いているからである[25]。

（2）南部タイ国境３県における社会経済的状況

　本項では具体的な指標に基づいて「欠乏からの自由」に焦点を当てる。そこで、南部タイ国境紛争地域３県、ナラティワート、ヤラー、パタニの「人間成就指数」（Human Achievement Index：HAI）の８指標を利用して、同地域が置かれている社会経済状況を考察する。「貧困は紛争の原因である」とは一概には言えないものの、一般的な紛争要因の１つであることはすでに指摘してきた通りである[26]。そこで本項ではUNDPの『タイ版人間開発報告書』のHAI指数を利用して同地域の社会経済状況を考察する[27]。

　HAI指数は、健康、教育、雇用、所得、住居・生活環境、家族・地域社会の生活状況、交通・通信事情、政治参加の各指標を 40 の尺度から分析して算出されたものである。UNDPは、1999 年、2003 年、07 年、09 年、14 年の５回にわたって、HAI指数をもとに『タイ版人間開発報告書』（*Thailand Human Development Report*）を出している。そこで本項では特にいくつかの重要な指標を抜き出して、タイ社会全体における３県の置かれている社会経済的状況の実態を明らかにしたい。

　まず、04 年以降の南部国境タイで起きた断続的な武装組織による暴力事件以降、ナラティワートとパタニのHAIは 76 県中でも低い水準に移行し、ヤラー地域においても大きく順位を下げている（表 12-1 参照）。次に、HAIの８構成要素の中で低い順位に属するものを最近の 2014 年版で確認してみる（表 12-2）。特に低位な順位で目立つのは教育指数であり、76 県中、パタニが

210　第Ⅱ部　各論：「人間の安全保障」の地域の現状と取り組み

表 12-1　南部３県およびバンコクにおける HAI の 76 県中の順位と指数値

県＼年度	2003 年版	2007 年版*	2009 年版	2014 年版
ナラティワート	51　(0.5700)	71　(0.500 − 0.556)	65　(0.5797)	63　(0.5996)
ヤラー	15　(0.6485)	36　(0.573 − 0.595)	32　(0.6182)	46　(0.6182)
パタニ	53　(0.5679)	61　(0.500 − 0.556)	69　(0.5706)	69　(0.5884)
バンコク	6　(0.6731)	2　(0.611 − 0.699)	2　(0.6949)	1　(0.6974)

＊ 2007 年版の数値は very high, high, medium, low, very low の 5 段階の分類。

　各年度版 HAI を構成する 8 指標は前年、前々年の調査数値が多い。

出典：各年度版の *Thailand Human Development Report* から作成。

表 12-2　2014 年度版 HAI に基づく各指標の全国順位（全国 76 県中）

県＼各指標	教育	雇用	所得	家族・地域社会の状況	交通・通信事情	政治参加
ナラティワート	76	67	32	29	68	53
ヤラー	71	66	12	61	42	72
パタニ	70	76	75	48	38	33

出典：2014 年度版の *Thailand Human Development Report* から作成。

表 12-3　2014 年度版 HAI に基づく各教育指標

県＼各指標	平均就学年数	未教育者の割合	初等教育以下者の割合	小学校教育修了者の割合	中等教育修了者の割合	高等教育修了者の割合	ディプロマ教育修了者の割合	大学教育修了者の割合
ナラティワート	7.6	14.3	16.3	28.1	18.5	13.9	2.0	6.8
ヤラー	8.0	12.4	14.7	23.0	20.2	18.0	2.0	7.2
パタニ	7.8	13.3	21.1	23.5	16.5	13.9	3.5	8.2
全国平均	8.2	4.3	29.1	19.7	18.2	14.1	4.0	10.1

＊上記指標の数値は 2011 年測定。平均就学年数以外の数値は割合（％）である。

出典：2014 年度版の *Thailand Human Development Report* から作成。

70 位、ヤラーが 71 位、ナラティワートが最下位の 76 位であった。

　雇用指数では、ヤラーが 66 位、ナラティワートが 67 位、パタニが最下位の 76 位、それ以外の指標でそれぞれ低位なものを見ると、所得指数では、パタニの 75 位、家族・地域社会の状況指数では、ヤラーが 61 位、交通・通信事情の指数ではナラティワートが 68 位、政治参加の指数では、ヤラーの 72 位という順位であった。

　上記の３県そろって最悪な数値を出しているのが教育指数である。それを詳しく見てみる（表 12-3）。まず、2011 年測定の 15 歳以上での平均就学年数

は、タイ全体では8.2年であったのに対して、ナラティワートが7.6年、ヤラーが8.0年、パタニが7.8年であった。また、上記条件での教育水準を見ると、タイ全体で教育を受けていない人の割合が4.3％、初等教育以下が29.1％、小学校教育が19.7％、中学校教育が18.2％、高等学校教育が14.1％、ディプロマ教育で4.0％、大学教育で10.1％であった。

　それではタイ全体と比較して南部国境紛争地域3県の各数値はどうか。それぞれ上記数値の順番通りに挙げていくと、ナラティワートでは、14.3％／16.3％／28.1％／18.5％／13.9％／2.0％／6.8％、ヤラーが、12.4％／14.7％／23.0％／20.2％／18.0％／2.0％／7.2％、最後にパタニでは、13.3％／21.1％／23.5％／16.5％／13.9％／3.5％／8.2％の割合であった。

　全国水準と比較すると、各県とも15歳以上の平均就学年数がそれぞれ下回っている。教育を受けていない人の割合もタイ全体の4.3％に比べ各県とも3倍程度多く、初等教育以下者の割合も全国平均を大幅に下回っている。しかしその一方で、小学校修了者割合は全国平均よりも高く、中等教育修了者の割合には大きな格差がない。結局、未教育者の割合の高さ、初等教育以下者の割合の低さ、さらにはディプロマならびに大学修了者の割合の低さが教育指数の順位を引き下げていることになる。

　おそらくこれは、中高年齢者における同地域の伝統的なイスラム学校（ポンドック／ポノ）への依存と、タイの近代的公立学校の導入に反発する拒否が背景にあったものと思われる。また、同3県におけるタイ語の普及度合いとの関係も考えられる。ある年齢以上のムスリムはマレー・ムスリムとしてパタニ・マレー語（ジャウィ語）を話している。彼らはタイ語ではなく、モスクやイスラム学校の教授用語のパタニ・マレー語で意思疎通を行っていると思われる。

　いずれにせよ、教育制度と教育言語の問題は現在に至るまで同地域の深刻な問題として認識されている。ただし他方で、若い世代のタイ語理解度は非常に高まっている。メディアの影響はもちろん、タイの多文化教育が反映してきているし、何よりも国内での政治や経済社会における参加の機会を高めるにはタイ語は必須であることが理解されるようになった（次節を参照）[28]。このような世代間の格差が特に中等教育修了者の割合の高さに反映されているものと思われる。

　なお、雇用指数が他地域に比べ悪い数値である背景を見ると、2011年の

失業率が、全国平均で0.7％であったのに対して、パタニで2.0％、ヤラーで1.0％、ナラティワートで1.6％であった。パタニとナラティワートはタイ全体でもワースト5県に入る水準であった。同地域の若者がバンコクなどの都市部に仕事を求めて出ていく理由の背景として理解できよう[29]。

3. 南部タイ地域の学生意識調査
――PSUのアンケート調査結果

（1）調査概要

　筆者はプリンス・オブ・ソンクラー（PSU）大学パタニ校の18歳から24歳までの主にムスリム学生を中心に南部タイ国境地域に関する意識調査を行った[30]。アンケート調査に応じた学生は、男子ムスリム21人、女子ムスリム47人、男女不明ムスリム3人、男子仏教徒4人、女子仏教徒17人、キリスト教徒1人、宗教不明者1人の総計94人であった。

　設問内容は8項目である。設問1は、「タイの状況は平和か」、設問2は、「身近に紛争やテロの危険を感じるか」、設問3は、「タイにおける紛争原因は何か」、設問4は、「紛争の解決には何が必要か」、設問5は、「タイ政治の問題点は何か」、設問6は、「他国との生活水準を比較した場合の評価を10段階で答えよ」、設問7は、「カンボジアとタイの国境紛争に関心があるか」、設問8は、「身近に宗教の違い／不和を感じるか」である。

　回答方式は、設問1が、①強く同意する、②ある程度同意する、③あまり同意しない、④同意しない、設問2と設問8は、①強く感じる、②ある程度感じる、③あまり感じない、④全く感じない、設問7は、①強く関心がある、②ある程度関心がある、③あまり関心がない、④全く関心がない、いずれも四択から1つ選択する方式を採った。また、設問1、6、7、8にはその理由に関する記述も求めた。さらに、設問3は、設問2に対する記述回答を求め、設問4と5にも記述回答を求めた。なお、各設問において無回答者もいるため、すべての設問で回答総数が94人とはなっていない。

（2）調査アンケートの回答結果

　設問1の回答結果（図12-1）を見ると、ムスリム学生と仏教徒学生のいずれも「タイの状況」が平和であるということに「ある程度同意する」か「あ

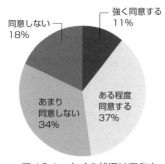

図 12-1　タイの状況は平和か
出所：アンケート集計から筆者作成。

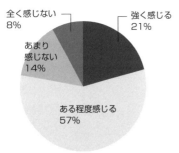

図 12-2　身近に紛争やテロを感じるか
出所：アンケート集計から筆者作成。

まり同意しない」という回答に集中していた。35 人と 32 人でほぼ拮抗している。「強く同意する」が 10 人、「全く同意しない」が 17 人であった。

同設問に対する記述式の回答結果では、「ある程度同意する」と「あまり同意しない」を選択した学生の多くは、「タイ人は親切で寛容である」などタイの特徴的なイメージを強調することで「平和なタイ」を受け入れている。他方で、「南部国境地域の紛争」を強調する学生は「あまり同意しない」を選んでいる。また、同紛争の現実を深刻に捉えた学生は「全く同意しない」を選択し、むしろこれからの平和の実現を期待している学生は平和が彼らの将来に関わることを考えて、「強く同意する」という決意を込めた選択をしているように思われる。

設問 2 では、圧倒的な数の 51 人が「ある程度感じる」を選択した。この設問でもムスリムと仏教徒の選択傾向の違いは見られない。内訳を見ると男女ムスリム（性別不明者 3 人も含み）学生 71 人中の 36 人が、男女仏教徒学生 21 人中の 15 人が同回答を選び、全体の約 57％になっている。「強く感じる」の 19 人を含めると回答総数の約 78.7％が、宗教の違いなく身の危険を感じていると答えている（図 12-2）。

続く設問 3 の記述内容では、「ある程度感じる」以上を選択した代表的な理由として、ムスリム学生からは「人々が南部タイ国境地域の人々に対して気遣いがない」「強い偏見」「軍や兵士の傲慢な行為」という回答が特徴的である。他方で宗教に関係なく回答している内容を見ると、「異なった信条（宗教）の理解不足」「政府の指導力の欠如」「政治家の利己主義や汚職」「政治の不正義や不誠実」「住民の政治参加の欠如」などを挙げている。

設問 4 の解決方法を求めた記述では、「宗教や文化などの文化多様性の概

念を理解すること」「対立集団間や政府との対話」「住民間の相互理解」「暴力の放棄」「タイ国民としての結束・協調・協力」「利己主義を捨てること」「他人への敬愛」「政治参加の機会」「汚職のない政治」などの回答が見られた。

設問5では、宗教の違いに関係なく圧倒的に「政治家や政府の汚職や利権」を挙げ、関連して「政治家の不正直」「政治家の利己主義」がほとんどの回答に含まれた。一部、中央政府での赤シャツと黄シャツの対立を意識した「政府・政党間の対話の欠如」「階層間の対立」「組織政治や社会システム」の問題点を指摘する者もいた。いずれにしても「国民に気遣いのない政治や政治家」に「うんざりしている」という回答が若い世代の声であろう。

次に、他国と比較したタイの生活水準を問うた設問6では、宗教の違いに関係なく10段階の4から6の評価で収まっている。「微笑みの国」であるタイの観光に言及する者も多く、特に科学技術や交通の発展に対する評価は高かった。しかし他方で、経済格差や所得格差を指摘して、過去より悪くなっていると評価する者もいた。教育に関しては評価が分かれた。また、中央政府の政治対立、南部タイ国境地域のテロに言及して低い評価を与えた者もいる。

ただ設問1で「ある程度同意する」以上に回答した、特に仏教徒学生の多くは、「生活水準が高くなり、人々は幸せになっている」と、比較的高い評価を与えている。他方で、ムスリム学生の意見として、「過去に比べ利己主義がはびこり、道徳心を失いつつある」という厳しい記述回答も見られた。

設問7は、隣国カンボジアとの国境紛争で人的犠牲を強いられているプレア・ビヒア寺院問題にどの程度若い世代が関心を抱いているかを問う設問である。「あまり関心がない」が31人で、「関心がない」8人を含めると約56%、「ある程度関心がある」が27人で、「強い関心がある」10人で関心と無関心の割合が拮抗している。しかし、記述回答になると、記述内容が浅く、関心の度合いが低いことが推察される。また、実際「あまり知識がない」という回答も目立った。

最後の設問8で、初めて宗教の違いによる傾向が見られた (図12-3)。ムスリム学生の男女 (性別不明者も含めた回答者数) 68人中の45人、約66%が宗教上「全く違いを感じない」を選択し、「あまり感じない」7人を含めると約76%が違いや不和を感じないと回答した。他方で、仏教徒学生の男女21人

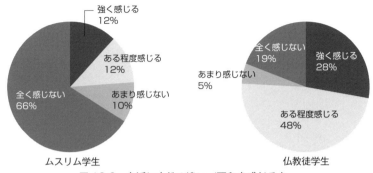

図 12-3　身近に宗教の違い／不和を感じるか
出所：アンケート集計から筆者作成。

中、「ある程度感じる」以上を選択した者は 16 人で、反対に約 76％がムスリムとの違いを日常的に感じていると回答している。

まずムスリム学生の典型的な記述回答を見てみる。「宗教は各自の自由であるから宗教の違いは感じない」「それぞれに信仰の自由があり、だから互いに互いの宗教に敬意を示している」「ムスリムは仏教徒を、仏教徒はムスリムを理解するべきである」「世界中、人間として誰もが宗教を持っているので、私は決して他の宗教に違いを感じない」「あらゆる宗教は人々が善人になれるように教えている」「私たちはタイ国民として結束しなければならない」「毎日の生活で私たちは協力しているので、皆友人である」「私たちは兄弟であるから宗教の違いはない」など、概してイスラムの教義に基づくような記述が多く見られた。

他方で、仏教徒の「ある程度感じる」以上を回答した記述内容を見ると、「ムスリムは豚を食べないし、仏教徒は食べる」「習慣や行動様式に違いを感じる」「一緒に何かをする時に、ムスリムが悪い感情を持つ場合がある」など、むしろイスラムとの宗教的教義の違いを指摘する内容が多かった。しかし、違いは感じても、ほとんどの回答が「宗教は小さな違いである」と、「互いに助け合っていく」ことの重要性を訴えている。ただし、「この地域の多文化主義は捏造されている」と切り捨てた女子仏教徒の意見もあった。

(3) アンケート分析結果

PSU 学生 94 人のアンケート結果から南部タイ国境地域における若者世代の意識がある程度読み取れた。タイ総人口におけるムスリム人口は約 4.6％

であるが、同国境県のムスリム人口はそれぞれ60〜80％といわれている。したがって、本調査におけるムスリム学生の意見は同地域におけるムスリムの多数派の考え方と思われる。なお、本調査では信仰宗教に関する無回答者1人を除く93人中の71人がイスラムを信仰している。

　回答者のほとんどが自国の発展に対して一定程度の信頼を寄せるものの、南部タイ国境地域の紛争やテロの存在を脅威として認識している。しかし他方で、同地域での紛争原因が単純にイスラムと仏教との宗教対立であるとは容認していない。むしろ共生と共存を是認しており、政治の責任、政府の指導力の欠如を指摘する。特に、同地域の資源をめぐる政治家や軍の利権、汚職が同地域における武装勢力の存在を生起させ、中央と南部国境地域との亀裂を引き起こしていると訴える。つまり、紛争やテロの被害者は同地域の「ムスリム」と「仏教徒」であり、同地域に居住する「一般住民」であるという認識である。

　仏教徒女子学生が「宗教の不和を感じることはない。私たちタイ人は協力して住んでいるのであるから、あらゆる宗教は同じ扱いにするべきである。皆、タイ国民であり、私たちは宗教で分裂するべきではない」という指摘は、同地域のムスリム学生を含む若い世代の一般的な考え方として受け入れられつつあると思われる。

おわりに──紛争予防ガバナンスの確立に向けて

　南部タイ国境地域紛争では、現在においても仏教徒、ムスリムのいずれの信仰宗教を問わず犠牲者が出ている。「亡霊と戦う」という不鮮明な対立関係の紛争解決への糸口はどこにあるのか。いかにして平和構築への展望を見出せるのか。その解答として挙げられるのは、まずは人々の強い平和への動機づけではないだろうか。換言すれば、紛争で最も被害を受けている無辜の人々の平和への強い願いを背景にした和平プロセスの実現である。

　上記問題意識が本章執筆の動機である。そこで、改めて本章の構成を振り返ってみる。第1節では南部タイ国境地域紛争の根源的な理由を同地域の歴史的観点から考えた。かつて曼荼羅国家の1つとして同地域にも隆盛を極めたパタニ王国が存在していた。しかし、イギリス＝シャム条約で、タイとマレーシアの両国に王国は分断され、ともに中央政府から距離的に遠い周縁

（地方）として位置づけられた。しかし両地域において、深刻な周縁化を余儀なくされたのはタイ側に属することになった南部タイ国境地域であった。

なぜならば、タイ人口の圧倒的多数が上座仏教を信じており、教育、慣習などの様々な観点からマイノリティのムスリムに同化政策を強いてきたからである。まさにエスニック・アイデンティティの危機として捉えた人々が抗議運動を展開してきた。しかし他方で、中央政府の硬軟交えた政策の変更もあり、「タイ国民」としてのナショナル・アイデンティティの浸透が世代と共に進む。また同時に、エスニック・アイデンティティを過度に主張する人々は孤立化していき、結局武装組織化の道を選ぶことになった。

第3節で分析したPSUの学生たちからのアンケート調査結果から、「タイ国民」としてのナショナル・アイデンティティとムスリムであるエスニック・アイデンティティの重層的なアイデンティティを受け入れ始めていることが分かった。重層的アイデンティティは、決して一部の教育水準の高いエリートのみならず、すでに南部国境地域の一般的な家庭でも受け入れ始めているのである。ただしマルチ・エスニック国家へと定着させていくためには、同地域と他地域との政治・経済・社会の各領域における格差是正に、中央政府が真剣に取り組む必要が求められている。

また、本章では「人間の安全保障」を議論の枠組みに据えてきた。第2節では人間開発報告書の指標を利用して「欠乏からの自由」を考察した。また第1節第2項では同地域での「恐怖からの自由」に関連する現況に触れた。そこで最後に改めて「人間の安全保障」の視角から本章をまとめてみたい。

南部国境地域の人々は異口同音に、同地域の暴力事件と国際テロリズムとの関連性を否定する[31]。長年同地域の人権問題に従事してきたNGO異文化基金代表のソムチャイ（Somchai Homlaor）弁護士は、同地域の問題はアフガニスタンのようなイスラム原理主義の復興に向けた運動ではなく、あくまでタイ政府の同化政策を背景にしたイスラム・アイデンティティに対する危機意識を反映させた問題であると指摘する。

中央政府に反感を抱くムスリムの中には、子弟をパキスタン、中東地域に留学させ、そこで敬虔なイスラム学を学ばせる者もいる。子弟は帰国後ポンドック（パタニ・マレー語ではポノ）で正規の教員免許状もないままに教壇に立ち、世俗教育に基づく公立学校を敵視するようになる。また、高齢者を含む一般人は非識字者も多く、情報が限られているので自らの判断ができない。

218　第Ⅱ部　各論：「人間の安全保障」の地域の現状と取り組み

その結果、軍や警察が引き起こす不当逮捕、弾圧、拷問を聞くことで、穏健なムスリムさえも政府に反発し、それが武装組織の存在を許容する理由になっているという[32]。

PSU学生のアンケート調査結果が示すように、紛争原因の根源的な理由は「宗教」の違いではなくなっている。むしろ他の宗教や慣習、価値観を尊重する多文化主義、重層的アイデンティティを許容する社会を求めている。また、「地方分権」ではなく、特別自治案を通じた紛争解決への議論も今後求められるであろう。その意味で、軍事政権が進める「王制に基づく仏教国家タイ」への忠誠心の要求はむしろ和平から遠ざける武装闘争を激化させることになるであろう。

また、同地域の利害を主張できる積極的な政治参加の機会を提供することも重要であろう。宗教の違いを問わずPSUの学生のほとんどが、政治家の汚職や癒着の問題を指摘している。BRNの和平交渉における5項目の要求にもあったように、同地域を代表する政治家もいなければ、住民が政治に参加する機会も事実上ないことが問題なのである。その結果、同地域が有する資源の分配も不公正、不平等であり、人間開発報告書の指数が示したように、依然として同地域の社会経済的な開発の遅れは改善されていないのである。

最後に、PSUのアンケートで理解できたことは、学生たちなど一般住民の平和への願いである。繰り返しになるが、無辜の人々の声こそが紛争解決への大きな推進力になる。タイ政府はこれら人々の声を反映させる政策を促進するべきである。1980年代のSBPACやCPM43の政策導入は1つの真摯な回答であった。それにはまず軍事政権で頓挫しているクアラルンプール・プロセスを早急に再開することであろう。

注

1) 山田満「不安定な南タイ・イスラム地域の現状」『国際開発ジャーナル』2008年11月、58-59頁。

2) Mark Askew, "Fighting with Ghosts: Querying Thailand's 'Southern Fire'," *Contemporary Southeast Asia*, 32-2（2010）, pp.117-155；西井涼子「南タイの暴力事件にみるムスリム－仏教徒関係——東海岸と西海岸の比較から」床呂郁哉／西井涼子／福島康博編『東南アジアのイスラーム』東京外国語大学出版会、2012年、123頁。

3) 西井、前掲書、124頁。

4)『世界開発報告書2011年版』では、「暴力が開発に及ぼす影響が甚大である」ことを論

じている（世界銀行編［田村勝省訳］一灯舎、2012年、52-59頁）。

5）筆者は南部タイとフィリピン・ミンダナオの2つの紛争を事例にした同地域の紛争解決と平和構築の論文を上梓している（山田満「東南アジア・同境界地域の紛争解決と平和構築——深南部タイとミンダナオの2つの紛争を事例にして」日本国際政治学会編『国際政治』第185号、2016年10月）。

6）黒田景子「パタニの二つの顔——「仏教国」タイの辺境とイスラーム教育の中心」床呂郁哉／西井凉子／福島康博、前掲編書、152頁。Thanet Aphornsuvan, "Origins of Malay Muslim 'Separatism' in Southern Thailand," In Michael J. Montesano and Patrick Jory（eds.）, *Thai South and Malay North: Ethnic Interactions on a Plural Peninsula*（National University of Singapore: NUS Press, 2008）, pp.91-123と橋本卓「タイ南部国境県問題とマレー・ムスリム統合政策」『東南アジア研究』25-2、1987年も参照。

7）黒田、前掲書、152-153頁。

8）黒田、前掲書、153頁。

9）黒田、前掲書、155頁。

10）Aphornsuvan, *op.cit.*, p.95.

11）櫻井義秀「南タイにおける暴力の問題——国際タイセミナーにおける研究動向から」『北海道大学文学研究科紀要』118号、2006年、6-9頁。

12）櫻井、前掲書、5頁。

13）黒田、前掲書、157-159頁；櫻井、前掲書、16-20頁；International Crisis Group（ICG）, "Southern Thailand: Dialogue in Doubt," *Asia Report* N.270, 8 July 2015を参照。

14）黒田、前掲書、159-161頁；西井、前掲書、127-129頁。

15）ICG, *op.cit.*, pp.3-11.

16）ICG, *op.cit.*, pp.4-5.

17）山田、2016年『国際政治』論文参照。同論文ではミンダナオ紛争での国際的な外部アクターの仲裁を論じている。

18）タイ政府がパタニ・マレーの代表としてみなしていたBRN（The Barisan Revolusi Nasional Melayu Patani）であるが、2001年からはBRNの下部組織としてBRN-C（the Barisan Revolusi Nasional Koordinasi〔National Revolutionary Front-Coordination〕）が、最も活発でよく組織化された最大組織になっている。

19）UNDP『人間開発報告書』（2013年版）、167-170頁。なお、HDIの指数は2012年の値である。

20）UNDP『人間開発報告書』（1994年版）、第2章を参照。

21）初瀬龍平「『人間の安全保障』論の方向性」『京都女子大学現代社会研究』第4・5号、2003年、84頁。

22）緒方貞子とアマルティア・センを共同議長とした「人間の安全保障委員会」の報告書を参照（人間の安全保障委員会編『安全保障の今日的課題』朝日新聞社、2003年）。

23）ブトロス・ブトロス＝ガーリ『開発への課題』国際連合広報センター、1995年、「課題の必要性」10頁。なお、原文はAn Agenda for Development: Report of the Secretary-General, A/48/935, 6 May 1994.

24）構造的暴力とは、ヨハン・ガルトゥング（Johan Galtung）によって提示された概念である。暴力を物理的な暴力だけではなく、経済的・心理的な暴力、経済的・制度的な社会構造に根ざす暴力なども含めて構造的暴力と呼んでいる。なお、構造的暴力が除去された状態を積極的平和と捉えた（ヨハン・ガルトゥング［高柳先男／塩谷保／酒井由美子訳］『構造的暴力と平和』中央大学出版部、1991 年、1-66 頁）。

25）パタニ、ヤラー、ナラティワートの各県と、ソンクラー県の 4 郡には集中治安作戦指揮権（Intensive Security Operation Command：ISOC）が発動されている。またいくつかの特別な法令もある。代表的な 3 法令は、戒厳令の布告（2004 年 1 月から 05 年 7 月 19 日。06 年 9 月 19 日から現在）、国家非常事態における政府行政に対する非常事態令（2005 年 7 月 19 日から現在、3 か月ごとに更新）、国内治安法（09 年 2 月に発令、南部地域には効力を有していないが、将来的に適用される）である。これら複数の法令に基づき多くの同地域のムスリムが不当に逮捕・拘置されているという。NGO の異文化基金（Cross Cultural Foundation）によると、ムスリム弁護士センター（MAC）の調査では南部タイ国境紛争 4 県の治安を理由に拘置されている人数が次のように報告されている。2007 年 4 月の時点で 194 人、2008 年 4 月の時点で 421 人、同年 9 月の時点で 428 人、2009 年 8 月の時点で 548 人。これら不当逮捕者の多くは養うべき家族がおり、父親の拘置で苦しい生活に追いやられているとの報告もある（Cross Cultural Foundation, *Aya di Tangkap*〔*My father was arrested*〕*: Justice Path for Detainees' families in the context of Counter-Insurgency, Southern Thailand*, Thailand, 2009 を参照）。なお、Cross Cultural Foundation の URL は http://www.crcf.or.th である。

26）HAI 指標を見ると、南部国境地域のみならず、北東部や北西部国境地域の社会経済的状況も良くないことが分かる。両者の違いは、本章で議論してきた宗教的アイデンティティの問題であろう。換言すれば、南部国境地域では「恐怖」と「欠乏」の両方が複雑に絡み合っていることで紛争を錯綜させている。

27）HAI は、人間開発指数（HDI）の数値を出す方法を応用したものである。詳しくは、例えば *Thailand Human Development Report 2014*, pp.93-96 を参照。

28）柴山信二朗「タイ深南部におけるイスラーム教育期間の変遷と社会的役割の多様性」『人間科学研究』第 20 巻、第 2 号、2007 年、48 頁。フィールド調査の結果、同地域住民のイスラームの戒律に関する日常的な変化を指摘している。

29）例えば、PSU 大学生 4 人との懇談の中で、同大学の卒業生の半数近くがバンコクなどの都市部に仕事を求めていくという発言を聞いた（2008 年 8 月 26 日、PSU での聞き取り調査）。

30）早稲田大学社会科学部における紛争解決論実習の事前学習として、元 PSU パタニ校日本語学科講師の小田謙爾氏指導の学生たちとの交流をスカイプを通じて行った。本アンケート調査も事前学習の成果の一環である。改めて小田氏の協力に謝意を表するとともに、実習に同行した多賀秀敏教授、参加学生にも感謝したい。なお、本アンケートに協力した現地学生の出身地に関しては不明である。2008 年の調査では、9000 人の学生で半数が同地域の出身者であると聞いた。

31）例えば、2008 年 8 月 26 日のチャクチャイ講師（Chokchai Wongtanee, Institute for

Peace Studies, Prince of Songkla University）の聞き取りでは、東南アジアのテロリスト集団であるジェマー・イスラミア（JI）やアルカイーダとの関連性を疑う者もいるが、武装組織の内部の人間は否定していると述べている。同講師はナラティワートでのフィールド調査をしているという。また、2013 年 8 月 28 日の同上大学同研究所のヤスミン（Yasumin Bin Hamidkhan）講師、29 日に会ったマヒドン大学人権平和研究所長のゴトム・アラヤ（Gothom Arya）教授なども同様の考えであった。

32）2008 年 8 月 23 日、マンハッタン・バンコクホテルでの聞き取り調査。

13 ラオスが直面する「経済成長」のジレンマ

吉川健治

はじめに

英語のsecurityの語源はラテン語のsecuritasで、英語のwithoutに対応するsedとcareに当たるcuraの合成語である。原義では「気にかけることのない状態」を意味する[1]。

しかし、このような完全に気にかけることのない状態を作り出すことは可能だろうか。少なくとも社会に生きる個人には所属する集団との緊張関係が存在する[2]。時にはその緊張関係が緩やかであり、時には極度に張り詰めることもある。個人と国家の間にも常に緊張関係が存在していると考える。例えば、多民族国家においてマジョリティが政治的、経済的に支配している場合、マジョリティにとっては国家との緊張関係が希薄であるが、支配を受ける集団、民族にとっては、極端に緊張が増すことがある。国家と特定の民族集団に強い緊張関係が生じると結果として、民族が国家の枠を超えて避難場所（緊張の緩和）を求めて難民となるケースも出てくるであろう。民族集団だけではない。政府の経済的な分配機能が働かない状況で、中心都市と地方農村部に格差が生まれると、農村部から経済的理由で国境を越え不法労働者として近隣諸国へ流出することもあるだろう。この場合は、労働者として働く国との間に生じる緊張関係にも身を置かざるを得ない。つまり、自らの所属する国との緊張に留まらず、国籍外の国との二重の緊張を強いられる場合も出てくる。

国民国家が特定の集団や個人との間に強い緊張関係をもたらすことは、冷戦後の東欧における民族紛争を見れば理解できよう。強固な集団指導体制を取る国家との緊張関係が解かれると、特定の集団、民族が緊張の緩和を求め

て国家と対立しその結果が闘争という形で現れる。国民国家が多様な民族集団、文化集団を内包している限り、緊張緩和を求める集団が政治的発言を求め、あるいは行動を起こすことは必然と思われる。

　人間の安全保障は、安全保障を国家に委ねていたそれまでの概念から離れて、──「国家」が重要であるにせよ──「国家」以外の単位で安全を考えようとしている。「国家」中心の「安全確保」に対するオルタナティブなアプローチである[3]。換言すれば、特定の集団を構成する個人にとって、国家の枠組みを超えた新たな緊張緩和、融和への試みともいえる。

　本章で取り上げるラオスは、多民族国家でありまた市場経済による経済成長を志向している。マジョリティであるラオ族と少数民族との間には社会的格差があり、経済成長による富の分配によってその恩恵を全体に浸透させる政策をとっているものの都市部と農村部の経済格差が拡大している。経済成長を貧困改善の手段として取り入れながら一部の貧困状態がさらに厳しくなるというジレンマを抱えているのが現状である。このジレンマの解消なくして、人間の安全保障、緊張緩和の実現は期待できない。こうした状態を理解し議論するために、本章ではラオスの経済政策の経緯と現状について述べた後、助長される国内の経済格差について分析を行い、さらに周辺化され緊張を高める少数民族の現状、公正な開発の原資となる教育の問題点を抽出し、人間の安全保障に対するリスクを考察したい。最後に人間の安全保障実現のために国家の枠組みを超えた取り組みがラオスに適応可能かどうかに言及したい。

1. ラオスの経済政策とその現状──市場経済導入から現在

　ラオス人民民主共和国は、面積が約24万キロメートル（日本の本州とほぼ同じ）で、国土の7割が山岳・高原地帯であり、ヴェトナム、カンボジア、タイ、ミャンマー、中国と国境を接するASEAN唯一の内陸国でもある[4]。ラオス人民革命党が1975年12月に政権についてから、一党独裁の社会主義国家体制が続いているが、市場経済を大胆に取り入れ、政治と経済の分離政策を実施している。経済面では、市場経済化に適応しており、経済成長路線が定着して、近年高い成長率を達成している。

　政権を握る人民革命党は、経済成長を「党是」としており、経済成長政策

224　第Ⅱ部　各論：「人間の安全保障」の地域の現状と取り組み

は今後も続いていくことは確実である。ただ、マクロ経済政策が順調である一方で、経済成果の不平等な分配が生じている。市場経済そのものは格差が生まれやすい性質を持っているが、ラオスにおいては都市部と地方の格差、大多数を占めるラオ族と他の少数民族との格差が拡大している現状にある。

（1）ラオスの経済政策の変遷

　18世紀後半から長くタイに支配された後、1893年からフランスの植民地であったラオスは1953年に独立して王制を敷いた。その後、王制支持派と社会主義勢力、さらに中立派も加わって内戦状態が続いたが、1975年12月に王制廃止とともにラオス人民民主共和国が成立し、内戦に終止符が打たれた。以降、現在まで続く人民革命党よる統治が始まった。

　人民革命党指導による政府は、成立当初からマルクス・レーニン主義にならい社会主義に基づく計画経済路線を進めていた。しかし、1980年代に入り経済の停滞とともに、ソビエトのペレストロイカ政策、隣国ヴェトナムのドイモイ政策の影響を受け、「チンタナカーン・マイ（新思考）」をスローガンとして、1986年に市場経済路線である新経済メカニズム政策に転換した。以降旧西側諸国へ経済的門戸を開放し市場経済の導入を重要政策と位置づけた。さらに冷戦の終焉とともに、東側の援助交流がなくなると、西側諸国との政治的経済的交流がより深まりを見せた。

　市場経済政策導入の進展過程で、ラオスは堅実ながら着実に経済成長を続けてきた。またASEAN加盟も標榜して1994年にオブザーバーとなると1997年には正式に加盟を成し遂げた。社会主義政権が主導する市場経済路線が確実に浸透していった時期といえる。

（2）ラオス経済の現状

　現政権成立からの経済政策について、天川は3つの期間があるとして次のように分析している。第1期は社会主義国家建設（1975～1985年）期間で、この時期は内戦からの復興、食糧自給の達成が主な目標であった。第2期（1986～1997年）の特徴は、食糧自給が達成された後、1986年に第4回全国代表者会議で採択された「チンタナカーン・マイ」政策と、旧ソ連からの援助にかわり世界銀行やIMFなどの融資が始まったことである。これにより国営企業の民営化などラオス経済の構造調整が本格化し、経済成長を後押し

表 13-1　ASEAN諸国の経済成長率（%）

	2012	2013	2014（予想）
インドネシア	6.3	5.8	5.1
マレーシア	5.6	4.7	5.7
フィリピン	6.8	7.2	6.4
タイ	6.5	2.9	0.5
ヴェトナム	5.2	5.4	5.4
ラオス	8.0	8.5	7.5
ミャンマー	7.3	8.3	8.5
ASEAN平均	5.7	5.0	4.5

出典：World Bank Group Lao Economic Monitor 2015

した。第3期は1997年から現在までで、アジア経済危機による停滞を経験
した後の経済成長路線である[5]。こうした時期を経て、ラオスの政治経済分
離による経済発展は継続している。

　直近の経済動向を見ても、経済成長率は2011年から13年までは8%、
2014年には7.5%、2015年は7%とASEAN諸国でも高い水準で、1人当た
りの国民総生産（GNP）は1692米ドルとなっている[6]。GNPに占める産業
の割合は、サービス業が約37%、農業が26%、工業が約31%である[7]。

　国連開発計画（UNDP）の『人間開発報告書2015』によれば、ラオスは人
間開発指数（HDI）では2014年に世界185か国中139位でありまだ低い位置
であるが、経済成長が順調に進めば、政府が目標とする2020年までのLDC
脱却も視野に入ってくる。

　こうした経済成長を牽引する産業は、水力発電、鉱業、森林資源などであ
る。豊富な水資源と地形を生かした水力発電ダムが25基あり、電力生産量
は1万6151ギガワット時で、その電力量の77.2%がタイをはじめ周辺国に
輸出されており[8]、安定した外貨獲得の重要な位置を占めている。鉱業は、
銅15万9680トン、金4.8トンを産出している。鉱山セクターにおいては外
国投資が100社以上に上っているという[9]。国土の約40%が森林[10]である
という豊かな森林資源を利用して、木材・木製品の輸出が増加傾向にあり、
2014年には15億2452万ドルに達している[11]。

226　　第Ⅱ部　各論：「人間の安全保障」の地域の現状と取り組み

2. ラオスの地域格差

（1）不均衡な成長の配当

　経済成長に伴って、ラオスの社会経済状況は低開発状態から改善されている点も少なくない。例えば、1992 ～ 93 年には全人口の貧困率が 46％と高い率であったが、2007 ～ 08 年には 27.6％にまで減少している [12]。同時期、成人識字率は 72.7％に達し、全体で 12.5 ポイント以上の増加を記録している [13]。平均余命は、1995 年の 51 歳から 2005 年には 61 歳となり [14]、2014 年には 68.3 歳と上昇している [15]。5 歳未満児の死亡率は、1990 年には 162 人（1000 人当たり）であったが、2013 年では 71 人まで減少し、乳児死亡率も同時期に 111 人から 54 人（1000 人当たり）まで下がっている [16]。貧困率の低下は、マクロ経済成長の成果の表れと取れるし、成人識字率の増加は、教育の普及の成果であり、平均余命の改善は保健衛生サービスの充実と捉えることもできる。確かに、保健衛生や教育分野では、2012 ～ 14 年の間に公共支出が増加している [17]。

　ただ経済成長の恩恵が、ラオスの人々全体に行き渡っているのかは疑問である。経済成長と貧困解消は必ずしも相関関係になっていない。事実、1992 年から 2008 年までは平均 6％の経済成長率を遂げているが、同時期において貧困者の割合は年平均で 3.3％減少したに過ぎない [18]。

　皮肉なことに豊富な発電力を持ち電力を輸出するラオスであるが、電気の普及率が農村部では低い。全国の電気の普及率は約 70％であり、2020 年までに 90％普及させるという政府の方針から見ても分かるように、完全普及にはまだ時間を必要としている [19]。

（2）開発の制約

　ラオスの人口は約 680 万人で、内農業従事者が約 450 万人という基本的には農民が多数を占める農業国である。人口の約 3 分の 2 は地方農村部の居住者であるが、地方部のインフラはまだまだ未整備状態である。2011 年の統計では、ラオス全体で 4 万 1029 キロメートルの道路のうち舗装されているのは、わずか 16％でしかない [20]。山岳地帯など道路へのアクセスがない農村も 9％に達するという。また、雨季には雨の影響で道路状態が悪くなり、場所によっては通行不可となる道路もある。こうした状況は、農村部に住む

人々の行動範囲を物理的に制約している。県都など都市部の市場へのアクセスがなくなり、学校への通学や保健センターへのアクセスを著しく制限している。適切な道路がない場合、移動手段は徒歩しか方法がなく、保健衛生施設に行くのに地方部では2時間以上かかることもある[21]。道路へのアクセスができない地域では、保健衛生状態が極めて悪い。例えば、専門技能者が付き添う出産の割合は、わずか31%である。都市部では80%で、その差は歴然としている。子どもの発育にも影響を及ぼし、5歳未満の低体重率は農村部では29%である一方、都市部では16%である。さらに世帯の収入と出産に伴う健康状態は世帯の収入によっても左右され、専門技能者が付き添う出産の割合では、経済的に最下位20%ではわずか11%に留まるのに比して、最上位20%では91%と高い数値になっている。母子の健康に関わる問題についても、農村部と都市部では広がりがある[22]。市場、教育、保健衛生施設など生活に関わる重要な部分が道路へのアクセスの可否によって決まり、道路の整備があるところは貧困改善に向かえるが、未整備な地域では貧困の改善が難しくなる。このような地方農村部の低開発は、人々の栄養状態にも影響を与えている。栄養不良は深刻で、人口の44%が栄養不良状態であり、低体重者は27%に上る。これは他の東南アジア地域に比べても高い数値である。5歳以下の子どもの44.2%が栄養不良の状態[23]にあり、特にラオ・タイ族以外の少数民族が居住する地域では、都市部に比べて栄養不良状態のパーセンテージは2倍となっている。

　こうした地方部と都市部の格差は、貧困ラインの推移を見ても明らかである。1992年から2008年の間に、地方部の貧困ライン以下の割合は、51.8%から31.7%に減少している一方で、都市部では26.5%から17.4%まで減っており、明らかに地方農村部の開発が遅れていることが分かる。特に、北部のポンサリー県、ルアンプラバン県、フアパン県、シェンクアン県、南部のセコン県、アタプー県の6県は慢性的な貧困に陥っているという[24]。後述するように北部は少数民族である高地ラオが、そして南部は中腹ラオが居住する地域である。

（3）農村開発と食の安全保障

　ラオス政府の市場化による開発計画の潮流の中で、農業分野でも外国投資が見られるようになった。ラオス北部を中心に主にコーヒー、天然ゴム、

キャッサバ、バナナなどのプランテーションへの投資であり、ほとんどが中国に輸出されている [25]。

　農業部門への外国投資増加が期待される一方で、ラオスの農業形態は、農家の大部分が自家消費用の作物を栽培する家庭農業であり、現金収入の乏しい自給自足型のままである。よって農村開発の焦点の1つは家庭農業の形態から脱却し、いかに農業の生産性を高めることができるかが課題となる。

　しかしながら、前述したように生産性を向上させるためのインフラ整備が進んでいない。もともとラオスの農業は、自然環境を生かした伝統的な農業である。水田地帯では天水に依存し、雨季に耕作が始められる。問題は自然環境への依存度が高いことで、十分な雨量があれば収穫が可能になり食料は確保されるが、天候状態によっては食料を確保できないことである。灌漑施設の整備によって収穫率の高まりが期待できるが、灌漑施設が整っているのは全耕作地のうちわずか17％で中央の平野が中心であり、山岳地帯では6％に留まっている [26]。耕作作物では食料の米に続き約24％の農家がトウモロコシ栽培をしているが、ほとんどは家畜の飼料にまわされている。また、野菜栽培は広く行われているが自家消費されるので市場に出回ることはほとんどない [27]。

　今後、市場経済が浸透すれば、農村部においても市場でより高い競争力が求められるようになるだろう。市場に対応できるような比較優位となる換金作物栽培や酪農への転換が望まれる。ただ、灌漑施設の改善普及も進まず、道路が未整備の状態では県都など都市部の市場へさえアクセスできず、農業分野での生産性向上や市場の需要に合わせた品目栽培の奨励は難しいのが現状である。同時に経済自由化に伴い、旧来システムに依存する農業生産が市場での競争力を失う可能性も排除できない。さらに困難な状態に陥る危険性もある。とりわけインフラ整備が著しく遅れている北部の山岳地帯でその危険性が高い。

　さらに、自然に依存する農業形態は、自然災害に多大な影響を受けやすい。ひとたび干害、洪水などの災害に見舞われると、農業収穫の低下を招き食糧の確保ができなくなる。特に、家庭農業のレベルでは、収穫量の低下によって、翌年の食料が確保されない事態を招く。ラオスの農業形態は、自然災害が発生すると食料の安全保障に対するリスクも持ち合わせている。

（4）人的資源——社会的要請と労働力

　地域格差は、労働力の質的向上にも影響を与えている。大規模なダム建設など産業の活性化が経済を刺激しているものの、その恩恵は建設業など一部の業種に留まり、労働力の大きな吸収源となっていない。経済を支える主産業が必要とする労働力は熟練工であり、教育機会や職業訓練を受けることがなかなかできない農村部では、技術を備えた人材が育ちにくい。技術はおろか初等教育を終了していないあるいは非識字者が多数いる現実では、期待される労働力となり得ない。初等教育を受けていても小学校2年レベルでは30％が文字を満足に読めない、いわゆる機能的識字に関しては数値が低く、読めても文章を正確に理解できない生徒は57％に上る[28]。

　人口増加率が高く、労働人口がますます増える中、人的資源の開発は必要不可欠であるが、その前提となるのが初等教育の普遍化と非識字者の撲滅である。さらに、2015年のASEAN域内での貿易自由化に伴って、外国からの投資の増加、輸出入の活性化が期待されている。輸入品の価格低下が消費者にとっての恩恵になり得るが、自由貿易によって各国との競争が激しくなると予想され、必要とされる労働力はさらに質の高いものになっていくであろう。農村自体の開発がより重要となってくるが、家庭農業から市場に対応する換金作物への転換など農業分野への変革についてもある程度の知識を要するので、教育のバックグラウンドが乏しい限り改善は期待できない。

　一方で、経済の自由化や経済成長に不可欠な労働力が育たないと、スキルを要する産業分野も衰退、もしくは外国の投資企業も人的資源の不十分さから、ラオスへの関心を低めることになり、結果的に経済にも大きく影響するであろう。学校教育の問題点については後述するが、教育の不均衡を是正することは、将来的な経済安定にも寄与する核心部分の1つであることは間違いない。

3. 多民族国家ラオス——民族間格差

（1）ラオスの少数民族

　ラオスにおいて都市部と地方の格差を考える時、地方部に多く居住する少数民族について言及する必要がある。2005年の国勢調査によると、国内には49民族が生活し、さらに240のサブグループがある。ほとんどの民族が

違う言語、文化、信仰を持っており、多民族がラオスという1つの国家を形成している。言語グループによって、大まかにラオ・タイ族（Lao-Tai）、モン・クメール族（Mon-Khmer）、シナ・チベット族（Chines-Tibetan）そしてモン・ミエン族（Hmong-Mien）の4グループに分かれる[29]。民族文化の多様性がラオス国家の大きな特徴である。

　ラオ・タイ族が、マジョリティであり、政治的、文化的、経済的に優位な立場にある。これは、公用語、公用文字にラオ・タイ族の言語であるラオス語・ラオス文字が採用されていることから理解できる。ラオ・タイ族は、メコン川沿いの平地に居住し、多くは水田耕作に従事している。一方で、他の民族は総じて国土の7割を占める高原・山岳地帯の居住者である。1970年代からラオス政府は、民族が居住する地域によって、低地ラオ（ラオ・ルム）、中腹ラオ（ラオ・トゥン）、高地ラオ（ラオ・スーン）と分類している。個別の民族名称を使わないグループ分けは、領土に住む全員がラオス国民であることを強調する分類の仕方である。以下、この3つのグループごとにその特徴を述べていきたい。

（2）低地ラオ、中腹ラオ、高地ラオ

　低地ラオは、12の民族グループに分けられる。人口の68%を占め、交通、交易、水田等の農業生産にとって利便な平地の川沿いに居住しており、他の民族グループより経済的な開発の恩恵を受けやすい地域である。また、低地ラオは上座仏教徒であり、民族間で信仰を共有している。

　中腹ラオは、オーストロ・アジア語族に属し人口の約22%を占め、多くは南部の高原地帯の遠隔地を居住地としている。多くが焼畑、森林産物採取や狩猟生活を送る36のグループから成り立っている。ラオスの先住民といわれているが、現在はラオス北部と南部、特に南部が主な居住地である。最近では、ラオス語、水田耕作の技術や上座仏教を受容し、低地ラオとの同化も進んでいる[30]。

　高地ラオは、オーストロ・タイ語族、シナ・チベット語族のモン・ミエン族で平均海抜1700メートルの高地や勾配地に居住し、焼畑農業を主な生業としている。20の民族から構成され[31]、ラオス北部に多い。

　一般的には、中腹ラオ、高地ラオが少数民族と理解され、宗教も低地ラオと異なり先祖信仰、精霊信仰が中心である。

第13章　ラオスが直面する「経済成長」のジレンマ　　231

（3）周縁化される少数民族

　ラオス政府は多様な民族性に配慮する姿勢を見せており、すべての民族が平等でそれぞれの民族の文化を保護する、と憲法でも定められている[32]。それぞれの民族が独自の文化的アイデンティティを持つ多民族国家にとって、国民国家としての統一を維持するためには民族間の融和が絶対条件であり、少数民族に対する配慮は欠かせないものである。しかしながら、現実には低地ラオに比して中腹、高地ラオの開発が遅れている。経済発展による利益は少数のエリートに付帯するもので、ほとんどの人々にはその恩恵が行き渡らず、経済的な格差を作り出す傾向がある。ラオスにおいては、中腹ラオ、高地ラオの少数民族は開発の蚊帳の外に置かれることが多い。低地ラオは灌漑技術を持ち、農業の生産性が高くインフラも比較的整っている平野の川沿いに住み、保健衛生施設、教育へのアクセスも良く、経済的な機会をより多く持てる位置におり、潜在的に発展の可能性を有しているといえる。一方で、中腹ラオ、高地ラオは最低限の穀物を栽培するか、焼畑農業による陸稲、とうもろこし栽培が主流である。焼畑のように移動型の農業の場合、生産性が高くなく、耕作しても7～9か月分の収穫しか得ることができないといわれる。米などの食料や生活必需品の購入費用は、家畜や少量の換金作物を売却して得ている状態であり、経済的に困窮している[33]。2005年時点で、ラオスの142地区（district）のうち37地区が最貧困、48地区が貧困地区とされ、こうした地区は、南部の中腹ラオ、北部の高地ラオの居住地区に重なっている[34]。

　ラオス政府は、特にインフラ整備が難しい地域に居住する高地ラオについては、低地への移住を奨励している。この政策の意図は、高地ラオが低地に移動することによって、教育や保健衛生施設へのアクセスが容易になり、人々の生活改善が期待できることにある。また、移動型の焼畑農業は山岳地帯の非森林化を招くので、定住して安定的で持続可能な農業等への就業によって森林環境を維持する目的もある。ただ、与えられた定住地の耕作地が不十分で生活に支障をきたし、また生活使用言語が異なる地元のコミュニティとコミュニケーションが取れないケースも見られ、今後、定住政策が順調に進むとは限らない[35]。

　ラオスにとって貴重な外貨獲得産業である水力発電ダムの建設に伴い少数民族が居住地から移転を余儀なくされるケースも出ている。例えば、現在建

232　第Ⅱ部　各論：「人間の安全保障」の地域の現状と取り組み

設中の北部ナムニアップダムでは、建設地の居住者であるモン族の移転が進行中である[36]。

4. 人間の安全保障と教育

（1） 人間の安全保障と教育の重要性

　人間の安全保障実現のために、重要な要素の1つとして教育機会の提供が挙げられている。なぜなら「働く者としても、親としても、社会を変えていこうとする市民としても、教育を受けられなければ人は大きな不利益を被る」[37]からだ。教育を受けなければ生活改善に必要な情報へのアクセスが制限され、病気や天災などで経済的困窮に陥った場合、受けることができる社会サービスが理解できず、生計のためにほかに職に求めるのも難しくなり、さらに困窮する状況に追い込まれるリスクを抱える。また識字能力がなければ日常生活においても様々な困難が予想される。公共交通機関の利用、公共料金の請求書、新聞、手紙などあらゆる場面で識字能力は必要[38]であり、現代社会を尊厳ある1人として生きるための必須の能力である。よって、識字能力が生活の質を改善していくことから「人間の安全保障」実現のためには重要なポイントの1つとなる。また、教育は雇用にも大きな影響を与える。基礎教育機会があれば、より賃金の高い職に就くことを可能にし、個人の収入が増えるだけでなく地域社会、ひいては国家の経済状況を改善する経済的な利益を生み出す可能性がある[39]からだ。人々が置かれている社会的環境の改善にも教育が深く関与することは間違いない。

（2） ラオス教育制度成立の経緯

　では、『人間の安全保障』実現のために重要とされる教育がラオスではどのような状況なのか、見ていきたい。ラオスに近代教育制度が施行されてからの歴史は比較的浅く、全国レベルでの教育制度が確立したのは、現政権が実権を握ってからである。その成り立ち発展の経緯から現在の格差を生み出す背景が見えてくる。

　ラオスでは19世紀の終わりに、小学校が設立され、1922年にようやく前期中等教育のための学校が設立されたといわれる[40]。それまでは、仏教寺院で開かれたいわゆる寺子屋で学ぶことが一般的であった。寺子屋は伝統的

な形態の教育機関であり、学ぶものは自主的に参加し、公的な介入はほとんどなかったと思われる。ただし、仏教寺院はラオスの最大民族で約6割の人口を占めるラオ族居住区に多く、この期間の教育は仏教を信仰するラオ族の子弟のみに開かれていたと考えられる。

近代教育が本格的に展開されたのはフランス植民地時代で、フランス領インドシナ全体で施行された教育制度がラオスにも敷かれた。ラオスでは1917年から1939年まで、他のインドシナ諸国と同じ教育体制であった[41]。

フランスから独立した1963年以降に、ラオス独自の近代教育システムの確立が試みられた。ラオス王国政府は、初等6年、中等4年、後期中等3年の学制を施行し、初等3年次以上は教授言語がフランス語で行われるという変則的なシステムを展開した[42]。

一方、同時期に王国政府と対立するラオス愛国戦線は、その支配地域において、王国政府とは違う教育体制を実施していた。学制は、初等4年、前期中等3年、後期中等3年で、教授言語は民族主義的な観点からすべてラオス語であったという[43]。本来、中央政府の重要な政策であるべき教育制度も右派（王国政府）、左派（愛国戦線）の影響を受けて対立していた。当時のラオスにはイデオロギーの対立によって両派によるダブルスタンダードの教育制度が存在していたのである[44]。

1975年、現政権が成立した当時の成人非識字率は60〜70%であったと推測されている。教育の量的拡大は、この時期から始まった。革命政府は、1980年代に識字キャンペーンを実施し、約75万人が参加し、また小学校の設置にも努力したとされるが、1987年のユニセフの調査報告では、成人非識字率は56%と低迷していた。革命から15年を経過した1990年当時の資料を見ても、ラオスには1万1000の村があるうち小学校は約6500校（2015年は8897校）のみで、初等教育がすべての学齢期児童に提供されていたとはいえない。さらにその70%は3学年までの教育しか提供できない不完全校であった。そのため、初等教育における純就学率は59%であり、中途退学者も多く初等教育を終了できる児童は全就学者の30%程度だった。識字率や就学率の低迷の原因は、次のように考えられる。まず、植民地時代、独立後の内戦時代を通じて、教育政策が浸透せず、教育機会が全国レベルで普及しなかったことが挙げられる。また、公用語であり教授言語であるラオス語は、マジョリティのラオ族の母語であり、他の少数民族はそれぞれ独自の言

語を有しているため、ラオス語の授業は少数民族にとって圧倒的に不利であること、である。

　ラオス全体に教育が普及する政策が取られたのはわずか40年前であり、それ以前はラオ族を中心にした教育普及であった。つまり、1975年時点で、マジョリティであるラオ族とその他の少数民族にはすでに大きな格差があったことは否めない。新たにラオス人民共和国を建国した当時のラオスにとっては、国家統一の意味でも教育普及は急務であったと思われるが、現実には、少数民族に対する教育の普遍化が遅れ、それが教育の地域格差を生む要因の1つとなっている。

（3）教育の現状と地域格差

　しかしながら、経済成長路線の発展とともに、急速に改善に向かっている分野の1つが教育である。初等教育分野を見ると、前述の通り、1990年代には70％台であった純就学率が2010年以降は100％を超えるなど進展を見せている。しかし、初等教育の完全普及には至っておらず都市部と農村部の格差は依然として残されている。以下、ラオス教育スポーツ省の2015年の統計[45]に従って、教育の現状を述べていきたい。

　ラオスの学制は、初等教育5年、前期中等教育4年、後期中等教育3年であり、初等教育を終了する5年次までが義務教育である。全国の小学校数は8897校で全児童数は85万466人であるが、小学校総数のうち小学校5年までの施設設備を備えているのは6894校しかない。1384校が初等教育終了の5年次まで学べる施設がないか教員がいない不完全校で、例えば第3学年までしかない小学校の場合さらに学ぶには近在の小学校への転校を余儀なくされる。しかし、道路事情や進級先の学校への距離によって、進級をあきらめ中途退学するケースも考えられる。こうした不完全な初等教育の普及は、結果的に都市と農村部の地域格差を生み出す要因である。

　小学校5年次まで整っているいわゆる完全校率は全国平均では80％であるが、首都ビエンチャン特別市では91％が完全校であるのに対し、全国平均の80％を下回る県が7県ある。最低となっているポンサリー県は北部に位置し、小学校数の約半数の46％が不完全校である。首都に比べ地方に教育普及の問題点があることは、就学率からも理解できる。小学校1年次入学率を見ると、ラオス全体で総就学率が116％で純就学率が97.2％である。ビ

第13章　ラオスが直面する「経済成長」のジレンマ　**235**

エンチャン特別市では純就学率で 101％と就学年齢に達したすべての児童が就学しているが、純就学率の全国平均の 97.2％に対して 9 県がそれを下回っている。

　ラオスでは小学校に入学したとしても進級できない児童が多く、小学校での留年問題は初等教育分野での大きな問題点の 1 つである。留年率は、1 年次で最も高く約 3 万人の児童が 1 年次留年をしている。留年率にも地域格差が見られる。留年率の全国平均は 13.5％であるが、ビエンチャン特別市では8.8％に留まり、全国 8 県が全国平均を下回っている。最も多いセコン県では 72％しか小学校 2 年次に進級できていない。留年は小学校からのドロップアウトを促進してしまう懸念を生む。1 年次にドロップアウトしてしまう児童の割合は、全国平均で 8.5％であるが、これを上回る県が 10 県ある。ビエンチャン特別市ではわずか 2.2％である。小学校 5 年次までのドロップアウト率も同様の傾向があり、全国平均では 5.2％であるが、これを上回る県は、10 県となっている。なお、ビエンチャン特別市では 1.9％に留まっている。これらの数値を見て明らかなように、都市部においてはほぼ初等教育が普及し留年率やドロップアウト率も低いが、地方では全国平均を下回っており、都市部と地方の格差が明確に出ている。

　教育指標を見る限りでは、地方、特に北部南部の少数民族居住地域で教育の普遍化が遅れている。多い不完全校、衛生施設の未整備、義務教育は無償とされながら教材費等が必要なこと、少数民族の言語に対応したバイリンガル教員の不足などがその理由として挙げられる。特に重要な少数民族に配慮した教員の配置については、ラオ族の教員が 81％であるのに対して、例えばモン・クメール（Mon-Khmer）語を話す教員は 14％、モン（Hmong）族の教員は 4％で人口比率と合致していない[46]。

　初等教育レベルの差は、当然ながら中等教育への進学率にも現れ、都市部と地方では進学率に大きな開きがある。中等教育就学年齢の人口 56 万 6761人に対して、中学進学者は 44 万 2806 人である。全国平均では 78.1％、ビエンチャン特別市では 93.3％と高い。一方で 7 県が全国平均を下回っていて、最低は南部サラワン県の 55.8％となっている。後期中等教育でもこの傾向は同じで、後期中等教育進学率の全国平均が 45.8％に対して、ビエンチャン特別市では 70.3％、最低は南部のサラワン県の 31.3％である。

　こうした教育の地域的格差は、ラオスの将来的な人的資本に大きな影響を

表 13-2　教育の地域格差

県　名	完全校普及率	純就学率	1年次留年率	1年次ドロップアウト率	5年次ドロップアウト率
（全国平均）	80.0	97.2	13.3	8.5	5.2
ビエンチャン特別市	91.0	101.0	8.8	2.2	1.9
ポンサリー	54.0	95.9	－	11.7	6.2
ルアンナムター	70.0	95.0	15.2	－	－
ルアンプラバン	－	－	－	9.6	－
ウドムサイ	－	－	16.7	12.8	5.8
フアパン	－	97.1	15.4	10.4	5.5
シェンクアン	76.0	94.1	－	－	5.6
ボケオ	－	－	－	9.2	－
ボーリーカムサイ	－	96.6	－	－	－
シーソンブーン	－	90.0	－	－	－
ビエンチャン（県）	－	－	－	9.3	5.6
カムアン	74.0	90.0	19.4	12.8	6.4
サワナケート	79.0	－	19.8	9.3	7.3
サラワン	71.0	96.4	15.4	11.4	8.6
チャンパサック	79.0	－	－	－	－
セコン	－	89.6	28.3	－	7.2
アタプー	－	－	20.8	14.1	9.0

出典：ラオス教育スポーツ省　教育統計テクノロジーセンター *Annex Matrix, School Year 2014-15* より筆者作成。

与えると考えられる。経済成長を支える産業がある程度の知識、熟練を要する労働力を要請しているのに対して、比較的教育が充実している都市部では質の良い労働力を生み出す可能性があるが、人的資本を形成する基盤である教育が浸透しない地方ではそれが難しくなり将来的にも格差を助長していく可能性が残る。

　地方農村部での初等教育の量的拡大と普遍化が急がれている一方、高等教育は 2000 年代以降急速に普及している。ラオスで最初に設立された大学は、1996 年のラオス国立大学（ビエンチャン）で、ほかに国立大学は、保健科学大学、2000 年代に入ってスパヌオヴォン大学（2002 年ルアンプラバン）、チャンパサック大学（2003 年）、サワナケート大学（2009 年）が開学したほか、国立カレッジが 12 校ある[47]。高等教育への関心の高まりから私立大学の開学も相次ぎ、2012 年には 53 校が設置されている。国立大学の設立には国家の社会経済に資する人材の育成という要請があり、私立大学の設立は、外国企

業の進出やサービス産業の拡大に伴い、それらが要請する労働力の育成が背景にある。事実、私立大学のカリキュラムは実務的な内容を重視しており、労働市場のニーズに対応したものであるという[48]。ただ、初等教育の普遍化が達成されず、中等教育の進学率が都市部と農村部では開きがある以上、高等教育の機会についても都市部の優位は否めない。表 13-2 に、これまで述べてきたデータをまとめた。

5. ラオスの経済成長とリスク

ラオス政府による経済政策は、資本主義経済路線と大きな変わりはない。しかしながら、あくまで政治的にはマルクス・レーニン主義を標榜する社会主義を貫いている。経済成長路線を継続する中で全体の社会経済を豊かにし貧困の軽減を図り、社会主義への到達のための手段とすることで市場経済の正当性を確保しているのだ[49]。市場経済による発展過程は、社会主義に至る過渡期として捉えられている[50]。それを指導するのが、人民革命党と位置づけており[51]、よって、今後も疑いなく現在の政治、経済体制が継続していくであろう。これを前提にラオスにおける人間の安全保障実現のための難しさを述べていきたい。

まず、経済面である。前述の通り 2015 年のラオスの実質GDPは 7.0％になると予想され、経済成長路線は安定的な伸びを見せている。電源開発への投資、金や銅の好調な産出状況、外国旅行者の増加、建設分野への外国直接投資などが要因である。だが、GDPの 3.1％を占め大多数の労働力を持つ農業に関しては、農産物の需要、価格の低下や悪天候による農業分野への影響が懸念されている[52]。また、ラオスの最大の貿易国は隣接する中国、タイで外国直接投資額の 6 割となり、この 2 つの国が 2014 年の輸出総額の 69％、輸入総額の 82％を占めている[53]。ラオス経済が中国とタイに大きく依存している現状では、両国の経済状況がラオスに影響を与える。中国経済の減速の懸念やタイ経済の動向によって、ラオスの経済がダウンサイドリスクに直面することも考えられる[54]。

また、ラオスは外国・国連からの多額の開発援助の受け手であり、社会経済発展のためには援助に依存せざるを得ない。援助の総額は、GDPの 20％程度に達しており、人口比では 1 人当たり年間 40 ドルにも相当する[55]。外

国や国連からの援助は、開発政策の策定の主体性を喪失させ、そのドナーの政策や方針によって社会経済開発計画が影響を受けることも想定される。

おわりに

これまで見てきたように、ラオスの経済開発は、強力なマクロ経済政策によって経済指標は上向きであるが成長の配当が一部に留まり、その結果都市部と農村の地域格差、少数民族居住地の開発の遅れが目立っている。特定の地域集団はより生活が厳しくなるという現実は、経済成長によって貧困削減を目指す政策の限界を示し、その乖離はラオス政府のジレンマとして顕在化している。市場経済政策によって生み出されるこうした格差は、グローバルレベルの懸念事項でもあるが、対応する即効薬への明確な処方箋はまだ書かれているとはいえず、ラオスにおいてもすぐに解消される問題ではないことは明らかである。

しかしながらラオスは国家運営のためジレンマに直面しながらも経済成長を維持し継続させる強い意志を持っている。だが残念なことにそれが特定の集団との緊張関係をさらに高めるリスクを生じさせ、人間の安全保障の実現の足かせともなっている現状を説明してきた。さらに政治体制に言及するならば、一党独裁の国家運営においては安全保障の主体はあくまで国家であり、人間の安全保障議論に見える「国家」の枠組みを超えたオルタナティブなアプローチの可能性にも制限、限界がある。だが、人間の安全保障が今日の人々にとって共有すべき概念だとすれば、何らかの手立てを考えていかなければならない。

注

1) 村上陽一郎「安全保障という概念をめぐって」武者小路公秀編『人間の安全保障——国家中心主義をこえて』ミネルヴァ書房、2009年、38頁。
2) 「一切のテンションを解消し去り、その意味でまったくテンションをふくまない集團とかとか社會とかいうものは存在し得ないであろう」「所詮、人間の共同生活や集團の共存は、協力と闘争、融和と緊張という二つの原理によって貫かれている。協力や融和が人間の共同生活に不可缺であると同様、闘争や緊張をまったく缺いた人間の共同生活というのも現實には存在し得ないであろう」日本人文科學會編『社會的緊張の研究』有斐閣、1953年、12-13頁。

3）武者小路公秀「羅針盤としての人間の安全保障」武者小路、前掲書、8頁。

4）外務省「ラオス人民民主共和国基礎データ」http://www.mofa.go.jp/mofaj/area/laos/（2016年5月1日閲覧）

5）天川直子「現代ラオスの課題――一党支配体制下の市場経済化」天川直子／山田紀彦『ラオス――一党支配体制下の市場経済化』アジア経済研究所、2005年、3-4頁。

6）World Bank Group, *Lao Economic Monitor*, 2015.

7）外務省、前掲データ。

8）日本貿易振興機構「ラオス」『年次報告』2015年　https://www.jetro.go.jp/ext_images/world/gtir/2015/pdf/la.pdf p.1.

9）World Food Programme, Federal Ministry for Economic Cooperation and Development, *Food and Nutrition Security Atlas of Lao PDR*, 2013 p.8.

10）国立行政法人国際協力機構　http://www.jica.go.jp/project/laos/006/（2016年5月1日閲覧）

11）日本貿易振興機構「ラオス」『世界貿易投資報告』2015　https://www.jetro.go.jp/ext_images/world/gtir/2015/pdf/la.pdf p.2.（2016年5月1日閲覧）

12）UNDP, *National Human Development Report*, 2009, p.51.

13）前掲報告書、55頁。

14）前掲報告書、62頁。

15）国連開発計画『人間開発報告書』2015。

16）ユニセフ（公益財団法人日本ユニセフ協会広報室訳）『世界子供白書2015（要約版）』2015年、38頁。なお5歳未満児の死亡率71人は、世界33位である。

17）World Bank Group, p.22.

18）UNDP, p.53.

19）UNDP, p.12.

20）World Food Programme, Federal Ministry for Economic Cooperation and Development, p.8.

21）*Ibid.*, p.14.

22）ユニセフ、前掲書、40、110頁。

23）World Food Programme, Federal Ministry for Economic Cooperation and Development, 2013, p.1.

24）UNDP, pp.51-53.

25）日本貿易振興機構、前掲書、3頁。

26）World Food Programme, Federal Ministry for Economic Cooperation and Development, p.9.

27）*Ibid*.

28）World Bank Group、前掲報告書、38頁。

29）IFAD, AIPP、前掲報告書、1頁。

30）安井清子「居住地の高度による民族分類」菊池陽子／鈴木玲子／阿部健一編『ラオスを知るための60章』明石書店、2010年、19-22頁。

31）IFAD, AIPP、前掲報告書、4-5 頁。

32）ラオス憲法第 8 条「国家は、すべての民族に統一・平等をもたらす政策を追求する。すべての民族は、国家の慣習や文化のみならず、それぞれの優れた慣習や文化を保護、保存、促進する権利を有している。民族間の分断・差別行為は一切禁止する。国家は、すべての民族の社会経済的発展を促進するためのあらゆる措置を講じる。」

　　法務省 http://www.moj.go.jp/content/000010380.pdf（2016 年 5 月 1 日閲覧）

33）IFAD, AIPP、前掲報告書、9 頁。

34）*Ibid.*, p.10.

35）UNDP、前掲報告書、p.50.

36）関西電力「ラオスナムヌアップ水力発電所」http://www.kepco.co.jp/corporate/international/generate/laos.html（2016 年 5 月 1 日閲覧）

37）人間の安全保障委員会報告書『安全保障の今日的課題』朝日新聞社、2003 年、14 頁。

38）前掲書、214-215 頁。

39）前掲書、214-216 頁。

40）Phetsiriseng, Inthasone, "Education Reform Context and Process in Lao PDR: Focusing on Basic Education," In Hirosato, Y., Y. Kitamura（eds.）, *The Political Economy of Educational Reforms and Capacity Development in Southeast Asia*, Springer, 2009, p.269.

41）Ogawa, K., *Higher Education in Lao PDR*, p.284；前掲書、283-311 頁。

42）Phetsiriseng, Inthasone, 前掲論文、269 頁。

43）*Ibid.*

44）*Ibid.*

45）ラオス教育スポーツ省　教育統計テクノロジーセンター Annex Matrix, School Year 2014-15, 2015.

46）UNDP、前掲報告書、56 頁。

47）乾美紀／オンパンダラ・パンパキット「ラオスにおける高等教育の質保証」山内乾史／原清治編『学生の学力と高等教育の質保証』学文社、2013 年、125-126 頁。

48）前掲書、131 頁。

49）天川、前掲書、7 頁。

50）山田紀彦「市場経済移行下のラオス人民革命党支配の正統性」天川直子／山田紀彦編『ラオス―― 一党支配体制下の市場経済化』アジア経済研究所、2005 年、52 頁。

51）山田、前掲書、39 頁。

52）日本貿易振興機構「ラオス」『世界貿易投資報告』2015　https://www.jetro.go.jp/ext_images/world/gtir/2015/pdf/la.pdf（2016 年 5 月 1 日閲覧）。

53）日本貿易振興機構（ジェトロ）海外調査部海外調査計画課『2016 年の経済見通し』2016 年、24 頁。https://www.jetro.go.jp/ext_images/_Reports/01/d69c38db38d35028/20160001.pdf（2016 年 5 月 1 日閲覧）

54）World Bank Group, p.18.

55）Howe and Kearrin、前掲論文、340 頁。

第 13 章　ラオスが直面する「経済成長」のジレンマ　**241**

おわりに

　本書は、早稲田大学地域・地域間研究機構アジア・ヒューマン・コミュニティー（AHC）研究所の研究成果である。また、2015 年度受託の科学研究助成基盤研究（B）「東南アジア地域・境界地域の平和構築と紛争予防ガバナンスの確立」（課題番号 15KT0049）の研究成果でもある。両研究会メンバーが重複しており、AHC 研究所の研究成果を踏まえたのが科研研究課題であったからだ。その点で、両研究会は本書を上梓するうえでの両輪であったと考えている。

　さて、編者が AHC 研究所長を天児慧教授（早稲田大学大学院アジア太平洋研究科）から引き継いだのは 2010 年であった。当時は、アジア研究機構のプロジェクト研究所であった。その後、早稲田大学内での研究機構の再編があり、研究機構の名前は変わったものの、AHC 研究所はアジア地域全体を対象にした「人間の安全保障」の現状を考察することを目的とした。

　それではなぜ「アジア・ヒューマン・コミュニティー」だったのか。「人間の安全保障」を構成する内容は基本的に人権であるが、アジアの国家主権の強い国々では「人権」を問うこと自体が内政不干渉に抵触する。その結果、アジアが抱える諸問題を域内の研究者や市民社会・NGO で実践する人々との間で真摯に議論することを難しくさせている。

　一方、人々の「安全」に焦点を当てる場合、国家主権が強い政府では軍事的手段で国家が国民を保護する「伝統的な安全保障」の考え方が主流であった（この考え方は依然として強い）。しかし他方で、主権国家の国境を容易に超えて人々の安全を脅かす様々な問題が増え、各国は軍事力では対応できない安全保障上の問題を抱えるようになった。そこで国家主権の強固な国々をも巻き込む「非伝統的安全保障」の概念が登場し、各国が協力する枠組みができた。

　AHC 研究所はこれらのことを踏まえ、「人間の安全保障」と「非伝統的安全保障」の両方を取り込むものとして「アジア・ヒューマン・コミュニティー」を掲げ、域内の研究者や市民社会・NGO 関係者との対話を積極的

243

に推進してきた。編者をはじめ研究所員はそれぞれが構築してきた国境を超えるネットワークを有する。それらのネットワークこそが新たな研究スタイルであり、上記科研研究テーマの問題意識である。本書はこれら問題意識を踏まえた私たちの中間報告である。

　最後に、AHC研究所を創設した天児慧教授、設立以来AHC研究所の支援をお願いしている黒田一雄教授には心より御礼を申し上げる。また、様々な機会を通じて私たちの研究成果の発表の機会を提供してくれる明石書店代表取締役社長の大江道雅氏、本書の編集作業を担当し、適切な助言をしてくれた岡留洋文氏にも謝意を表したい。

編者　山　田　　　満

編著者紹介 ※執筆順　[ ]内は担当章、◎は編者

◎山田　満（やまだ　みつる）[序章、第12章、あとがき]

米国オハイオ大学大学院国際関係学研究科修士課程修了。東京都立大学大学院社会科学研究科博士課程政治学専攻単位取得退学。2000年に神戸大学博士（政治学）を取得。東ティモール国立大学客員研究員、埼玉大学教養学部教授、東洋英和女学院大学大学院国際協力研究科教授などを経て、2009年4月より早稲田大学社会科学総合学術院教授。同大学地域・地域間研究機構アジア・ヒューマンコミュニティー（AHC）研究所長。一般社団法人日本東ティモール協会副会長、国連UNHCR協会理事などNGO活動や国際ボランティア活動にも従事。専攻は、国際関係論、国際協力論、平和構築論。

〔主な著書・論文〕

『多民族国家マレーシアの国民統合──インド人の周辺化問題』（大学教育出版、2000年）

『「平和構築」とは何か──紛争地域の再生のために』（平凡社新書、2003年）

『東ティモールを知るための50章』（編著、明石書店、2006年）

『市民社会からみたアジア』（責任編集、『国際政治』第169号、2012年）

『ASEANを知るための50章』（共著、明石書店、2015年）

上杉勇司（うえすぎ　ゆうじ）[第1章]

英国ケント大学政治・国際関係学大学院修了（国際紛争分析学博士）。広島大学大学院国際協力研究科准教授等を経て、現在、早稲田大学国際学術院教授。専門は、紛争解決学、平和構築論、国際平和活動。

〔主な著書・論文〕

『世界に向けたオールジャパン──平和構築・人道支援・災害救援の新しいかたち』（藤重博美／吉崎知典／本多倫彬らと共編著、内外出版、2016年）

『紛争解決学入門』（長谷川晋と共著、大学教育出版、2016年）

Peacebuilding and Security Sector Governance in Asia（編著、LIT Verlag、2014）

『平和構築における治安部門改革』（藤重博美らと共編著、国際書院、2008年）

『ワークショップで学ぶ紛争解決と平和構築』（小林綾子らと共著、明石書店、2010年）

『変わりゆく国連PKOと紛争解決』（明石書店、2004年）

平川幸子（ひらかわ　さちこ）[第2章]

米国タフツ大学フレッチャースクール修士、早稲田大学アジア太平洋研究科博士修了（学術博士）。早稲田大学国際教養学部助教等を経て、現在、早稲田大学留学センター准教授。専門は、東アジア国際関係論、アジア地域統合論。

〔主な著書・論文〕

『「二つの中国」と日本方式──外交ジレンマ解決の起源と応用』（勁草書房、2012年）

『歴史の中のアジア地域統合』（梅森直之／三牧聖子と共編著、勁草書房、2012年）

「台湾のTPP/RCEP政策と実現可能性」『問題と研究』（台湾国立政治大学国際関係研究
センター、第45巻1号、2016年）

"Japan: Living in and with Asia," in Lee Lai To and Zarina Othman eds, *Regional Community Building in East Asia: Countries in Focus*（Routledge, 2016）

本多倫彬（ほんだ　ともあき）［第3章、第10章］

慶應義塾大学大学院政策・メディア研究科修了（博士（政策・メディア））。現在、キヤ
ノングローバル戦略研究所研究員、東洋英和女学院大学非常勤講師。専門は、国際協力
政策、平和構築論、非伝統的安全保障論。

〔主な著書・論文〕

『世界に向けたオールジャパン──平和構築・人道支援・災害救援の新しいかたち』（上
杉勇司／藤重博美／吉崎知典と共編著、内外出版、2016年）

「軍隊の新しい主任務──HA/DRと平和活動」『「新しい戦争」とは何か──方法と戦
略』（川上高司編著、ミネルヴァ書房、2016年）

「国連の平和活動の新展開とエンジニアリング・ピース」『KEIO SFC JOURNAL』第
15巻第2号、2016年3月、340-361頁

「防衛省・自衛隊による非伝統的安全保障分野の能力構築支援──日本の国際協力政策
の視点から」『戦略研究』第15巻、2015年1月、85-105頁

本多美樹（ほんだ　みき）［第4章］

早稲田大学大学院アジア太平洋研究科修了（博士（学術））。成蹊大学卒業後、英字紙
「ジャパンタイムズ」記者を経て、現在、早稲田大学社会科学総合学術院准教授。専門
は、国際機構論、安全保障、国連研究。

〔主な著書・論文〕

『国連による経済制裁と人道上の諸問題──「スマート・サンクション」の模索』（国際
書院、2013年）

『北東アジアの「永い平和」──なぜ戦争は回避されたのか』（編著、勁草書房、2012
年）

「『グローバル・イシュー』としての人権とアジア──新たな国際規範をめぐる国際社会
の確執に注目して」『グローバリゼーションとアジア地域統合』（勁草書房、2012年）

「ミャンマーの人権侵害とアジア地域協力の可能性──欧米諸国とASEAN諸国の対応
の相違に注目して」『アジアの人権ガバナンス』（勁草書房、2011年）

宮下大夢（みやした　ひろむ）［第5章］

早稲田大学大学院社会科学研究科修了（修士（学術））。現在、同大学院博士後期課程在
籍、国際協力機構研究所研究助手、東洋英和女学院大学非常勤講師。専門は、国際関係
論、平和構築論、東南アジア研究。

〔主な著書・論文〕

「人道的介入における道義と国益に関する考察──規範理論としてのリアリズムとリベ
ラリズムの視点から」『社学研論集』第25号、2015年、33-47頁

「世界人道サミットの帰結──これからの人道支援はどう変わるか」『開発協力文献レ
ビュー』第9号、国際協力機構研究所、2016年、1-8頁

阿部和美（あべ　かずみ）［第6章］

早稲田大学社会科学研究科修了（修士（学術））。国連東ティモール統合ミッション選挙支援アドバイザー、防衛省能力構築支援事業担当官を経て、現在、同研究科博士後期課程在籍。専門は、東南アジア研究、平和構築論。

桑名　恵（くわな　めぐみ）［第7章］

大阪大学大学院人間科学研究科博士後期課程修了（人間科学博士）。NGOピースウィンズ・ジャパン海外事業部長、ジャパン・プラットフォーム事業部長、立命館大学共通教育推進機構准教授を経て、現在近畿大学国際学部准教授。専門は、開発社会学、市民社会研究。

〔主な著書・論文〕

「国際人道支援の展開」『新版国際協力論を学ぶ人のために』（内海成治編、世界思想社、2016年）

「人道支援とボランティア」『新ボランティア学のすすめ』（内海成治／中村安秀編、昭和堂、2014年）

「緊急人道支援から開発支援へ」『新しい国際協力論』（山田満編著、明石書店、2010年）

「東ティモール」『国際緊急人道支援』（内海成治／中村安秀／勝間靖編、ナカニシヤ出版、2008年）

島﨑裕子（しまざき　ゆうこ）［第8章］

早稲田大学大学院アジア太平洋研究科博士課程修了（国際関係学博士）。早稲田大学アジア太平洋研究センター助手、日本学術振興会特別研究員（PD）を経て、現在、早稲田大学平山郁夫記念ボランティアセンター助教。専門は、社会開発、ジェンダー。

〔主な著書・論文〕

「人身取引被害者と日本社会──送り出し国と受け入れ国を結ぶもの」『婦人保護施設と売春・貧困・DV問題』（須藤八千代／宮本節子編著、明石書店、2013年）

「移住労働との狭間で不可視化する人身取引──カンボジアを事例に」『ワセダアジアレビュー』（めこん、2013年）

「アジア地域連携に見る人の移動と人身取引──メコン河流域諸国に着目して」『アジア地域統合講座総合研究シリーズ　第二巻　グローバリゼーションとアジア地域統合』（浦田秀次郎／金ゼンマ編、勁草書房、2011年）

田中紗和子（たなか　さわこ）［第9章］

東洋英和女学院大学大学院国際協力研究科修了（社会科学修士）。青年海外協力隊（作業療法士、ニカラグア派遣）、杏林大学保健学部助教等を経て、現在、国際医療福祉大学成田保健医療学部非常勤講師。専門は、障害分野における国際協力、地域福祉。作業療法士。

〔主な研究業績〕

「国際リハプロジェクトはじめて立案ワークブック──参考課題事例②ニカラグア」『国際リハビリテーション学』（河野眞編、羊土社、2016年）

「ニカラグアにおける支援活動」『作業療法ジャーナル』第46巻、2012年12月、三輪書店、1556-1557頁（寺村晃と共著）

田中（坂部）有佳子（たなか　さかべ　ゆかこ）［第 10 章］

早稲田大学大学院政治学研究科博士課程満期退学（博士（政治学））。在東ティモール日本国大使館専門調査員、内閣府国際平和協力本部事務局研究員、UNAMA ガバナンスオフィサー等を経て、現在早稲田大学政治経済学術院助手。専門は比較政治学、国際関係論。

〔主な著書・論文〕

「紛争後社会における反政府勢力の政治参加と暴力——政治体制と政治制度が及ぼす影響」『民主化と選挙の比較政治学』（共著、勁草書房、2013 年）

『国際平和活動における包括的アプローチ——日本型協力システムの形成過程』（共編著、内外出版、2012 年）

「紛争後社会における民主化の進捗と国家建設——東ティモールの経験による考察」『国際政治』第 165 号、57-69 頁

峯田史郎（みねた　しろう）［第 11 章］

早稲田大学大学院社会科学研究科博士課程退学（学術修士）。早稲田大学助手、東洋英和女学院大学非常勤講師等を経て、現在、早稲田大学地域・地域間研究機構（AHC 研究所）招聘研究員。専門は、国際関係論、平和研究、東南アジア大陸部境界研究。

〔主な著書・論文〕

「地域形成の多層性とスケールにおける権力関係——中国・雲南省の地域政策を事例に」『北東アジア地域研究』北東アジア学会、2015 年、pp. 75-90

「大湄公河次区域（GMS）における非国家行為体の研究——雲南省・少数民族の事例から」『社学研論集』早稲田大学大学院社会科学研究科、2010 年、46-61 頁

吉川健治（よしかわ　けんじ）［第 13 章］

早稲田大学大学院社会科学研究科博士課程満期退学。1981 年から NGO 等で活動。現在、東洋英和女学院大学国際社会学部教授・同大学院国際協力研究科教授兼任。専門は、国際協力論、社会開発論、国際 NGO 論。

〔主な著書・論文〕

「社会開発」『新しい国際協力論』（山田満編、明石書店、2010 年）

「マハシラー・ヴィラヴォン——ラオス文人の独立闘争」『東洋英和女学院大学現代史研究』第 9 号、2013 年

「グローバリゼーションと市民社会」『グローバリゼーションとリスク社会』（岡本浩一／パトリシア・スイッペル編、春風社、2014 年）

東南アジアの紛争予防と「人間の安全保障」
──武力紛争、難民、災害、社会的排除への対応と解決に向けて

2016 年 11 月 10 日　初版第 1 刷発行

　　　　　　　　　　　編著者　　　山　田　　　満
　　　　　　　　　　　発行者　　　石　井　昭　男
　　　　　　　　　　　発行所　　　株式会社明石書店
　　　　　　　　　〒 101-0021 東京都千代田区外神田 6-9-5
　　　　　　　　　　　　電　話　03（5818）1171
　　　　　　　　　　　　ＦＡＸ　03（5818）1174
　　　　　　　　　　　　振　替　00100-7-24505
　　　　　　　　　　　　http://www.akashi.co.jp
　　　　　　　　　装丁　　　　明石書店デザイン室
　　　　　　　　　印刷 / 製本　モリモト印刷株式会社

　　　　　　　　　　　　　　ISBN978-4-7503-4427-0
Printed in Japan　　　　（定価はカバーに表示してあります）

JCOPY 〈（社）出版者著作権管理機構 委託出版物〉
本書の無断複写は著作権法上での例外を除き禁じられています。複写される場合は、その
つど事前に、（社）出版者著作権管理機構（電話 03-3513-6969、ＦＡＸ 03-3513-6979、
e-mail: info@jcopy.or.jp）の許諾を得てください。

エリア・スタディーズ

1 現代アメリカ社会を知るための60章　明石紀雄・川島浩平 編著
2 イタリアを知るための62章[第2版]　村上義和 編著
3 イギリスを旅する35章　辻野功 編著
4 モンゴルを知るための65章　金岡秀郎 著
5 パリ・フランスを知るための44章　梅本洋一・大里俊晴・木下長宏 編著
6 現代韓国を知るための60章[第2版]　石坂浩一・福島みのり 編著
7 オーストラリアを知るための58章[第3版]　越智道雄 著
8 現代中国を知るための40章[第4版]　高井潔司・藤野彰・曽根康雄 編著
9 ネパールを知るための60章　日本ネパール協会 編
10 アメリカの歴史を知るための63章[第3版]　富田虎男・鵜月裕典・佐藤円 編著
11 現代フィリピンを知るための61章[第2版]　大野拓司・寺田勇文 編著

12 ポルトガルを知るための55章[第2版]　村上義和・池俊介 編著
13 北欧を知るための43章　武田龍夫 著
14 ブラジルを知るための56章[第2版]　アンジェロ・イシ 著
15 ドイツを知るための60章　早川東三・工藤幹巳 編著
16 ポーランドを知るための60章　渡辺克義 編著
17 シンガポールを知るための65章[第4版]　田村慶子 編著
18 現代ドイツを知るための62章[第2版]　浜本隆志・高橋憲 編著
19 ウィーン・オーストリアを知るための57章[第2版]　広瀬佳一・今井顕 編著
20 ハンガリーを知るための47章　ドナウの宝石　羽場久美子 編著
21 現代ロシアを知るための60章[第2版]　下斗米伸夫・島田博 編著
22 21世紀アメリカ社会を知るための67章　明石紀雄 監修　赤尾千波・大類久恵・小塩和人・落合明子・川島浩平・高野泰 編

23 スペインを知るための60章　野々山真輝帆 著
24 キューバを知るための52章　後藤政子・樋口聡 編著
25 カナダを知るための60章　綾部恒雄・飯野正子 編著
26 中央アジアを知るための60章[第2版]　宇山智彦 編著
27 チェコとスロヴァキアを知るための56章[第2版]　薩摩秀登 編著
28 現代ドイツの社会・文化を知るための48章　田村光彰・村上和光・岩淵正明 編著
29 インドを知るための50章　重松伸司・三田昌彦 編著
30 タイを知るための72章[第2版]　綾部真雄 編著
31 パキスタンを知るための60章　広瀬崇子・山根聡・小田尚也 編著
32 バングラデシュを知るための60章[第2版]　大橋正明・村山真弓 編著
33 イギリスを知るための65章[第2版]　近藤久雄・細川祐子・阿部美春 編著

エリア・スタディーズ

34 現代台湾を知るための60章【第2版】 亜洲奈みづほ 著

35 ペルーを知るための66章【第2版】 細谷広美 編著

36 マラウィを知るための45章 栗田和明 著

37 コスタリカを知るための60章【第2版】 国本伊代 編著

38 チベットを知るための50章 石濱裕美子 編著

39 現代ベトナムを知るための60章【第2版】 今井昭夫、岩井美佐紀 編著

40 インドネシアを知るための50章 村井吉敬、佐伯奈津子 編著

41 エルサルバドル、ホンジュラス、ニカラグアを知るための45章 田中高 編著

42 パナマを知るための55章 国本伊代、小林志郎、小澤卓也 著

43 イランを知るための65章 岡田恵美子、北原圭一、鈴木珠里 編著

44 アイルランドを知るための70章【第2版】 海老島均、山下理恵子 編著

45 メキシコを知るための60章 吉田栄人 編著

46 中国の暮らしと文化を知るための40章 東洋文化研究会 編

47 現代ブータンを知るための60章 平山修一 著

48 バルカンを知るための66章【第2版】 柴宜弘 編著

49 現代イタリアを知るための44章 村上義和 編著

50 アルゼンチンを知るための54章 アルベルト松本 著

51 ミクロネシアを知るための60章【第2版】 印東道子 編著

52 アメリカのヒスパニック＝ラティーノ社会を知るための55章 大泉光一、牛島万 編著

53 北朝鮮を知るための51章 石坂浩一 編著

54 ボリビアを知るための73章【第2版】 真鍋周三 編著

55 コーカサスを知るための60章 北川誠一、前田弘毅、廣瀬陽子、吉村貴之 編著

56 カンボジアを知るための62章【第2版】 上田広美、岡田知子 編著

57 エクアドルを知るための60章【第2版】 新木秀和 編著

58 タンザニアを知るための60章【第2版】 栗田和明、根本利通 編著

59 リビアを知るための60章 塩尻和子 著

60 東ティモールを知るための50章 山田満 編著

61 グアテマラを知るための65章 桜井三枝子 編著

62 オランダを知るための60章 長坂寿久 著

63 モロッコを知るための65章 私市正年、佐藤健太郎 編著

64 サウジアラビアを知るための63章【第2版】 中村覚 編著

65 韓国の歴史を知るための66章 金両基 編著

66 ルーマニアを知るための60章 六鹿茂夫 編著

エリア・スタディーズ

67 **現代インドを知るための60章** 広瀬崇子・近藤正規・井上恭子・南埜猛 編著

68 **エチオピアを知るための50章** 岡倉登志 編著

69 **フィンランドを知るための44章** 百瀬宏・石野裕子 編著

70 **ニュージーランドを知るための63章** 青柳まちこ 編著

71 **ベルギーを知るための52章** 小川秀樹 編著

72 **ケベックを知るための54章** 小畑精和・竹中豊 編著

73 **アルジェリアを知るための62章** 私市正年 編著

74 **アルメニアを知るための65章** 中島偉晴・メラニア・バグダサリヤン 編著

75 **スウェーデンを知るための60章** 村井誠人 編著

76 **デンマークを知るための68章** 村井誠人 編著

77 **最新ドイツ事情を知るための50章** 浜本隆志・柳原初樹 著

78 **セネガルとカーボベルデを知るための60章** 小川了 編著

79 **南アフリカを知るための60章** 峯陽一 編著

80 **エルサルバドルを知るための55章** 細野昭雄・田中高 編著

81 **チュニジアを知るための60章** 鷹木恵子 編著

82 **南太平洋を知るための58章** メラネシア ポリネシア 吉岡政德・石森大知 編著

83 **現代カナダを知るための57章** 飯野正子・竹中豊 編著

84 **現代フランス社会を知るための62章** 三浦信孝・西山教行 編著

85 **ラオスを知るための60章** 菊池陽子・鈴木玲子・阿部健一 編著

86 **パラグアイを知るための50章** 田島久歳・武田和久 編著

87 **中国の歴史を知るための60章** 並木頼壽・杉山文彦 編著

88 **スペインのガリシアを知るための50章** 坂東省次・桑原真夫・浅香武和 編著

89 **アラブ首長国連邦（UAE）を知るための60章** 細井長 編著

90 **コロンビアを知るための60章** 二村久則 編著

91 **現代メキシコを知るための60章** 国本伊代 編著

92 **ガーナを知るための47章** 高根務・山田肖子 編著

93 **ウガンダを知るための53章** 吉田昌夫・白石壮一郎 編著

94 **ケルトを知るための52章** イギリス・アイルランド 永田喜文 著

95 **トルコを知るための53章** 大村幸弘・永田雄三・内藤正典 編著

96 **イタリアを旅する24章** 内田俊秀 編著

97 **現代バスクを知るための50章** 萩尾生・吉田浩美 編著

98 **大統領選からアメリカを知るための57章** 越智道雄 著

99 **ボツワナを知るための52章** 池谷和信 編著

エリア・スタディーズ

100 ロンドンを旅する60章　川成洋、石原孝哉 編著

101 ケニアを知るための55章　松田素二、津田みわ 編著

102 ニューヨークからアメリカを知るための76章　越智道雄 著

103 カリフォルニアからアメリカを知るための54章　越智道雄 著

104 イスラエルを知るための60章　立山良司 編著

105 グアム・サイパン・マリアナ諸島を知るための54章　中山京子 編著

106 中国のムスリムを知るための60章　中国ムスリム研究会 編

107 現代エジプトを知るための60章　鈴木恵美 編著

108 カーストから現代インドを知るための30章　金基淑 編著

109 カナダを旅する37章　飯野正子、竹中豊 編著

110 アンダルシアを知るための53章　立石博高、塩見千加子 編著

111 エストニアを知るための59章　小森宏美 編著

112 韓国の暮らしと文化を知るための70章　舘野晳 編著

113 現代インドネシアを知るための60章　村井吉敬、佐伯奈津子、間瀬朋子 編著

114 ハワイを知るための60章　山本真鳥、山田亨 編著

115 現代スペインを知るための60章　坂東省次 編著

116 現代イラクを知るための60章　酒井啓子、吉岡明子、山尾大 編著

117 スリランカを知るための58章　杉本良男、高桑史子、鈴木晋介 編著

118 マダガスカルを知るための62章　飯田卓、深澤秀夫、森山工 編著

119 新時代アメリカ社会を知るための60章　明石紀雄 監修　大類久恵、落合明子、赤尾千波 編著

120 現代アラブを知るための56章　松本弘 編著

121 クロアチアを知るための60章　柴宜弘、石田信一 編著

122 ドミニカ共和国を知るための60章　国本伊代 編著

123 シリア・レバノンを知るための64章　黒木英充 編著

124 EU（欧州連合）を知るための63章　羽場久美子 編著

125 ミャンマーを知るための60章　田村克己、松田正彦 編著

126 カタルーニャを知るための50章　立石博高、奥野良知 編著

127 ホンジュラスを知るための60章　桜井三枝子、中原篤史 編著

128 スイスを知るための60章　スイス文学研究会 編

129 東南アジアを知るための50章　今井昭夫 編集代表　東京外国語大学東南アジア課程 編

130 メソアメリカを知るための58章　井上幸孝 編著

131 マドリードとカスティーリャを知るための60章　川成洋、下山静香 編著

132 ノルウェーを知るための60章　大島美穂、岡本健志 編著

エリア・スタディーズ

133 **現代モンゴルを知るための50章** 小長谷有紀、前川愛 編著

134 **カザフスタンを知るための60章** 宇山智彦、藤本透子 編著

135 **内モンゴルを知るための60章** ボルジギン・ブレンサイン 編著／赤坂恒明 編集協力

136 **スコットランドを知るための65章** 木村正俊 編著

137 **セルビアを知るための60章** 柴宜弘、山崎信一 編著

138 **マリを知るための58章** 竹沢尚一郎 編著

139 **ASEANを知るための50章** 黒柳米司、金子芳樹、吉野文雄 編著

140 **アイスランド・グリーンランド・北極を知るための65章** 小澤実、中丸禎子、高橋美野梨 編著

141 **ナミビアを知るための53章** 水野一晴、永原陽子 編著

142 **香港を知るための60章** 吉川雅之、倉田徹 編著

143 **タスマニアを旅する60章** 宮本忠 著

144 **パレスチナを知るための60章** 臼杵陽、鈴木啓之 編著

145 **ラトヴィアを知るための47章** 志摩園子 編著

146 **ニカラグアを知るための55章** 田中高 編著

147 **台湾を知るための60章** 赤松美和子、若松大祐 編著

148 **テュルクを知るための61章** 小松久男 編著

149 **アメリカ先住民を知るための62章** 阿部珠理 編著

150 **イギリスの歴史を知るための50章** 川成洋 編著

151 **ドイツの歴史を知るための50章** 森井裕一 編著

152 **ロシアの歴史を知るための50章** 下斗米伸夫 編著

153 **スペインの歴史を知るための50章** 立石博高、内村俊太 編著

――以下続刊

◎各巻2000円
（一部1800円）

〈価格は本体価格です〉

新しい国際協力論

山田 満 ［編著］

◎四六判／並製／268頁　◎2,500円

現代社会における国際協力とは何か、なぜ国際協力は必要なのか？グローバル公共財、貧困問題、紛争解決と平和構築、国連が取り組む人権・環境・難民、そして企業の社会的責任など、グローバル化のなかで変化する課題における国際協力の理論と実践を概説する。

《内容構成》────

序章　なぜ国際協力は必要なのか　　　　　［山田 満］
はじめに／第1節 フリーライダーになってはいけない！／第2節 地球公共財とは何か／第3節 国際協力とは何か／第4節 本書の構成

第1章　グローバリゼーションと貧困問題　　　　　［中野洋一］
はじめに／第1節 冷戦期の南北問題／第2節 冷戦後の南北問題とグローバリゼーション／第3節 グローバリゼーションと貧困削減の課題／おわりに

第2章　社会開発　　　　　［吉川健治］
はじめに／第1節 社会開発とは／第2節 社会開発事業／第3節 社会開発の方向性──教育と開発を例にとって／おわりに──社会開発の今後の課題

第3章　国際関係と国際平和協力　　　　　［山田 満］
はじめに／第1節 国際関係理論から国際平和協力を考える／第2節 紛争後の平和構築をどのように進めるのか／第3節 多様な世界での国際平和協力を考える／おわりに

第4章　国連が取り組む人権、環境、難民問題　　　　　［滝澤三郎］
はじめに／第1節 国連の人権分野における活動／第2節 国連の環境分野における活動／第3節 国連の難民保護における活動／おわりに

第5章　緊急人道支援から開発支援へ　　　　　［桑名 恵］
はじめに／第1節 緊急人道支援におけるNGOの役割──ジャパン・プラットフォームを事例に／第2節 緊急人道支援と開発支援の連携、移行にともなう諸課題／第3節 主要アクターの役割、調整、発展的課題／おわりに

〈価格は本体価格です〉

ASEAN再活性化への課題
東アジア共同体・民主化・平和構築
黒柳米司編著　●2700円

「米中対峙」時代のASEAN
共同体への深化と対外関与の拡大
黒柳米司編著　●2800円

ワークショップで学ぶ 紛争解決と平和構築
上杉勇司、小林綾子、仲本千津編著　●1800円

変わりゆく国連PKOと紛争解決
平和創造と平和構築をつなぐ
[オンデマンド版]　上杉勇司　●4000円

紛争と国家建設
戦後イラクの再建をめぐるポリティクス
山尾大　●4200円

現代中央アジアの国際政治
ロシア・米欧・中国の介入と新独立国の自立
湯浅剛　●5400円

現代アフリカの紛争と国家
ポストコロニアル家産制国家とルワンダ・ジェノサイド
武内進一　●6500円

自己決定権をめぐる政治学
デンマーク領グリーンランドにおける「対外的自治」
高橋美野梨　●7000円

チェチェン 平和定着の挫折と紛争再発の複合的メカニズム
富樫耕介　●7000円

朝鮮半島冷戦と国際政治力学
対立からデタントへの道のり　金伯柱　●5800円

東アジアの歴史政策
日中韓 対話と歴史認識
近藤孝弘編著　●3300円

アジア太平洋諸国の災害復興
人道支援・集落移転・防災と文化
林勲男編著　●4300円

アラブ・イスラエル紛争地図
マーティン・ギルバート著　小林和香子監訳　●8800円

開発社会学を学ぶための60冊
援助と発展を根本から考えよう
佐藤寛、浜本篤史、佐野麻由子、滝村卓司編著　●2800円

新版 グローバル・ガバナンスにおける開発と政治
文化・国家政治・グローバリゼーション
笹岡雄一　●3000円

開発なき成長の限界
現代インドの貧困・格差・社会的分断
アマルティア・セン、ジャン・ドレーズ著　湊一樹訳　●4600円

〈価格は本体価格です〉